学／者／文／库／系／列

U0645438

新时代高职院校辅导员
职业能力培养研究

宋雅兵 著

哈尔滨工程大学出版社
Harbin Engineering University Press

内 容 简 介

本书围绕新时代高职院校辅导员职业能力培养开展研究,首先分析了高职院校辅导员职业能力培养研究的缘由、目的及意义,明确了高职院校辅导员工作的特征与职责等;其次科学界定了新时代背景下高职院校辅导员职业能力的相关概念,解析了高校辅导员职业能力的主要构成要素与培养类型,揭示了职业能力培养的必要性、价值意蕴及功能定位,并深入分析了其存在的突出问题及问题成因;最后提出了新时代高职院校辅导员职业能力培养的基本方略,探讨了高职院校辅导员职业能力培养的有效路径。

本书可作为高职院校辅导员培训的教材,也可作为从事辅导员工作的专业人士的参考用书。

图书在版编目(CIP)数据

新时代高职院校辅导员职业能力培养研究 / 宋雅兵
著. — 哈尔滨 : 哈尔滨工程大学出版社, 2023.11
ISBN 978-7-5661-4187-3

Ⅰ.①新… Ⅱ.①宋… Ⅲ.①高等职业教育-辅导员
-能力培养-研究 Ⅳ.①G718.5

中国国家版本馆 CIP 数据核字(2023)第 235721 号

选题策划　史大伟
责任编辑　关　鑫
封面设计　李海波

出版发行　哈尔滨工程大学出版社
社　　址　哈尔滨市南岗区南通大街 145 号
邮政编码　150001
发行电话　0451-82519328
传　　真　0451-82519699
经　　销　新华书店
印　　刷　哈尔滨午阳印刷有限公司
开　　本　787 mm×1 092 mm　1/16
印　　张　15.25
字　　数　283 千字
版　　次　2023 年 11 月第 1 版
印　　次　2023 年 11 月第 1 次印刷
书　　号　ISBN 978-7-5661-4187-3
定　　价　40.00 元
http://www.hrbeupress.com
E-mail:heupress@ hrbeu.edu.cn

前　　言

　　辅导员是开展大学生思想政治教育的骨干力量，是高职院校学生日常思想政治教育和管理工作的组织者、实施者和指导者。辅导员的职业能力直接影响着思想政治教育的效果和新时代新人的培养质量。在中国特色社会主义迈入实现第二个百年奋斗目标新征程的背景下，辅导员在学校立德树人任务中的作用日益凸显，其角色和职能的发展变化要求他们具备更高的理论水平、专业素养和职业能力。尽管国家出台了多项政策强调辅导员的使命、定位、标准和发展方向，但在实际工作中，辅导员的专业化和职业化发展与党和国家的期望、思想政治工作的核心目标以及学生的需求之间仍存在一定差距。因此，以提升职业能力和内涵式发展为核心，积极探索和研究辅导员队伍的建设路径，不仅是提高人才培养质量和高职教育内涵式发展的迫切需求，也是对高职院校改革和新时代新变化的积极响应。

　　本书以习近平新时代中国特色社会主义思想为指导，以思想政治教育学为专业背景，坚持问题导向和实践指向，以新时代高职院校辅导员职业能力提升的内涵剖析和功能定位为逻辑起点，以当前高职院校辅导员职业能力建设的现实状况为逻辑中介，以找寻高职院校辅导员职业能力提升的路径选择为逻辑终点，综合运用文献研究、调查研究、案例分析等方法，从理论与实践、历史与现实等维度系统研究高职院校辅导员的职业能力培养。

　　首先，本书深入剖析了新时代高职院校辅导员职业能力提升的科学内涵、理论基础、结构要素及价值意蕴。在新时代的大背景下，高职院校辅导员作为高职教育中的重要角色，其职业能力的提升不仅关系到学生工作的质量和效果，也是提升高职教育整体水平的关键因素。因此，本书从多个维度对辅导员职业能力的科学内涵进行了深入的探讨，通过科学界定新时代背景下高职院校辅导员、职业能力等相关概念，解析了高职院校辅导员职业能力的主要构成要素，为本书研究的顺利进行打下了坚实的基础。

　　其次，本书揭示了高职院校辅导员职业能力培养的现实状况并深入分析其存在的突出问题及问题成因，同时从整体上分析了我国高职院校辅导员职业能力培养的发展的历程，总结历史经验，揭示高职院校辅导员职业能力培养的必要性。调研发现，高职院校辅导员队伍建设在国家的高度重视和政策支持下，取得了显著效果，突出表现为：辅导员培养理念不断更新、队伍建设制度逐步完善、专业化建设加速发展、职业化建设速度明显加快、职业能力明显提升、辅导员队伍逐渐壮大。高职院校辅导员队伍建设在取得成绩的同时，也存在些突出的问题，主要表现在：辅导员知识更新能力不足、可持续发展的专业能力欠缺、职业认同度不高、职业能力培养体系不完善、职业能力培养评价机制不健全、职业发展扶持政策落实不到位、职业发展路径模糊。本书通过深入剖析，认为存在上述问题的原因主要有：工作内容缺少具体的规定、职业能力提升的措施不完善、职业能力提升的制度机制不健全、职业能力培养的师资力量不足等，进一步揭示了加强高职院校辅导员职业能力培养的现实必要性。

最后，本书提出了新时代高职院校辅导员职业能力培养的路径选择。本书研究认为，高职院校辅导员职业能力提升是一个复杂的、动态的和持续的过程，它不仅涵盖了辅导员在专业知识和技能方面的增长，也包括了其价值观、职业认同、责任感和创新能力的全面提升。在这一过程中，辅导员不仅需要对自身的职业能力有清晰的认识和定位，还需要在系统的培训和实践中不断地学习和成长。同时研究认为要坚持以学生为中心、知行合一、综合发展等辅导员能力培养的基本原则，要坚持立德树人、以生为本、协同育人、与时俱进等基本理念，探讨高职院校辅导员职业能力培养的路径，通过构建辅导员职业能力培训体系、健全辅导员职业制度体系、构建辅导员协同育人体系、创新辅导员能力培养模式、营造辅导员能力建设文化氛围等举措，全面提升高职院校辅导员的职业能力。

目　　录

绪　　论

高职院校辅导员扮演着学生日常思想政治教育和管理的核心角色，是推动大学生思想政治教育的中坚力量。建设一支专职为主、专兼结合、数量充足、素质优良的辅导员队伍，是加强大学生思想政治教育的关键。要建强高职院校辅导员队伍，就必须牢牢抓住全面提高人才培养能力这个核心点。自高校辅导员制度建立以来，特别是2006年《普通高等学校辅导员队伍建设规定》实施以来，学术界开始对辅导员的职业能力培养进行了一定的研究，并取得了初步的成果。然而，现有研究在系统性、针对性和实效性方面仍需加强。根据全国高校思想政治工作会议精神及中共中央、国务院关于加强和改进高校思想政治工作的文件要求，我们需要系统地研究和提升辅导员的职业能力，努力打造一支能力过硬的高职院校辅导员队伍，为时代新人的培育提供源源不断的主体支撑。

第一节　研究的缘由、目的及意义

大学生代表着国家发展的未来、民族振兴的希望以及社会进步的新动力。他们不仅是经济社会建设的新生力量，更是未来国家综合竞争力提升中不可或缺的人力资源。在高等职业院校就读的学生们，他们朝气蓬勃、充满活力，拥有无限的想象力和创造力。我们应当激励这些年轻人，让他们以青春梦想为动力，勤奋学习，同时用宏伟的事业激励他们勇于承担时代的重任，投身于创新和创业的浪潮中。随着中国特色社会主义进入新时代，国家对高职教育提出了新的期望，并赋予了新的使命，这自然也对高职院校辅导员的职业能力提出了新的标准和更高的期待。然而，目前一些高职院校辅导员的职业能力尚未达到新的标准，这迫切需要加强和提升他们在专业化和系统化方面的职业能力培养。

一、研究的缘由

新时代高职院校辅导员职业能力培养研究的缘由，是由高职院校辅导员职业的重要性和辅导员职业能力培养的必要性决定的。

(一)高职院校辅导员职业的重要性

辅导员是开展大学生思想政治教育的骨干力量，是高职院校学生日常思想政治教育和管理工作的组织者、实施者和指导者。他们的职业能力直接影响思想政治教育的效果和时代新人的培养质量。

1. 辅导员在高职教育中的地位和作用

高职教育作为高等教育的一个重要类型，承担着为社会培养技术技能人才的重要职能。在这一教育体系中，辅导员作为教育、管理与服务的重要一员，其职业能力的高低直接关系到高职教育的质量与效率，以及学生思想政治教育的质量。

辅导员是高职院校教育管理的重要力量，他们在学生的日常学习、生活中扮演着桥梁和纽带的角色。辅导员的基本职能是负责学生的思想政治教育和日常管理，其工作内容包括但不限于：开展思想政治理论教育，组织实施学生的党团、班级活动，管理学生档案，指导学生的学习和实践活动，处理学生的日常事务，为学生提供心理健康教育和咨询，引导学生进行职业规划并为其提供就业指导，以及处理突发危机事件等。

辅导员在高职教育中的地位和作用主要体现以下六个方面：一是思想政治教育的引导者。辅导员要通过各种教育活动，引导学生树立正确的世界观、人生观和价值观，促进学生的全面发展。二是学习生活的指导者。辅导员需要为学生提供学业规划指导，帮助学生制订学习计划，为其提供学习方法的指导，引导学生进行职业技能的培养。三是学生管理的执行者。辅导员负责学生的日常管理，包括进行出勤记录、纪律教育及组织班级活动等，确保各项管理措施的有效执行。四是心理健康的咨询者。辅导员需要关注学生的心理健康状况，为其提供必要的心理辅导和咨询，帮助他们解决成长过程中遇到的心理问题。五是职业发展的规划者。辅导员应协助学生进行职业生涯的规划，为其提供就业指导及相关服务，帮助学生了解市场需求，协助其规划职业发展道路。六是教育研究的实践者。辅导员还需要对实践经验进行理论总结和研究，不断提升自身的职业能力，这对提升高职院校教育质量有积极的作用。

辅导员的职业能力培养是提升高职教育质量的关键环节。因此，高职院校应当重视辅导员的职业能力培养，通过制订完善的培训计划、搭建学习平台和提供研究支持等方式，全面提升辅导员在思想政治教育、学生管理、心理健康教育、职业规划与就业指导、危机事件应对等方面的职业能力。只有这样，才能确保辅导员能在高职教育的实践中充分发挥其应有的作用，为高职教育的发展贡献力量。

2. 辅导员对学生全面发展的影响

辅导员作为高职院校中的重要角色，对学生的全面发展起着不可忽视的作用。他们不仅是学生在学业上遇到困难时的咨询对象，也是学生在心理、情感以及职业规划等方面的重要引导者。

辅导员的职业能力直接影响其在这些角色上的表现，从而对学生的全面发展产生深远影响。第一，辅导员在思想政治教育方面的作用不容忽视。他们负责引导学生树立正确的世界观、人生观和价值观，帮助学生形成正确的思想道德观念。这为学生的全面发展奠定了坚实的价值基础，对学生形成积极的人生态度和价值追求有着重要的导向作用。第二，辅导员在协助学生处理学业问题上扮演着关键角色。他们不仅要帮助学生解决学习过程中遇到的具体问题，还要引导学生进行高效学习和规划自己的学习路径，这直接影响学生对知识的掌握程度和学习动力。第三，辅导员的心理健康指导同样不可或缺。他们要关注学生的心理健康状况，及时发现并干预学生出现的心理问题，为学生提供专业的心理咨询与辅导，这对于保障学生的心理健康、促进其健康成长至关重要。第四，辅导员肩负着协助学生进行职业规划的职责。他们需要结合学生的兴趣、能力以及市场需求，帮助学生制定适合自身的职业发展路径，这对于学生顺利过渡到职场和实现自己的职业目标具有重要意义。第五，辅导员还应对学生进行行为规范的引导和监督。他们要通过自身的言传身教，帮助学生形成良好的行为习惯和社会适应能力，这对学生的个人素质的提升和融入社会有着重要影响。

辅导员的职业能力培养对于其在学生全面发展中发挥作用至关重要。辅导员需要具备全面而深厚的专业知识、出色的沟通协调能力，以及高度的责任心和亲和力。只有这样，辅导员才能真正成为学生全面发展的引导者和助推器，帮助学生在思想、学业、心理、职业和社会实践等多方面获得全面而均衡的发展。因此，高职院校应当重视辅导员的职业能力培养，为辅导员提供专业培训和发展平台，以提高辅导员的专业化水平，使其更好地服务于学生的全面发展。

(二)辅导员职业能力培养的必要性

1. 辅导员职业能力培养的重要性

辅导员的职业能力不仅涵盖基本的思想政治教育能力，还包括学生事务管理、职业生涯规划和心理健康辅导等多方面的综合能力。这些能力的发展和提升，对于学生的成长发展和高职教育质量的提升具有重要意义。

第一，辅导员的思想政治教育能力是其最为核心的职业能力。辅导员需要正确引导学生的价值取向，帮助他们树立正确的世界观、人生观和价值观。在快速变化的社会环境中，辅导员的政治敏锐性和政策理解能力尤为重要，这直接关系到学生思想政治教育的正确性和有效性。第二，辅导员的学生事务管理能力也是其不可或缺的职业能力。这包括学生的日常管理、特殊情况处理、危机干预等。辅导员需要具备良好的组织协调能力和应急处理能力，以应对各种突发事件，保证学生的人身安全和心理稳定。第三，职业生涯规划与就业指导是辅导员需要重点关注的领域。辅导员应帮助学生认识自我、激发兴趣、明确目标，并为其提供实用的职业规划建议。这对于提高学生的就业竞争力和保持其未来发展的可持续性具有深远的影响。第四，辅导员应为学生提供心理健康辅导，帮助学生解决心理问题，促进其心理健康发展。辅导员应具备一定的心理咨询技巧，能够为学生提供专业、贴心的服务。

从专业化与职业化的发展视角来看，辅导员职业能力的提升是提高辅导员专业化水平、推动高职院校辅导员队伍建设的关键。辅导员的职业能力不仅影响他们的个体发展，也影响高职教育的整体质量和社会的人才培养质量。因此，辅导员职业建设能力的重要性不容忽视。其不仅关乎学生的全面发展和高职教育的内在要求，也是提升高职教育质量和推动辅导员队伍建设的重要基础。加强辅导员职业能力的建设，既是高职教育改革与发展的一个重要环节，也是实现高职教育目标的关键所在。

2. 辅导员职业能力培养面临的挑战

在当前的教育背景和社会环境中，辅导员职业能力培养面临着多方面的挑战，这些挑战主要体现在五个方面：第一，辅导员的工作内容过于宽泛，工作量大且杂。从学生入学到毕业、从思想政治教育到心理健康辅导、从突发事件应对到就业创业指导，各项任务一个接一个，使得辅导员的主要工作边界不明确，难以进行专题深入研究和工作创新。这种"上面千条线，下面一根针"的状况，不仅增加了辅导员的工作负担，也影响了他们专业技能的提升。第二，辅导员的专业背景与所带学生的专业差异较大，这导致辅导员在进行差异化管理和专业化发展上存在困难。辅导员虽有"管理"和"教师"的双重身份，但在实际工作中很难充分发挥出这两方面的作用，从而影响了辅导员职业能力的专业性和有效性。第三，辅导员的工作强度与其薪酬待遇不成正比。辅导员的本职工作是思想政治教育，但在当前的高职院校管理体系中，辅导员的工作量持续增加，而薪酬待遇并未相应提高，这在一定程度上影响了辅导员工作的积极性和职业发展的积极性。第四，辅导员的科研时间和职称晋升空间有限，使其在职业发展上遇到"天花板"。由于繁重的工作任务，辅导员很难有足够的时间和精力投入到科研工作中，这不仅影响了辅导员个人的专业发展，也影响了辅导员工作的专业化水平。第五，辅导员的职业角色在社会和高职院校的认知中存在偏差。辅导员的工作职责被不断拓宽，工作内容不仅限于直接的学生管理和服务工作，还包括招生宣传、校友联络等其他与学生不直接相关的事宜。这种工作职责的无限拓展，不仅加剧了辅导员的工作压力，也使得他们难以回归到"职业"的本质，即为学生的成长发展提供专业化的辅导和支持。

辅导员的职业能力培养面临着工作内容过于广泛、专业背景与学生专业有差异、工作强度与薪酬待遇不匹配、职业发展有瓶颈、职业角色有认知偏差等多方面的挑战。这些挑战不仅影响了辅导员个人的发展和成长，也影响了高职院校学生工作的质量和效果。因此，为了提升辅导员的职业能力，有必要对现有的培养体系、工作机制和评价体系进行深入的改革与优化，以保障辅导员的专业发展并最终实现其职业化的目标。

二、研究的目的

本书的研究旨在深入探讨高职院校辅导员职业能力的内涵构成与发展规律，以期为高职院校辅导员职业能力培养提供理论依据和实践指导。

具体而言，研究的目的主要包括以下几个方面：第一，明确高职院校辅导员职业能力的构成要素。通过系统的理论研究，界定高职院校辅导员职业能力包含的主要内容，如思想政治教育能力、学生事务管理能力、心理咨询与辅导能力、职业生涯规划与就业指导能力等，为其后续的能力提升与发展奠定理论基础。第二，分析高职院校辅导员职业能力的发展路径。基于当前高职教育面临的新挑战与新要求，分析高职院校辅导员职业能力的动态变化与发展趋势，探索适应新时代的职业能力培养与提升路径。第三,提出高职院校辅导员职业能力建设的对策与建议。针对辅导员职业能力培养中存在的问题与挑战,提出具体的建设策略和行动方案,包括如何加强专业化培训、完善职业发展通道、优化队伍结构、创新工作机制等,以促进辅导员职业能力的全面提升。第四,促进高职院校辅导员队伍的专业化、职业化建设。通过深入的研究与实践探索,为高校辅导员队伍的专业化与职业化建设提供科学依据,推动辅导员队伍建设与管理的科学化、规范化进程。第五,提高高职院校学生管理与服务工作的质量。以辅导员职业能力提升为手段,提高学生管理与服务工作的整体效能,实现高职院校学生工作的高质量发展。第六,推动辅导员个人的职业成长与发展。通过职业能力的培养与提升,帮助辅导员实现从经验型向专业型转变,促进其个人的职业成长与可持续发展。

总之,本书研究的目的不仅在于丰富高职院校辅导员职业能力的理论研究,还在于为高职院校辅导员的职业能力提升与队伍建设提供实际指导,以期最终实现高职院校学生工作的优化与学生发展的全面性。本书的研究力求为高职院校辅导员职业能力的持续进步与队伍的长期稳定发展提供参考与借鉴。

三、研究的意义

研究高职院校辅导员职业能力培养的意义深远,不仅关系着高职教育的质量和效果,也关系着高职院校辅导员个人职业发展。

(一)理论意义

高职院校辅导员职业能力培养研究的理论意义主要体现在四个方面:一是本书的研究有助于深化理解高职院校辅导员的角色定位和职业定位,以及他们在高职教育中的重要作用。通过对职业能力的深入剖析,可以为辅导员的专业化发展提供理论支持,有助于形成系统的职业发展路径和提升策略,从而提高辅导员的职业满意度和幸福感。二是本书的研究结果将为高职院校辅导员的培养、培训以及持续发展规划提供科学依据。通过明确辅导员的职业能力标准,可以更有效地设计和实施专业化发展计划,包括制订个性化的培训计划和职业发展规划,从而增强辅导员的职业稳定性和发展后劲。三是本书的研究有助于构建更科学的辅导员评价体系。通过建立与职业能力相匹配的评价标准,可以更公正、全面地评估辅导员的工作表现和专业水平,为辅导员的晋升、奖励以及专业化发展提供客观依据。四是本书的深入研究还能为高职院校的教育管理工作提供理论支持。辅导员作为学生工作的直接负责人，其职业能力直接影响学生的成长、发展和高职院校的教育质量。因此，通过对辅导员职业能力培养的研究，可以为高职院校管理层提供决策参考，以优化教育管理策略和提升人才培养工作的实效性。

(二) 实践意义

在实际应用层面，对高职院校辅导员职业能力培养的深入研究具有重要意义。一是从高职院校的发展需求来看，辅导员是大学生思想政治教育的主要承担者，他们在日常生活中对学生进行行为规范、心理健康、职业规划等方面的指导，对提高学生综合素质具有不可替代的作用。因此，提升辅导员的职业能力是保证高职教育质量的基础。通过系统的研究，可以明确辅导员职业能力的具体要求，为其提供针对性的培训和发展路径，从而提高其工作效率，实现高职院校的教育目标。二是从辅导员个人职业发展的角度来看，通过对职业能力内涵的研究，辅导员可以更清晰地认识到自己的角色定位、职业发展路径以及发展所需的关键能力。这有助于辅导员制订自我发展计划，通过不断学习和实践，提升个人职业素养和能力水平，增强职业竞争力，从而在职业道路上实现可持续发展。三是从高职院校辅导员队伍建设的角度来看，通过对辅导员职业能力进行系统的研究和标准化的建设，可以为辅导员队伍的专业化、规范化发展提供理论支撑和实践指南。这有助于高职院校管理层更好地制定相关规定，优化辅导员的工作条件和发展空间，增强辅导员队伍的吸引力和稳定性，从而为高职院校的稳定发展提供人力资源保障。四是从高职院校的"三全育人"即全人教育、全程教育、全方位教育的目标来看，辅导员职业能力的提升有助于提高"三全育人"的实施效果。辅导员作为学生日常生活中的重要指导者，其职业能力的提高直接关系到"三全育人"的质量和水平，进而促进学生的全面发展和整体素质的有效提升。

本书从多个维度探讨了研究的重要意义。总之，高职院校辅导员职业能力培养研究具有重要的理论意义和实践意义，它不仅是提升高职教育质量、促进高职院校辅导员个人发展的需要，也是推动高职院校辅导员队伍专业化、促进高职教育内涵式发展的必要途径。因此，深入开展辅导员职业能力培养的研究，对于实现高职院校的长远发展和人才培养目标具有十分重要的作用。

第二节 研究现状及其述评

一、辅导员职业能力培养的研究现状

在当前的高职教育环境中，辅导员作为学生日常思想政治教育和管理工作的重要承担者，其职业能力的培养受到了人们的广泛关注。辅导员职业能力的培养不仅关乎他们个人的发展，也直接影响高职教育的质量与效果。因此，国内外学者进行了大量的研究，旨在为辅导员的职业发展提供理论指导和实践路径。

（一）国内辅导员职业能力培养的研究现状

通过对已有文献的梳理与分析，我们可以看到学者们对于辅导员职业能力的重要性及其在高职院校管理和学生管理中的核心作用有了较为深刻的认识，当前国内关于辅导员职业能力培养的研究主要集中在四个方面：辅导员个体特征的分析、辅导员群体特征的研究、辅导员职业环境的考量以及辅导员职业能力的具体构成。

首先，在辅导员个体特征的分析方面，研究者通过调查研究揭示了辅导员个体特征如性别、学历、专业背景等对其职业能力发展的影响。例如，有研究指出，性别和学历对辅导员的工作方式和职业成长路径有显著的影响。此外，辅导员的专业背景和工作经验也被认为是影响其职业能力的重要因素。因此，有研究提出了针对性的发展策略和干预措施以优化辅导员的职业能力。

其次，针对辅导员群体特征的研究，研究者对辅导员群体特征进行了系统的剖析，通过对不同类型、不同层次的高校辅导员的研究，发现了职业技能、职业认同、职业倦怠、培训体系和激励机制等方面存在的问题。这些问题在一定程度上制约了辅导员职业能力的发展和提升。因此，有研究提出了加强培训和优化考核激励机制的建议。

再次，在辅导员职业环境的考量方面，有研究指出，高校的管理体制、教育政策以及社会文化背景等对辅导员的职业能力有着深远的影响。研究者探讨了如何通过改善职业环境来促进辅导员职业能力的提升，如通过完善培训体系、优化考核激励机制等方式。

最后，关于辅导员职业能力的具体构成，研究者从辅导员的角色定位、工作职责以及职业发展的视角，分析了辅导员应具备的职业能力，帮助辅导员进行自我评估、规划职业发展路径，并通过多种形式的培训和实践活动，促进辅导员的专业化成长与发展，这些措施为辅导员的专业化发展和能力提升提供了重要的参考。角色定位的研究着眼于辅导员的多重身份，如组织者、实施者、指导者、人生导师和朋友等，并从思想政治教育、教育学和人力资源管理的角度分析辅导员的职业能力结构。例如，张宏如、陈奎庆的研究提出了辅导员职业能力的"3P"体系，即思想政治标准(political and ideological)、工作业务能力(professional and work ability)和人格动机系统(personality and motivation)，为辅导员的专业化发展提供了新的视角。工作职责的研究侧重于辅导员的具体工作内容，如学生思想政治教育、学生发展指导和学生事务管理等，并从工作结果的角度来分析辅导员应当具备的职业能力。例如，林钦松的研究提出了辅导员职业能力的构成，包括政治鉴别力、道德规范力和教育引导力等九个方面，为辅导员职业能力的发展指明了方向。

职业能力构成的研究则基于职业能力的概念，结合辅导员的工作分析各能力在工作中的具体应用。例如，刘金华的研究强调了思想政治教育工作能力是辅导员的核心能力，而管理能力、学习能力、研究能力和创新能力构成了辅导员的基础能力。

综上所述，当前国内关于辅导员职业能力培养的研究在为辅导员的专业化发展提供了理论支持的同时，也为高职院校提供了管理与培训上的指导。然而，现有研究也存在一定的局限性，如研究多集中在理论分析与描述性分析，缺乏深入的实证研究与长期的跟踪调查。未来的研究应更加注重实证研究，以更准确地把握辅导员职业能力的发展趋势和存在的问题，为高职院校的人才培养和辅导员职业发展提供更有力的支持；同时，应关注不同类型高职院校辅导员的特定需求，为不同教育环境中的辅导员的职业能力提升提供更具针对性的策略和建议。

(二)国外辅导员职业能力培养的研究现状

相对于国内来说，国外辅导员职业能力培养的研究起步较早，且发展较为成熟。在西方国家的高等教育体系中，辅导员的角色和职责与国内存在差异，因此他们的职业能力培养也展现出不同的特点和侧重点。

在美国，辅导员通常被称为"counselors"或"counseling staff"，他们主要扮演着学生发展的促进者和心理健康的支持者的角色。美国的大学通常设有独立的学生事务(student affairs)部门,辅导员作为其中的重要成员,通常需要具备较全面的职业能力,包括但不限于心理咨询、冲突调解、职业规划、危机干预等。为此,美国的大学为辅导员提供了系统的培训和专业发展机会,如继续教育课程、在线培训模块、在职培训项目等,以保证其职业能力的持续提升。此外,美国的大学还非常重视将辅导员的工作与学术研究相结合,鼓励辅导员参与到学生发展、教育改革、心理健康等领域的研究中去,通过不断进行专业研究来提高辅导员的职业能力和工作效果。例如,一些辅导员可能会参与到在线教育、多元文化教育、心理健康干预等研究项目中,从而不断丰富和更新其职业技能。美国的研究倾向于采用量化的方法来评估辅导员的职业能力,如通过问卷调查、360°反馈等方式来收集数据,并据此来提升辅导员的工作效能。

英国等欧洲国家的辅导员职业能力培养研究则更加注重实践和效果的检验。例如,欧洲一些国家的研究者会对辅导员的工作成效进行长期的追踪,评估其在帮助学生适应学术环境、提升学习动力等方面的实际效果。此外,欧洲对于辅导员的专业化发展和继续教育也给予了高度重视,许多国家都有相应的继续教育项目和专业化发展路径供辅导员选择。

在澳大利亚,高校辅导员的职业发展同样得到了重视。他们通常需要通过专业认证来证明其职业能力,而认证过程会涉及广泛的专业知识和实践技能的考核。这样的认证体系有助于提高辅导员的职业认同感,并为其职业发展提供清晰的发展路径。

亚洲一些国家,如日本、韩国等,也有关于辅导员职业能力的相关研究,由于其教育体系和文化背景的差异,这些研究的侧重点和实施策略也各有特色。例如,在日本,辅导员的工作更注重于学生的全面发展和个人成长;而在韩国,辅导员的职业能力培养研究则更加集中于提升辅导员的专业知识和技能,以满足不断变化的教育需求。

通过对比国内外的研究现状可以发现,国外的辅导员职业能力研究呈现出更加多元化和系统化的特点,他们不仅关注辅导员的职业能力提升,还关注辅导员的专业化、个性化发展,以及如何通过专业化发展来提高辅导员的工作质量和学生的满意度。相比之下,国内的辅导员职业能力培养研究还处在不断探索和发展的阶段,需要借鉴国外成熟的经验和做法,结合国内的实际情况,探索适合自身的发展路径。

二、研究现状述评

通过对现有文献的梳理与综述可以发现，辅导员职业能力培养是一个多维度、复合性的课题，它不仅关系到学生工作的实际效果，也关系到高职教育质量与内涵的提升。目前，众多学者对辅导员的职业能力培养进行了广泛而深入的研究，涵盖了辅导员个体特征、群体特征及职业生态环境等多个维度。

在个体特征方面，研究指出，辅导员的性别、学历、专业背景等个体特征对其职业能力的发展具有显著的影响。例如，不同的性别和专业背景可能会影响辅导员在处理学生事务时的方式和效率。此外，辅导员的个人职业发展规划、自我效能感和职业倦怠感也是影响其职业能力提升的重要因素。

针对群体特征的研究则聚焦于辅导员整体的专业知识、培训体系和考核激励机制等。研究发现，高职院校辅导员在专业知识和职业成就感方面存在明显的不足，这可能与当前教育体制和评估体系的不完善有关。

从职业生态环境的角度来看，高职院校的整体环境、外部政策导向以及社会的时代背景都对辅导员的职业能力培养产生了深远的影响。例如，政策的变更往往会对辅导员的工作方式和所需的职业能力提出新的要求。

在国内外比较研究方面，研究者试图通过比较分析发现不同教育背景下辅导员职业能力培养的异同，从而提取有益的经验与启示。这种比较研究提供了不同视角的认识，有助于我们更全面地把握辅导员职业能力培养的规律。然而，由于不同国家的教育体系、文化背景、教育政策等诸多因素的差异，这种比较研究的普适性和适用性还需要进一步的验证与分析。

综合以上文献评述，我们可以看到，尽管当前关于辅导员职业能力培养的研究已取得一定的进展，但在研究的深度与广度、实践的针对性与有效性、理论的系统性与深入性等方面仍存在不足：一是对于不同类型和层次的高校辅导员职业能力培养的针对性研究相对缺乏。二是研究方法上存在局限，多集中在定性分析，缺乏跨学科的交叉性研究。三是持续性的深入研究相对不足，导致对于辅导员职业能力培养的长远规划和实施方案的探讨不够系统和深入。

未来的研究需要进一步强化针对性、交叉性和持续性方面的研究，以更全面地把握和促进辅导员职业能力的全面发展。此外，也需要加强对辅导员职业能力标准体系的建设，为辅导员的职业能力提升提供明确的指导和支持。未来的研究方向可以从四个方面展开：一是深化辅导员职业能力的理论研究，构建更加系统的理论模型，并通过实证研究加以验证与完善。二是加强对辅导员职业能力发展阶段的研究，探索不同阶段的发展策略与路径，为辅导员的职业生涯规划与成长提供指导。三是拓展比较研究的深度与广度，特别是在理论构建、实践策略、教育政策等方面的跨文化比较，以获得更具普遍性的结论。四是关注辅导员职业能力的长远影响，包括对学生发展、教育质量提升等的影响，从而全面评价职业能力培养的实际意义。

通过上述研究，我们期望能够为辅导员职业能力培养提供更加深刻、全面、有效的理论与实践指导，进而推动高职教育的持续发展与创新。

第三节　研究的思路、方法及重难点

在进行辅导员职业能力培养研究时，我们要有清晰的思路、方法，以确保逻辑的严密性；要使用科学方法，以确保研究的时代性、创造性、有效性和可操作性；要把握研究重点、突破研究难点，全面推进研究深入开展。

一、研究思路

本书以习近平新时代中国特色社会主义思想为指导，以思想政治教育学为专业背景，充分借鉴教育学、心理学、管理学等相关学科知识，从理论与实践、历史与现实等维度系统研究高职院校辅导员的职业能力培养。第一，阐述了研究的背景、目的与意义，并对相关的概念和理论进行界定，通过阐释高职院校辅导员职业能力培养的内涵、类型和特点，解析了高职院校辅导员职业能力的主要构成要素，为研究的顺利进行打下坚实的基础。第二，从整体上分析我国高职院校辅导员职业能力培养发展历程，总结历史经验，揭示高职院校辅导员职业能力培养的历史必然性。第三，立足高职院校辅导员职业能力培养现状，包括在思想政治教育、学生管理、心理健康教育等方面取得的主要成绩，准确找出存在的突出问题，深入剖析问题存在的原因，从而揭示加强高职院校辅导员职业能力培养的现实必要性。第四，考察国外高校学生事务管理者职业能力培养的经验，并将其与我国具体国情相结合，在批判借鉴的基础之上吸收对我国有积极意义的部分，探索辅导员职业能力提升的路径，特别是如何通过专业化、系统化的培训和自我学习来实现能力的持续进步。第五，基于研究结果，立足于高职院校辅导员职业能力培养的现实必要性、历史必然性等，有针对性地提出加强高职院校辅导员职业能力培养的对策，包括课程设置、培训计划和评估机制等，旨在为辅导员提供一个系统的职业发展支持体系。

二、研究方法

我们在进行辅导员职业能力培养研究时，选择适当的研究方法是至关重要的。研究方法的选择不仅决定了研究的有效性和科学性，而且也关系到研究结果的可靠性和可操作性。以下将对各研究方法的特点进行详细论述。

(一)文献研究法

通过收集大量的高职院校辅导员队伍建设、教育政策执行和高职院校辅导员政策方面的文献著作，分析并整合现有的研究成果，以便对高职院校辅导员队伍建设政策执行的效果进行系统的评估。在文献研究的过程中，本书研究采用了严格的标准来筛选和评价收集到的文献，确保所引用的材料具有较高质量和相关性。通过对相关文献的深入分析，我们能够了解到辅导员职业能力提升的各种途径，包括但不限于实践历练、集中培训、考核评比、座谈交流和政策激励等。此外，我们还能够从学生的角度出发，理解他们心目中理想的辅导员应具备的职业素养和工作能力，这为本书研究提供了重要的视角。文献研究法在本书研究中的应用，不仅提供了丰富的理论资源和研究背景，也提供了坚实的理论基础。通过对现有文献的系统分析，我们能够更好地理解辅导员职业能力提升的复杂性和多维度性，为进一步的研究和实践提供了重要的参考和启示。

(二)调查研究法

通过设计问卷、访谈等形式收集数据，获取更具体、更真实的第一手资料，便于了解辅导员的实际工作状态、职业满意度和职业倦怠情况。在设计问卷的过程中，本书研究特别注重问卷设计的科学性和合理性，确保所选问题既能够全面覆盖被调查群体的需求，又能够方便他们准确理解并回答。问题包括封闭式问题和开放式问题，旨在获取量化数据及质性数据，以便进行综合分析。调查问卷设计完成后，采取随机抽样的方式选取符合研究目标的样本群体，并在保护隐私的前提下进行匿名调查。为了保证数据的可靠性，本书研究采取多次测量、使用多种测量工具的方法来进行交叉验证，从而确保研究的稳定性。

（三）案例分析法

案例分析法通过深入分析具体的个案来深入探讨辅导员在职业发展过程中的具体实践和挑战。通过对辅导员进行实际案例的讨论分析，不仅能够增强他们的实际工作能力，还有助于提高他们分析问题和解决问题的综合素质。通过精心选择或设计与实际工作紧密相关的案例，能够反映出辅导员在日常工作中可能遇到的挑战，如学生宿舍矛盾、学生恋爱问题、就业指导等。它的优点在于能够提供更为深入的洞察，从根源上发现并解决问题。然而，案例研究法的结果具有较强的特殊性和不可推广性，可能难以对广泛的辅导员群体提供普适的指导。通过共同探讨案例中出现的问题、分析问题的根源并提出切实可行的解决方案，不仅能够促进辅导员彼此的交流与合作，还能够提高辅导员解决复杂问题的能力。

（四）比较研究法

通过对比不同类型高职院校辅导员的职业能力发展现状，以及辅导员与学生对辅导员职业能力的认知差异，来探究影响辅导员职业能力发展的关键因素，为辅导员职业能力的培养和提升提供比较视角。这种方法的优点在于能够提供比较的视角，更好地理解辅导员职业能力的特点和发展趋势。但比较研究法也存在一定的局限性，比如不同高职院校的环境、政策和文化等差异可能会对比较的结果产生影响。

（五）系统分析法

从整体性原则出发，将辅导员职业能力视为一个系统，这个系统由不同的子系统组成，包括但不限于学术研究型、教学辅助型、心理咨询型和组织管理型等，通过关注各子系统的独立发展，以及它们之间的相互作用和协同效应并进行深入剖析，我们可以更清晰地识别出哪些能力是辅导员职业能力中的核心，从而更好地理解其结构和发展趋势，以认识事物的本质和规律，提出加强辅导员职业能力培养的方法和策略。

三、研究重点

本书研究旨在深入探讨高职院校辅导员职业能力的现状、发展瓶颈以及提升策略。研究重点如下：一是现状分析。通过对部分高职院校的广泛调研，了解辅导员的职业态度、工作方式、职业能力等方面的现状，分析高职院校辅导员职业能力培养取得的成绩、存在的问题。二是能力提升策略。结合辅导员的实际工作情况和职业能力现状，探讨如何通过实践历练、集中培训、考核评比和政策激励等方式，有效提升辅导员的职业能力。特别是要强化实践经验的积累和专业技能的培训，以实现辅导员职业能力的持续进步。三是专业化与职业化建设。深入分析当前辅导员专业化与职业化建设的现实挑战，如专业方向的明确性、管理体制的顺畅性、评价体制的科学性等，并提出有针对性的改进措施。四是队伍稳定性与发展性。探讨如何通过建立健全相关制度，提高辅导员队伍的稳定性和职业发展空间，从而增强队伍的凝聚力和执行力。五是理论与实践结合。在理论研究的基础上，结合辅导员的实际操作和管理经验，提出具体可行的职业能力提升路径和策略。

通过上述研究重点，本书研究旨在为高职院校辅导员职业能力的培养提供理论支持和实践指导，促进辅导员队伍的专业化、职业化发展，进而提升高职教育的整体质量和效果。

四、研究难点

在进行辅导员职业能力培养研究的过程中，我们面临着几个关键的难点。

首先，对辅导员职业能力的认知差异问题。辅导员和学生对于辅导员职业能力的重要性存在不同的认知，这可能会影响研究的有效性和结果的普适性。因此，在设计问卷和访谈指南时，需要细致地考量这种认知差异，确保所获得的数据能真实反映辅导员的职业能力现状。

其次，样本选择的问题。研究人员利用全国辅导员骨干培训班的机会进行研究，这种的抽样方法虽然为研究带来了便利，但也可能导致样本偏差，限制了研究的外部有效性。为了提高研究的代表性，需要采用更广泛的样本选择方法，包括不同地区、不同类型高职院校的辅导员，以确保研究结果的广泛适用性。

再次，如何准确衡量辅导员的职业能力。辅导员的职业能力包括多个维度，如思想政治教育能力、职业生涯规划与就业能力等。设计有效的评估工具来全面衡量这些维度的能力是具有挑战性的，需要综合考虑理论框架、工具开发的科学性以及实际操作的可行性。

最后，在研究过程中还可能面临数据收集与分析的实际困难。辅导员的工作性质要求他们经常投入大量的时间和精力在繁重的工作中，这可能影响他们参与调研的意愿和时间安排。此外，如何确保数据的质量和分析的准确性也是需要特别注意的问题。

综上所述，辅导员职业能力培养研究需要面对认知差异、样本代表性、能力衡量的准确性以及数据收集与分析等难点。要克服这些难点，研究设计需要综合考虑各种因素，以确保研究的有效性和可信度。

五、研究创新点

在当前高职教育快速发展的背景下，辅导员职业能力培养显得尤为重要。本书研究的创新点主要体现在五个方面。

第一，本书研究提出了对辅导员职业能力培养的全新理解，强调了辅导员工作的创新性与时代性。辅导员职业能力的提升不仅在于知识的积累，更在于创新思维和方法的运用。因此，本书研究将从创新工作理念、内容和过程三个层面，详细论述辅导员如何适应时代发展的需求，以及如何通过创新来提高工作的有效性和学生管理的科学性。

第二，本书研究在文献综述的基础上，进行了深入的文献评述，不仅系统梳理了辅导员职业能力的构成要素，还对现有的辅导员职业能力培养研究进行了批判性分析，指出了现有研究的不足，并提出了本书研究的新视角和新方法。

第三，本书研究基于对辅导员职业能力构成的深入剖析，提出了一个全面、系统的辅导员职业能力培养的理论框架。该框架不仅涵盖了辅导员的专业知识、教学技能、管理能力和创新意识等多方面的内容，还特别强调了辅导员应具备的反思能力和终身学习的精神。

第四，本书研究针对辅导员工作中的实际问题，提出了一系列具有可操作性的创新策略。例如，在工作理念的创新上，提出了"需求导向"的工作理念，强调辅导员应根据时代变化和学生需求来不断更新工作方式；在工作内容的创新上，强调了跨学科知识的整合与应用；在工作过程的创新上，提倡采用项目管理和案例研究的方式来提高工作的科学性和有效性。

第五，本书研究还关注了辅导员职业能力培养的实际效果与反馈，提出了建立长效的职业能力发展机制，包括但不限于入职培训、在职培训、制度保障、考评机制等，旨在通过这些具体措施促进辅导员职业能力的系统性提升。

综上所述，本书研究的创新之处在于它不仅将辅导员职业能力培养的理论与实践相结合，而且在理论的深度与操作的具体性之间找到了一个平衡点，为高职院校辅导员的职业能力提升提供了新的视角和方法，可以有效地推动高职院校辅导员职业能力的现代化进程，促进高职教育的深入发展。

第一章　高职院校辅导员研究概述

第一节　高职院校辅导员的定义及历史演变

高职院校辅导员是高职院校教师队伍和管理队伍的重要组成部分，随着我国经济社会的发展和国家教育政策的变化，高职院校辅导员的地位发生了很大变化，辅导员的作用越来越重要。研究与了解辅导员的角色定位、工作职责及其历史演变，对新时代提升辅导员的职业能力、更好地发挥辅导员的作用具有重要意义。

一、高职院校辅导员的定义

通过对 2004 年中共中央、国务院颁布的《关于进一步加强和改进大学生思想政治教育的意见》(简称"中央 16 号文件")和 2005 年教育部颁布的《教育部关于加强高等学校辅导员、班主任队伍建设的意见》等政策文件以及与辅导员相关的基础理论文章的深入研究，并紧密结合高职院校工作实践，可以得出，高职院校辅导员是指：在高职院校党委的领导下，在学校第一线负责大学生思想政治教育和日常管理工作，以提高高职院校学生的思想政治素质和身体文化素养、推动大学生全面发展为目的，具有较高学科素养的从业人员。具体分析如下：

首先，从高职院校辅导员组织属性的视角分析，高职院校辅导员在学校党委的领导下开展工作，为社会主义现代化强国建设培养又红又专的社会主义接班人。与外国学生事务管理者相比，我国辅导员具有鲜明的中国特色，深深烙上"思想政治教育"的性质属性。

其次，从高职院校辅导员工具属性的视角分析，高职院校辅导员的主要任务是在第一线深入开展大学生日常思想政治教育和日常管理工作。高职院校辅导员是高职院校思想政治理论课程中的实验课老师，在学生思想政治教育中扮演着不可或缺的关键角色。

再次，从高职院校辅导员价值属性的视角分析，高职院校辅导员通过实施大学生思想政治素质教育与日常管理来培养和提升学生的思想政治素质与身体素质，服务于学生的专业学习，助力学校的稳定发展。高职院校辅导员对学生具有潜移默化的影响作用，帮助毕业生在社会中健康成长、成功发展。辅导员职业不是可有可无的，而是培养社会主义接班人所必需的，是大有可为的理想职业。这一职业理应有其独特的学科门槛与职业准入制度。思想政治教育是一项社会科学，只有从业者掌握了进行大学生思想政治教育的理论基础，才能更好地胜任本职工作，以思想政治理论教学为主的专业学科将成为职业准入中的学科底线。

二、高职院校辅导员的角色定位

随着经济社会文化发展，我国高等教育也取得了快速发展，特别是 20 世纪末，我国很多高等学校扩招，高等教育逐渐走向大众化。同时，高职院校也呈现出高速发展的趋势，高职院校数量和在校生人数大幅增加，办学条件明显改善，人才培养质量显著提升。这对高职院校辅导员的工作产生了相当大的影响，辅导员所代表的社会角色也受到了人们的重视。但在现实工作中，一些人对辅导员的角色认知还存在一定的偏差，高职院校对辅导员角色的界定比较模糊，而且还会形成角色偏移等问题，这些导致辅导员在工作中容易受到各种约束，从而影响了辅导员工作的积极性与主动性，也影响了他们工作的实际效果。要破解这些难题，重点就是要厘清辅导员工作中有关角色定位的理论性问题，唯有如此，才能消除辅导员工作中出现的心理障碍，也才能更有效地使辅导员们在工作中有的放矢，提高工作成效。

通过总结我国高职院校辅导员体制的形成和发展过程，我们能够看到高职院校辅导员的角色是一个与我国高等教育历史发展相适应，并逐步演变完善的过程，同时也是由单个角色向多个角色逐步发展的过程。按照《关于进一步加强和改进大学生思想政治教育的意见》《教育部关于加强高等学校辅导员、班主任队伍建设的意见》等政策文件的相关原则，本章对高校辅导员的角色定位进行了研究总结，并延伸到高职院校里，当前的高职院校辅导员大多要承担教育者、管理者、服务者、引导者的复合角色。

（一）教育者

在教育部颁发的《普通高等学校辅导员队伍建设规定》（简称"教育部 43 号

令")中明确指出，辅导员是开展大学生思想政治教育的骨干力量，是高等学校学生日常思想政治教育和管理工作的主要组织者、实施者、指导者。辅导员应当努力成为学生成长成才的人生导师和健康生活的知心朋友。

从相关文件制度中可以发现，高等学校辅导员是高等学校教师队伍的主要组成部分，这是不容置疑的，所以，教育者也是高等学校辅导员的一个主要角色。教育者角色主要包括以下几点。

1. 思想政治教育工作者

中央16号文件明确提出："大学生思想政治教育工作队伍主体是学校党政干部和共青团干部，思想政治理论课和哲学社会科学课教师，辅导员和班主任。""辅导员、班主任是大学生思想政治教育的骨干力量，辅导员按照党委的部署有针对性地开展思想政治教育活动，班主任负有在思想、学习和生活等方面指导学生的职责。"文件规定了高等学校的辅导员队伍是高等学校思想政治教育工作团队中的重要成员，也明确了思想政治教育是高等学校辅导员最主要的工作任务。

教育部43号令对辅导员职责做出了明确要求：辅导员要"引导学生深入学习习近平总书记系列重要讲话精神和治国理政新理念新思想新战略，深入开展中国特色社会主义、中国梦宣传教育和社会主义核心价值观教育"；要"帮助学生不断坚定中国特色社会主义道路自信、理论自信、制度自信、文化自信，牢固树立正确的世界观、人生观、价值观"；要"掌握学生思想行为特点及思想政治状况，有针对性地帮助学生处理好思想认识、价值取向、学习生活、择业交友等方面的具体问题"；要"运用新媒体新技术，推动思想政治工作传统优势与信息技术高度融合"，并"构建网络思想政治教育重要阵地，积极传播先进文化"；要"加强学生网络素养教育，积极培养校园好网民，引导学生创作网络文化作品，弘扬主旋律，传播正能量"。另外，教育部43号令还要求辅导员要"努力学习思想政治教育的基本理论和相关学科知识，参加相关学科领域学术交流活动，参与校内外思想政治教育课题或项目研究"。该文件进一步明确了辅导员要承担的思想理论教育、价值引领、网络思想政治教育、理论和实践研究等方面的职责。

所以，思想政治教育者是高职院校辅导员各种工作角色中最为关键的一个，而且就辅导员体制的发展历史而言，思想政治教育工作始终是辅导员的主要工作任务，这也体现了党和国家对高职院校辅导员的高度期望，全体高职院校辅导员必须牢牢记住自己思想政治教育者的重要角色。

2. 公民道德和大学生心理健康教育者

大学阶段是青年学生的世界观、人生观、价值观形成和发展的关键时期。高职院校辅导员在教学管理的最前沿，直接与学生联系、沟通，对学生具有潜移默化的影响，辅导员自己的思维方式和行为习惯都会对学生价值观的养成产生重要影响，同时还影响着学生健康心理的形成。因此，每一名辅导员都应担负起对学生进行公民道德教育和心理健康教育的重任。

中央16号文件对此做出了明确要求：辅导员要"以基本道德规范为基础，深入进行公民道德教育。要认真贯彻《公民道德建设实施纲要》，以为人民服务为核心、以集体主义为原则、以诚实守信为重点，广泛开展社会公德、职业道德和家庭美德教育，引导大学生自觉遵守爱国守法、明礼诚信、团结友善、勤俭自强、敬业奉献的基本道德规范"。这就需要辅导员主动承担起公民道德教育者的责任。

教育部43号令在辅导员的工作职责上做出了具体要求：辅导员要"协助学校心理健康教育机构开展心理健康教育，对学生心理问题进行初步排查和疏导，组织开展心理健康知识普及宣传活动，培育学生理性平和、乐观向上的健康心态。"这进一步明确了辅导员有开展心理健康教育的责任。

高职院校的心理健康教育是一项不容忽视的工作。高职院校是个浓缩的小社会，学生在学校里也要面临复杂的人际关系和同辈群体中的各种竞争，一旦其在遇到困难和挫败时不能有效调节自身的心理状态，就很容易造成悲剧事件。近年来，高职院校经常发现学生存在心理健康方面的问题，甚至会发生大学生自杀等极端恶性事故。这就需要辅导员有针对性地开展心理健康教育，根据大学生的身心特点和成长规律，及时开展心理健康主题班会和实践活动，引导学生形成健康的心理品质和优良品格。辅导员还可以在班级里设置心理委员、信息员，设立心灵危机处理网络小组，注重对网络小组中的成员进行基本的心灵认识与技巧训练，使学生学会自我心理疏导的基本方式，在出现突发状况时能有效管理与应对，自身也学会了自我管理。同时，学生也能够更全面地掌握朋辈的心理状况。另外，辅导员还可以通过关注学生的学习情况和生活状况，协助学生确定学习目标、制订合理的学习计划，并可以运用榜样人物的示范效应，指导学生形成正确、积极的生活学习态度，从而鼓励学生奋发向上、积极进取。当学生如果在学习和工作过程中出现各种心理问题时，辅导员完全能够运用自身的知识和社会阅历，通过与学生进行思想上、感情上的互动与交流，引导学生消除不良情绪，帮助学生认识自己，从而使学生具备健康心理。

如果没有解决问题，则辅导员可把学生引入专门的心理健康机构和组织，如学校的心理健康教育中心，加以积极干预，帮助学生树立正确的价值观，使其形成积极健康生活方式。

3. 学生入学和就业教育者

新生进入大学学习时，入学教育是第一堂课。其主要目的在于及时给予新生学习和生活上的指导，让新生尽快熟悉、适应大学生活，增强学习兴趣，较快地完成从高中生到大学生的转变，为大学学习打下坚实的基础。学生在完成学业后要走向社会就业，需要提前了解就业形势和行业发展趋势，这也需要辅导员及时给予帮助和指导。在学生的大学生涯中，"进校门"和"出校门"是两个非常重要的环节。辅导员在大学期间有学习、成长、应对挑战和取得成就等多种经历，这使他们能够更好地理解学生，能够与学生们进行交流并提供指导和建议。因此，针对这两个重要环节，辅导员的工作显得十分重要。

一是"进校门"环节，即学生入学教育环节。俗话说"万事开头难"，高职院校学生通过高考录取、单独招生考试和推荐免试等多种招生方式迈入了高职院校的大门，但这并不代表学生就能完全适应高职阶段的生活与学习。他们面临着大学所赋予的新的生活环境和学习任务，往往需要时间去适应。高职院校辅导员须针对学生在"进校门"阶段面临的问题开展适应性教育。例如，为了让学生在大学校园中有归属感，辅导员可以组织认知教育活动，使学生迅速了解学校的历史和人文背景，以及学校的发展目标、人才培养理念等。此外，辅导员还可以根据学生的需求安排本专业教师和高年级学生与新生进行交流，以便学生了解本专业的性质、教学设计的现状以及在学习过程中需要注意的事项，从而形成良好的学习观念，为将来的学业打下基础。另外，新生入学教育中最关键的环节之一就是组织学生认真学习《学生手册》等文件，使学生了解、适应并遵守学校的各项规章制度，增强学生的自我管理意识，从而尽早融入健康和正确的大学生活。

二是"出校门"环节，即就业教育环节。近年来，随着高职毕业生规模持续扩大，求职竞争日益激烈，部分学生对就业感到困惑，不知道如何选择适合自己的职业道路。在这种情况下，高职院校辅导员应及时为学生进行职业形势分析，帮助他们了解当前的就业政策和行业发展趋势。同时，辅导员还需要传授各种求职技能和方法，结合学生的性格特点和职业意愿以及市场和专业的特点，指导他们认识学习、职业和事业之间的联系，减少其求职过程中的困惑，提高其就业信心，避免其盲目和随意求职，为他们未来的工作打下坚实的基础。

高职院校辅导员作为大学生的教育管理者，必须全面关注学生在校期间的学习和生活过程。学生入学教育与就业教育处于"进校门"和"出校门"的两个关键环节，因此这两个阶段的教育教学尤为重要。

（二）管理者

高职院校辅导员不仅仅是教育工作者，更是学校管理团队中不可或缺的一部分。教育部43号令明确指出，"辅导员是开展大学生思想政治教育的骨干力量，是高等学校学生日常思想政治教育和管理工作的组织者、实施者、指导者"，要"开展学生党员发展和教育管理服务工作"和"入学教育、毕业生教育及相关管理和服务工作"，并要"组织开展基本安全教育"。因此，高职院校辅导员作为管理者，在高职院校管理中承担着学生日常事务管理和学生组织管理的责任，对营造良好的校园学习和成长环境，以及促进学生全面发展具有重要的作用。

一是学生日常事务管理。学生日常事务管理是一项非常繁杂而又十分重要的工作，也是包含内容较多的工作，这项工作主要由辅导员来完成。在高职院校中，辅导员是学校管理团队的主要构成力量。在日常事务管理工作中，辅导员主要负责处理与学校发展相关的很多事宜，包括所带班级规章制度的建立、对学生奖学金的评定、学生日常行为的管理、帮困助学和突发事件的紧急处置等。甚至迎新教育、学生日常请假、就业指导、寝室卫生以及落实学校相关部门安排的工作等，都必须由辅导员直接参与和部署。可以这样讲，高职院校辅导员是学校与学生之间的重要纽带，是学生日常事务管理的主要力量，他们在一点一滴的小事中为学生提供指导与帮助。随着高职院校在校学生数量的持续增长，辅导员的事务管理内容也日益庞杂，管理者的角色也日益突出。

二是学生组织管理。高职院校中有很多学生组织和社团，比如学生会、学生社团联合会、志愿者联合会、大学生自我管理和服务委员会等。这些组织既是学校管理的拓展和延伸，也是学生自我管理、自我服务的载体，更是学生干部实践锻炼、自我提升的平台，在促进学生发展和推动和谐校园建设方面发挥着重要作用。辅导员作为学校和学生组织之间的纽带和桥梁，应该指导和管理好学生组织，促进其规范运行、良性发展。辅导员应指导学生组织优化内部结构、完善制度、建立机制、明确分工，帮助学生组织开展活动，打造并形成组织文化，提升组织凝聚力与生命力，同时应引导学生干部树立坚定的信仰、养成良好的习惯，帮助其提升自身能力和素养。

（三）服务者

教育部 43 号令提出，辅导员要"围绕学生、关照学生、服务学生，把握学生成长规律，不断提高学生思想水平、政治觉悟、道德品质、文化素养"。《中国普通高等学校德育大纲（试行）》指出，要做好"教书育人、管理育人、服务育人"工作。因此，辅导员还承担着服务者的角色。

现阶段，高职院校大学生基本上是"00 后"，他们年轻有活力，思想活跃、思维敏捷，喜欢时尚，好奇心旺盛，注重追求个人自由，同时，其自我生活能力、自我管理能力较弱，容易受西方不良思潮影响，这对高职院校的学生事务管理体系和理念提出了巨大的挑战。高职院校辅导员对于学生事务管理的理念与方法也应改变。其不仅是教育者和管理者，还是服务者，并且在工作中要牢牢树立"以生为本"的理念，转变工作思路，将强管理、弱服务转变为服务和教育管理兼顾。辅导员要增强服务意识，多关心、关爱学生，多给予学生人文关怀。当学生在学习或生活中遇到困难和难题时，特别是遇到伤病、贫困、就业等问题时，辅导员要想学生之所想、急学生之所急，耐心细致地解释，热情周到地服务，积极为学生释疑解惑，帮助学生排忧解难，为学生营造温馨舒适、积极健康的发展成才环境。辅导员在服务工作中不能推诿拖拉、敷衍了事、态度粗暴、方法简单、有失公正，这样不仅会对其自身工作造成阻力和障碍，还会影响的学生健康成长。

（四）引导者

在高职教育阶段，学生正处在世界观、人生观、价值观形成的关键时期，其在探求价值真谛的过程中，必然会面临贡献与索取、梦想与现实、责任与义务等多种形式错综复杂的问题。他们遇到的问题一旦无法得到恰当的解决，就必然会影响其个人发展。在学生最初面临这类问题之际，辅导员就应对其进行教育引导。辅导员往往很容易成为他们人生道路的引导者，常常可以通过其自身长期积累的生活经验和人生阅历来给学生排忧解惑。

高职院校辅导员需要了解当前形势、国家的政策方针、行业发展趋势，其要坚持以马克思主义科学理论为指导，学习贯彻习近平新时代中国特色社会主义思想、党的二十大精神，用理论武装头脑、指导实践、推动教育工作，站在成长成才的高度去指导、培养学生，争做学生一生成长的引导者。另外，辅导员在平时工作中，在教育手段与方式上应侧重于"疏导"，要用远大的目标去教育和指导学生，万万不要采取强硬的工作方式进行说教，而要根据每位学生的家庭背景、教学背景、个性特征等，做到有的放矢、因材施教，如此才能确保每位学生都得到较好的成长和发展。

三、高职院校辅导员政策的演变历史

高职院校辅导员政策的演变是高等学校辅导员政策演变的一部分，随其同步进行。

(一)初创和确立阶段(1949—1976 年)

1952 年，中共中央转发教育部党组《关于在高等学校试行政治工作制度的报告》，该报告指出，为加强政治领导，开展马克思列宁主义的思想建设，全国高等学校应有准备地设立政治工作机构——政治辅导处。政治辅导处的工作人员实际上就是政治辅导员，他们是在学校党委领导下服务于最基层的思想政治工作者。该报告明确了政治辅导处和政治辅导员的主要任务，并提出"政治辅导员应挑选教师、学生中的优秀党员、团员充任，平均每三百名左右的学生设政治辅导员一人"。这标志着我国高校政治辅导员制度的正式确立。

1953 年，清华大学时任校长蒋南翔向高等教育部、人事部请示设立学生政治辅导员制度并获批，这也是我国出现最早的辅导员制度。此时的政治辅导员一般由学习成绩优秀、政治觉悟高、工作能力强的高年级学生担任，并定期组织学生进行政治学习和社会活动，管理学生事务。

1961 年 9 月，《教育部直属高等学校暂行工作条例(草案)》出台，要求在一、二年级设政治辅导员或班主任。1964 年 6 月，《关于加强高等学校政治工作和建设政治工作机构试点问题的报告》出台，要求在二三年内配齐班级的专职政治工作干部，其编制比例为 1∶100。1965 年 3 月，教育部制定了《关于政治辅导员工作条例》，以法规的形式明确了政治辅导员的地位、性质、职责和工作任务等，对于辅导员定位发展起到了理论和实践层面的推动作用。1966—1976 年这十年间，社会大环境的变化造成高等教育制度和格局发生巨大改变，政治辅导员工作在这段时期发展缓慢。

(二)恢复和调整阶段(1976—1996 年)

20 世纪 80 年代，东部沿海发达地区经济快速发展，技术技能人才短缺，

为了解决这些问题，原国家教育委员会组织调研，批准建立了第一批 13 所职业院校，这标志着我国高等职业教育的起步。伴随我国高等职业教育的发展，对学生进行思想政治教育工作也需要加强。1980 年，教育部和共青团中央印发了《关于加强高等学校学生思想政治工作的意见》，该意见明确提出，"高等院校必须正确处理政治与业务、红与专的关系，把学生的思想政治工作放在重要的地位""加强学生的思想政治工作，必须建立一支坚强的、有战斗力的政治工作队伍"，同时"各校要根据具体情况建立政治辅导员制度或班主任制度"。该意见以国家文件的形式，提出了加强思想政治工作的必要性和重要性，并提出了要加强政治工作队伍，特别是辅导员队伍建设。

对于政治辅导员和班主任的选任，《关于加强高等学校学生思想政治工作的意见》也提出了明确的要求，即要从政治素质优秀、业务能力良好的毕业生中留任，或者是从素质高、能力强的优秀教师中选任，并要求这一类职业教师不但要在教育过程中做好学生的政治思想教育工作，而且成绩突出的辅导员还需要担负少量的教学任务。这一文件的出台，明确了辅导员的工作内容与职责，为当时的我国高职院校辅导员工作指明了方向。

1984 年，中共中央宣传部、教育部联合印发的《关于加强高等学校思想政治工作队伍建设的意见》提出，"高等学校的思想政治工作队伍必须实行专职和兼职相结合，高等学校应配备精干的专职人员(包括党、政、工、团各系统所必需的专职人员，不包括这些系统的办事人员)作为思想政治工作队伍的骨干，以承担繁重的工作任务，并且积累经验。同时还应动员和组织一些教师、高年级大学生、研究生兼职做思想政治工作"，并对专职思想政治人员的政治素质、专业知识、能力水平、培养方法及其薪资待遇等内容做了具体的规定，强调要加强对思想政治工作教师的职业培训，培训项目必须做到规范化和制度化。该意见指出，"在部分高等学校设置思想政治教育专业，开办本科班、第二学士学位班，在条件具备时还要开办研究生班，招收攻读学位的研究生"，鼓励从事思想政治工作的教职工通过各种途径进行在职学习，支持思想政治工作人员参加夜大学习、电视大学学习，从而增长理论知识水平，提高自身的思想政治工作能力。该意见首次明确提出了思想政治理论教育队伍专职化的理念，并且把辅导员列在其中。

1987 年，原国家教育委员会颁布了《关于在高等学校学生思想政治教育专职人员中聘任教师职务的实施意见》，明确提出："思想政治教育是一门科学。

学生思想政治教育是学校教育的重要组成部分,在高等学校校、系和班级专职从事学生思想政治教育的实际工作,并兼任马克思主义理论或形势政策教育、思想品德教育等思想政治教育方面课程的教学和思想政治教育研究工作的现任党政干部和共青团干部,根据他们具备的条件,按照《高等学校教师职务试行条例》的规定,聘任相应的教师职务。"该意见明确提出,从事思想政治教育的教师,可以评为助教、讲师、副教授、教授,并指出了各级职务的任职条件。这一文件进一步突出了政治辅导员的角色,并赋予了政治辅导员新职责,即辅导员也可以作为高等学校教师积极参与教学工作。

20世纪八九十年代,我国开始重视大学生思想政治工作,逐步规范与完善大学思想政治教育教学文件和制度,相继颁布了《关于新形势下加强和改进高等学校党的建设和思想政治工作的若干意见》《中共中央关于进一步加强和改进学校德育工作的若干意见》《中共中央关于加强和改进思想政治工作的若干意见》《选拔品学兼优的应届毕业生充实到高等学校思想政治教育工作队伍的通知》《关于在高等学校学生思想政治教育专职人员中聘任教师职务的实施意见》等50个具有代表性的文件,进一步强化了高等学校大学生思想政治工作,重新明确了思想政治工作在人才培养中的重要地位,更加注重辅导员队伍建设,此时高职院校辅导员队伍的发展也进入了科学化阶段。

(三)改革和完善阶段(1996—2004年)

1995年11月,原国家教育委员会颁布的《中国普通高等学校德育大纲(试行)》指出,学校应当采取有效措施切实加强辅导员队伍建设,努力培养和造就一批思想政治教育的专家和教授,并强调要遵循1∶(120~150)的教师比配置学生专职政工人员,规模相对较小的学校可按照情况酌情增加教师数量,并明确地将辅导员列入学校的专职政工人员队伍。高职院校在政策文件的要求下,加大了辅导员队伍建设工作力度。

1996年,第八届全国人民代表大会常务委员会通过了《中华人民共和国职业教育法》,在立法上明确了高等职业教育在国家高等教育系统中的重要地位,揭开了我国高等职业教育高速发展的帷幕。1999年,全国高等教育工作会议指出,要大力发展高等职业教育,为经济社会发展培养生产、建设、服务和管理一线高素质技能人才。随着高职教育的发展,高职院校辅导员队伍建设进入了快车道。

1999 年 9 月出台的《中共中央关于加强和改进思想政治工作的若干意见》又一次提高了人们对学校辅导员队伍的认识，其号召高等学校要积极开展辅导员培训工作，要进一步加大对辅导员工作的支持力度。同时，该意见从国家层面对高等学校辅导员队伍建设进行了明确规定，并特别强调了要"按照提高素质、优化结构、相对稳定的要求，建设一支政治强、业务精、作风正的思想政治工作队伍。要选拔一批德才兼备的中青年干部，充实到这支队伍中来。对思想政治工作者要注意关心和培养，帮助他们提高思想政治素质和业务能力，对做出突出成绩的要给予表彰和奖励"。有鉴于此，我国部分高职院校主动吸纳和选用德才兼备的班主任以及品学兼优的毕业生并补充到辅导员队伍中去，这一行动推动了高职院校辅导员队伍建设在正轨上继续前行。

2001 年，教育部印发的《关于加强普通高等学校大学生心理健康教育工作的意见》明确指出，辅导员要关注学生的心理健康，做学生心理健康的指引者。至此，辅导员的角色定位又有了进一步的拓展。

综上所述，此阶段我国高职院校辅导员队伍建设在政策法规和体制层次方面进一步完善和规范了，辅导员工作在《中共中央关于改进和加强高等学校思想政治工作的决定》规定的范畴内稳步向前发展，辅导员岗位职责的界定更明确了，其角色定位也更清晰了。

（四）科学发展阶段（2004 年至今）

2004 年之后，随着我国经济的飞速发展，社会需要大量高素质技术技能人才，职业教育的发展受到了党和国家的高度重视。从顶层设计层面来看，我国高等职业教育在经过了一个滑坡、扩张阶段之后又迎来了一个飞速发展的时期。在全球化发展大势与国家政策需要的双重推进下，我国高职院校辅导员的工作内容从单纯的思想政治教育，转化为"集教学、管理、服务、咨询、研究于一体"，辅导员担负着培养社会主义接班人的责任与任务，专业化与职业化成为辅导员队伍建设的必然要求。如此，高职院校的教育教学工作才能适应社会对技术技能人才培养输出的需求，思想政治工作也才能实现新的目标。

2004 年 8 月，中央 16 号文件强调了加强和改进大学生思想政治教育的重要性和紧迫性，以及指导思想、基本原则、主要任务等内容，提出要大力加强大学生思想政治教育工作队伍建设，明确提出"辅导员、班主任是大学生思想政治教育的骨干力量，辅导员按照党委的部署有针对性地开展思想政治教育活动"并"成为大学生健康成长的指导者和引路人"。该文件进一步强调了辅导员在大学生思想政治教育和学校日常管理工作方面的重要性，强调"要采取有力措施，着力建设一支高水平的辅导员、班主任队伍。院(系)的每个年级都要按适当比例配备一定数量的专职辅导员，每个班级都要配备一名兼职班主任，鼓励优秀教师兼任班主任工作。辅导员、班主任工作在大学生思想政治教育第一线，任务繁重，责任重大，学校要从政治上、工作上、生活上关心他们，在政策和待遇方面给予适当倾斜"。

随后，教育部相继出台了《教育部关于加强高等学校辅导员、班主任队伍建设的意见》《普通高等学校辅导员队伍建设规定》(简称"教育部24号令")、《2006—2010年普通高等学校辅导员培训计划》等政策文件，明确指出要加快高等学校辅导员队伍建设，积极推动高等学校思想政治教育工作的高质量发展，更好地贯彻落实立德树人根本任务。同时，这些文件对辅导员的职责进行了重新定位，明确了辅导员的工作任务，并对其招聘流程以及培训、管理、考核给出了具体办法，进一步推动了我国高等学校辅导员团队建设的制度化与规范化发展。

2005年1月，全国加强和改进大学生思想政治教育工作会议在北京召开，大会上明确提出"要采取有力措施，按照政治强、业务精、纪律严、作风正的要求，着力建设一支高水平的辅导员和班主任队伍，使他们在学生思想政治教育中发挥更大作用"。2006年4月，新中国成立以来首次召开了全国高等学校辅导员队伍建设工作会议，时任教育部长周济表示，加强辅导员队伍建设，是统筹高等学校改革、发展和稳定的必然要求。维护高校稳定，推动高校改革、发展，各地各校思想政治工作者功不可没，特别是广大辅导员更是付出了心血和汗水。大学生思想政治教育能否进一步加强和改进，大学生能否健康成长，决定的因素之一是看我们能不能建设一支高水平的辅导员队伍。他强调要明确高等学校辅导员的角色定位和工作定位，以及辅导员的工作职责和素质要求，并强调辅导员具有教师和行政管理干部的双重身份，应通过合理的方式不断完善辅导员队伍建设的体制机制，特别是要在"高进、严管、精育、优出"四大关键环节上，健全并完善辅导员队伍选聘机制、管理机制、培训机制和发展机制，做到用事业凝聚团队，以制度推动建设的目标。2011年4月，教育部办公厅印发了《教育部高校辅导员培训和研修基地建设与管理办法(试行)》《教育部高校辅导员培训和研修基地建设与管理基本标准(试行)》等文件，进一步加强了辅导员培训基地的建设与管理，强化了高等学校辅导员教育培训，全面提高了辅导员培训和研修质量。

党的十八大至今，党和国家更加重视辅导员建设工作。2013 年 5 月，中共教育部党组印发了《普通高等学校辅导员培训规划（2013—2017 年）》，提出要构建完善辅导员培训体系，确定了培训目标，明确了培训内容、培训任务和保障措施，为促进辅导员专业化、职业化和可持续发展奠定了基础。2014 年 3 月，教育部印发了《高等学校辅导员职业能力标准（暂行）》，明确了"高等学校辅导员"是一个正式的职业，明确了职业名称、职业定义、职业守则和职业标准，推动了高职院校辅导员队伍专业化、职业化。2017 年 9 月，教育部公布了修订后的《普通高等学校辅导员队伍建设规定》，提出"辅导员是开展大学生思想政治教育的骨干力量，是高等学校学生日常思想政治教育和管理工作的组织者、实施者、指导者"，要"把辅导员队伍建设作为教师队伍和管理队伍建设的重要内容，整体规划、统筹安排，不断提高队伍的专业水平和职业能力，保证辅导员工作有条件、干事有平台、待遇有保障、发展有空间"，进一步明确了辅导员工作的要求与职责、配备与选聘、发展与培训、管理与考核等内容，提高了辅导员工作的科学化和系统化水平，推动了辅导员队伍建设向专业化和职业化方向发展，促进了辅导员数量和规模有大的突破。

2018 年 6 月，教育部思想政治工作司和人事司共同召开了全国高校辅导员工作现场会，提出在高等学校教学管理工作中，要构建完善的、职业的辅导员队伍建设体系，力求建设一个专业化和职业化的辅导员队伍，要为辅导员提供工作条件、为辅导员干事创业搭建平台、为辅导员发展提供空间，保障辅导员待遇、提升辅导员地位。同时，辅导员还要铭记自身的责任使命，主动担当作为，充分挖掘自身潜能、发挥自身作用，成为思想政治工作的参与者、实施者、指导者，为人才培养做出贡献。

综上所述，伴随我国高等职业教育的发展历程，高职院校辅导员队伍建设经历了初创和确立阶段（1949—1976 年）、恢复和调整阶段（1976—1996 年）、改革和完善阶段（1996—2004 年）和科学发展阶段（2004 年至今），辅导员的工作形态由兼职到以兼职为主、专兼结合，再到以专职为主、专兼结合的三级发展，辅导员队伍建设工作也逐渐向着"规范化、专业化、职业化"的方向平稳有序地发展。当前，辅导员的价值在高职院校教育管理中日益突出，其不但积极参与学校的管理工作，更在学校思想政治教育教学工作中发挥着重要的作用。

第二节 高职院校辅导员工作的特征与职责

一、高职院校辅导员工作的基本特征与基本原则

现阶段，高职院校辅导员的工作呈现出一系列新变化，要保障辅导员工作积极有效地开展，就必须对辅导员工作的基本特征和基本原则有清晰的认识。

(一)高职院校辅导员工作的基本特征

随着知识经济和数字化浪潮的到来，各行各业也面临着深刻的变化。在这一背景下，每个行业都要不断进行改革以适应经济和社会的变化。辅导员工作是一项复杂的系统工程，其自身在改革发展过程中，形成并具备了科学性与价值性、客观性与主观性、独立性与受动性等基本特征。

1. 科学性与价值性的统一

科学性与价值性的统一，即辅导员的工作任务是基于科学的理论与人才培养规律而部署的。这些任务旨在反映主客观的需求，具备科学性与价值性统一的特征。具体如下：

(1)科学性

辅导员的主要任务是开展思想政治教育和学生日常事务管理，引导学生健康成长，为社会主义现代化建设培养合格人才。这些任务的制定基于学生的发展需求、社会发展的要求以及学校的教学目标，这些依据是科学的、正确的。学生的发展需求是依据教育学和心理学的科学原理，研究学生的身体成长规律而提出的，具有学术和理论支撑，是科学合理的；社会发展的要求是以马克思主义的基本原理和当代马克思主义研究成果为导向，依据经济社会发展需要提出的，符合时代的发展趋势，具有科学性的特征；学校的教学目标是依据社会主义现代化建设的具体要求和学生的个人成长规律而制定的，是科学的。辅导员的工作任务是科学的，主要源于其制定的基础和依据是科学的。辅导员的工作任务要运用心理学、教育学、管理学、社会学等专业理论，并通过不断实践来完成，体现了我国高等职业教育发展与实践的理论升华，具有一定的科学性。

（2）价值性

价值性指的是揭示事物客观性质和功用，并描述其与主体需求之间的相互影响、效益或联系的哲学概念。在辅导员的工作任务中，价值性一直为人们所关注。辅导员的工作职责和任务适应学校发展的需要、学生发展的需求以及社会进步的要求，体现了其价值性。辅导员工作的目的是发掘和创新客体需求的积极属性和有利效应，通过主体有意识的实践活动，将适应不同需求的可能性转化为现实性，最大限度地调动和实现客体的价值属性，以满足主体的价值需求。这体现了促进人的全面发展、增强学生的综合竞争力以及推动社会全面进步的时代价值。

（3）科学性与价值性的辩证关系

辅导员工作任务的科学性与价值性是高度统一、不可分割的。首先，科学性与价值性都源于实践。辅导员任务的界定是基于对人才培养实践的科学观察和研究，并通过对实践的不断验证和实践的检验而提出来的，任务的价值性最终需要在现实中形成并得以实现。其次，辅导员任务的科学性与价值性相互交融和渗透。一方面，辅导员任务的科学性以其价值实现的程度为评价标准。科学探索本身就蕴含着追求价值目标的动机，而其本质是以满足人的客观需求为前提的。另一方面，辅导员工作的价值性也是以科学性为导向的。实现价值离不开科学技术因素，而实现价值的过程也离不开对科学技术的理解和应用。因此，辅导员工作任务的科学性与价值性是不可分割的。它们在实践中相互影响、相互促进、相互依存、相互渗透，形成了高度统一的关系。

2. 客观性与主观性的统一

辅导员的工作任务是建立在客观存在与客观规律基础之上的，但同时，辅导员又必须主观能动地去开展工作，因此其具备客观性与主观性这一二重特征。具体如下：

（1）客观性

所谓的客观性，是指以客观现实的产生过程为依据，而非由人类的主观想象确定的，并非一种神秘的精神表现。辅导员工作任务的客观性表现在工作对象和工作内容上。辅导员工作的对象是人，即具有生命与思维并存在于客观世界的人。辅导员工作的内容也是具体的、客观的，是依据个体的发展需要、教学管理的基本规律而开展的具体活动，而这种发展规律和管理规律又是客观的，是经得起实践检验的客观理论，对实践工作有着广泛的指导意义。例如，辅导员在制定项目方案时，应该按照高职院校大学生所处的成长阶段的心理特征来设计。学生从初、高中(中职)到高职阶段,心理和生理都发生了改变,与高中相比,高职院校在对学生的管理上更加独立,更注重学生的自主学习、独立思考、自理生活、自主调节。当学生进入高职院校并开始全新的学习生涯时,往往就会不同程度地产生某些困惑,而这些困惑主要来自他们对高职生涯的不适应。所以高职院校都会不约而同地对学生进行适应性教育,并将之贯彻于教育全过程。学生的心理适应性教育是高职院校的一个常规任务,这也是由学生心理特征规律和教学管理的基本规律决定的,而这种规律又体现了主体成长的基本规律和联系,是客观、正确的。

(2)主观性

主观性指的是客观存在的个体自我意识和主观意愿,而且这种主观性在不同个体之间表现为差异。由于辅导员在个人的学识背景、思想观念和管理能力等方面存在差异,因此他们对科学原理和客观规律的认识和运用也必然会存在差异。这种差异在工作任务的设计和执行过程中会体现出个人的主观意愿。同时,由于教学对象个体之间存在差异,每个人的成长经历和个性特征都是独特的,他们对成长和发展的需求也具有个体化和主观性。举例来说,即使同样是高职学生,他们在进入学校后面临的适应性问题也会有所不同。有些同学可能在学习方法上遇到困难,有些同学可能在日常生活自理能力上存在困难,还有些同学可能在心智独立方面遇到挑战,这就要求辅导员在工作中充分考虑个体差异,考虑个人主观意愿和客观规律,充分发挥主观能动性,灵活和创造性地运用客观规律,确保任务的设计和执行符合教学对象的群体特点和满足个体需求。

(3)客观性与主观性之间的辩证关系

辅导员工作同时具备客观性和主观性的双重特征。客观性和主观性并不是相互矛盾或不相容的。实践证明,辅导员工作的客观性和主观性是有机统一的,二者并不矛盾。首先,客观性是主观性的前提。无论是辅导员的主体能力还是学生的主体需求,都存在于工作任务的客观性范畴内,但在不同情况下可能有所区别。以新生入学教育为例,进行学生适应性入学教育是客观且必要的,而如何针对不同院校、专业和个人的具体情况进行教育则是主观性的。其次,主观性对客观性产生反作用。每一种客观规律的运用都依赖于作为主体的个人发展起来的主体能力。辅导员个人通过在社会实践中意识到各种客观规律和不同的客观存在,并按照这些客观规律有意识地改造世界、推动事物的发展和培养人才。最后,失去了主观性,客观性就失去了活力和生命力;失去了客观性，主观性就变得偏执僵化，如同教条一般。只有将客观性与主观性有机融合，才能充分发挥二者的优点和特点，使工作能够更好地进行。因此，辅导员工作的客观性与主观性需相互依存、相互作用，以共同促进其任务的顺利进行。

3. 独立性与受动性的统一

辅导员的职责既包括教师的教学职责，又包括行政工作人员的管理职责。因此，其工作任务具有独立性和受动性的特征。具体如下：

（1）独立性

辅导员工作具有独立性。相比于教师拥有明确、规范、具体、统一的教学大纲和考评制度，辅导员的职责更为广泛和宏观，灵活性和创新性较强。因此，辅导员在工作内容、方式和任务的细化方面具有较大的自由度和空间。例如，同一所高职院校的辅导员，他们的工作状态、工作方式会有明显的差异。这些差异源于不同的个人心态、理想以及个人的专业知识和才能。辅导员的职责不是严格的、单一的、机械的，也不像数学公式一样稳定和唯一。它是一项艰难而烦琐的脑力劳动，要求辅导员具备智慧和才能，根据实际情况不断选择最佳方式来实现目标。可以说，辅导员对待学生就像医务人员对待患者一样，是因人而异的。不同的辅导员对待同一个任务可能采用不同的方法；同一个问题在不同学校中，辅导员采取的解决方式也不完全一样；即使是同一位辅导员每年进行适应性教育，他们的教育切入点和效果也会有所不同。这体现了辅导员工作的独立性。因此，辅导员在工作中具有较大的自主权和独立性，能够根据自身的智慧和经验，灵活选择适合的方法和策略来完成任务。这种独立性使得辅导员能够更好地适应不同的情况和需求，提供个性化的服务和支持。

（2）受动性

辅导员的职责并不是完全自由和无章可循的，而是受到社会背景、校园教育环境、学校德育目标和学生人才培养规律等因素的影响和约束。辅导员的工作任务需要适应国家形势、社会环境和学校的要求。它必须围绕着当前的教学方针和政策，以及人才培养的核心任务展开。当国家、社会、学校政策或要求调整变化，或遇到特殊情况，如发生突发事件(社会公共安全事件、自然灾害等)时，辅导员需要主动适应，及时调整工作目标和任务，以满足当前形势和需求。此外，辅导员的职责还涉及行政工作，需要按照上级的安排和要求及时完成相关任务，并与相关职能部门协调工作。例如，组织学生开展活动、根据奖学金设置的规定开展评选等，这些活动的日期、地点、对象和内容往往是特殊的，辅导员无法自由应对和随意改变。因此，辅导员工作具有一定的受动性。

（3）独立性与受动性之间的辩证关系

辅导员工作的独立性与受动性是相互关联、相互依存的。在辅导员的管理工作中，受动性在宏观层面上起作用，工作要适应教学环境，并围绕校园的核心管理工作展开。教学目标也是既定的，并要在一定时间内进行常规的教学工作。然而，在微观层面上，辅导员的工作是完全独立的，即使是相同的工作任务，也可以通过不同的方式来完成。辅导员在相同的工作任务中仍然具备操作流程的灵活性。但是，受动性和独立性都是相对的，既不是完全受动，也不是完全独立自由。两者共同作用，共同体现在辅导员的工作任务中。辅导员在工作中需要在宏观和微观层面上平衡独立性和受动性。在受到外部因素和任务要求约束的同时，辅导员应该保持一定的独立性，以便根据实际情况灵活调整工作方式和策略。这种辩证的处理方式使得辅导员能够在学生工作中游刃有余，充分发挥自身的专业能力和创造力。

（二）高职院校辅导员工作的基本原则

高职院校辅导员工作的基本原则是其对学生进行教育管理必须遵循的基本要求，是其处理工作中一些基本矛盾和关系的准则。高职院校辅导员工作的基本原则是在习近平新时代中国特色社会主义思想的指导下，根据高职院校辅导员工作的性质、任务和特点，以及青年学生身心发展的特点总结概括出来的，是随着对高职院校辅导员工作规律认识的不断深化而不断丰富和发展的。一般来说，高职院校辅导员工作的基本原则主要包括如下内容。

1. 正确方向原则

正确方向原则是指辅导员在学生管理工作中要坚持社会主义办学方向，坚持立德树人根本任务，坚定不移走中国特色社会主义发展道路，在班级和院(系)的管理中力求培养适应中国特色社会主义现代化建设的人才。具体来说，该原则包含以下几个方面的内容：一是辅导员工作应自觉贯彻党的基本路线，贯彻落实习近平新时代中国特色社会主义思想，始终与党中央保持高度一致。二是辅导员工作要全面贯彻党和国家的教育方针，遵循教育教学规律和人才培养规律，确保工作符合整个学校的培养目标。三是坚持把德育放在教育的首位，强化"三全育人"，将培育具备坚定共产主义理想、经得起考验的社会主义建设者和接班人作为首要任务。因此，根据正确方向原则，高职院校辅导员工作应当始终与党的基本路线保持一致，以培养出又红又专的高素质技术技能人才为目标，为国家的发展做出积极贡献。

2. 民主参与原则

民主参与原则是指在学生管理工作中，辅导员要倡导民主原则，激发学生积极参与班集体管理，主动参与班集体活动，并致力于培养并提升学生的自我教育和自我管理能力。首先，构建平等的师生关系。在高职院校中，辅导员要弘扬民主，建立起平等民主的师生关系，树立"以生为本"的理念，支持和鼓励学生参与民主管理。其次，赋予学生参与行动的权利。在学校工作决策过程中，辅导员应让学生积极参与决策全过程，保持公开、平等和公正。这不仅能体现决策过程的群众性和合理性，还能增强学生在班级管理工作中的独立参与意识和实施决策的能力。最后，要充分赋予学生自由选择的权利。在班级活动中，辅导员不应强制规定活动流程和活动内容，而应多做引导，让学生自由选择适当的形式和内容进行各种课外活动，充分考虑学生的兴趣和偏好。在活动方式和安排进程方面，辅导员不应设定过多的限制，而应充分考虑学生的特点和意愿，积极引导学生独立思考，勇于尝试创造形式。通过贯彻民主参与原则，辅导员能够激发学生的积极性和创造力，培养他们的自主能力和合作精神，以更好地推动学生管理工作的开展，为学生的全面发展和成长提供良好的环境和机会。

3. 全面教育原则

全面教育原则是指辅导员作为学校对学生教育管理工作全面负责的教师，要全方位培养学生，确保他们得到全面发展。首先，辅导员需要面向自己所带班级的全体同学进行教育，扩大覆盖面。社会主义现代化建设是一项伟大的事业，为了践行这一历史使命，必须培养具备坚定社会主义理想信念的各级各类合格人才，这不是仅仅靠少数优秀学生就可以完成的巨大工程。辅导员应关注整个班级的学生，帮助他们形成正确的世界观、人生观和价值观。其次，辅导员需要对学生进行全面教育，扩大教育内容。辅导员要研究学生的特点和发展方向，通过恰当的方法开展全面教育。辅导员不仅要关注学生的知识和技能培养，还要注重学生的品行和身心健康的发展，不能偏废其中任何一个方面，确保班级的每个学生都能得到全面发展。最后，辅导员应该对学生进行全过程教育。从学生入学到离校，从入学教育、学生职业生涯规划到学生就业创业教育，辅导员应该全程参与，确保学生在学校学习生活的全过程中获得更好的成长和提高。因此，通过贯彻全面教育原则，辅导员能够全面培养学生，全方位提高学生的综合素质，促进学生的全面发展。

4. 全员激励原则

全员激励原则是指辅导员要将班级管理工作与学生成长紧密结合起来，培养学生的主人翁意识，充分调动和激发每位学生的积极性，引导他们走向成功。首先，辅导员应激励全体同学参与班级管理。无论学生的性别、年龄、是否担任学生干部以及成绩的优劣，他们都是班级的重要成员，是班级发展的动力和主体。辅导员应鼓励每位学生，引导他们积极参与班级的各项管理工作，让每位学生在不同的岗位上发挥所长，分工合作，为打造优秀班级而共同努力。其次，辅导员要充分调动每位学生的积极性。辅导员应充分认可和重视每位学生，看到他们的特长和工作才能，激发他们学习和工作的积极性，激励他们不断奋发向上。通过贯彻全员激励原则，辅导员能够激发全体学生的主动性和积极性，推动班级的发展，促进学生的成长。

5. 心理相容原则

心理相容原则是指辅导员要引导师生、学生之间保持融洽相处，使大家在心态方面协调一致，相互理解和帮助。首先，要寻找心理共鸣。心理共鸣是指学生之间存在相似的经历或对事物产生共情的体验，比如有相同的世界观或价值观。在班级范围内，教师和学生只要能找到共鸣点，就能在情感上实现心理相容。其次，要实现情感磨合。教师应提升个人素养，加强自身修养，以更好地了解学生，真正尊重学生的个性，及时传达对学生的关心和信任，从而促进教师和学生之间的情感相融。再次，要进行良好的心理沟通。在共同实现目标的过程中，教师和学生之间、学生和学生之间需要注重意见的交流，充分理解对方，并及时澄清误解，以促进心理的协调一致。最后，要实现心理互换。心理互换意味着要尽量换位思考，充分考虑他人的需求和问题，并设身处地地为他人着想，这样才能实现心态的互换。通过遵循心理相容原则，师生、学生之间能够和谐相处，相互理解和支持。这样可以促进班级的团结，为学生成长和发展营造良好氛围。

6. 塑造矫正原则

塑造矫正原则是指在思想品德教育中，辅导员必须将塑造教育和矫正教育有机地结合起来，以确保每位学生的思想品德都能得到提升和发展。首先，辅导员需要全面了解学生情况。在此基础上，辅导员应从实际出发，因材施教，避免盲目和随意，提高教育的能力和有效性。其次，辅导员需要明确塑造教育和矫正教育的重要性。对于思想正确、品德良好的学生，应在已有品德的基础上不断完善和培养，帮助提升他们的思想品德修养；对于存在不良行为的学生，应根据其问题进行矫正，帮助他们树立正确的思想观念，培养良好的品行素质。最后，辅导员要将塑造教育和矫正教育有机地结合起来。塑造教育和矫正教育是相互补充的两个方面。只强调塑造教育而忽视矫正教育，则无法纠正学生的错误观念和不良行为；只注重矫正教育而忽视塑造教育，学生的思想品德也无法得到进一步提升。因此，辅导员应将二者有机地结合起来，既注重塑造教育，又关注矫正教育，帮助学生树立正确的价值观和道德观，纠正不良的行为，培养健康的思想品德，确保每个学生都能得到相应的提升和成长。

7. 严爱相济原则

严爱相济原则是指在培养学生的过程中，辅导员既要关心和爱护学生，又要对他们提出严格要求。辅导员应努力实现爱与严的有机结合，以支持学生的全面发展。首先，要关心和爱护学生。辅导员的情感核心是对学生的关爱，如果学生感受不到真正的关爱，任何优秀的教学方法都会失去意义。关爱学生可以影响他们的情感状态，让他们感到温暖和激励，鼓励他们努力向前。其次，辅导员需要对学生提出严格要求。辅导员应努力做到严格但有度，所谓"度"是指适当合理的程度，符合学生的实际情况，是学生通过努力可以达到的。同时辅导员要注重管理方法，采用学生最愿意且能够接受的管理方式。辅导员还要坚持自己的立场，保持一贯性，而不是随意更改。最后，关心爱护和严格要求要有机统一。没有严格要求的爱就是没有原则的爱，会导致溺爱；缺乏爱的严格要求则是冷酷苛刻的，会使教育失去温度。因此，在教育管理工作中，辅导员应努力做到爱中有严、严中有爱，让学生既感受到真正的关怀和激励，又能严格遵守纪律和规矩，帮助学生在健康的环境中成长。

8. 管教结合原则

管教结合原则，即管理和教育相结合原则，是指辅导员在管理学生的同时，将思想政治教育融入其中，通过建立相应的规章制度来引导学生。这种管理与教育的有机结合可以提高管理效果和教育效果。首先，建立健全管理制度。辅导员应指导新入学的学生熟悉学校的管理规定，并在此基础上制定和完善班级规章制度，如班级值日制度、卫生清洁制度等，以规范学生行为，实现学校管理工作的标准化，确保学校的秩序规范得到有效落实。其次，加强思想政治教育，引导学生树立正确的价值观。最后，将制度约束与思想教育相结合。规章制度通常具有强制性，而思想教育则更多地倾向于自觉性。规章制度规定了学生应遵守的行为规范，而思想教育则引导和激励学生自觉地遵守这些行为规范。因此，在学校的规章制度的基础上，辅导员应培养学生的自觉性，实现管理与教育的有机结合，相互促进，推动高职院校教育管理工作的高效开展，同时为学生提供良好的学习环境，促进其全面发展。

9. 协调与合作原则

协调与合作原则是指辅导员在高职院校学生工作中要充分考虑到教育管理的特殊性，通过协调和合作的方式形成工作合力。这涉及各方面的合作，包括任课教师、学校、家长和社区等。在提升学校教育管理效果方面，各方的协调合作变得尤为重要。首先，需要克服不合作的问题。辅导员在工作中应避免孤军奋战，要妥善处理任课教师、学生团体、家长和社区等参与学校管理意识不强的问题，避免学生将自己定位于旁观者或局外人的角色。其次，促进各方形成共识。协同合作的基础是各方对学生教育管理具有共同认知和责任意识。只有达成对学校管理工作的一致理解，才能形成有效的教学合力。最后，辅导员应善于沟通交流，充当纽带和桥梁的角色，积极主动地进行交流与沟通，以鼓励各方力量协调配合。通过协调与合作，辅导员可以整合各方资源，形成教育管理合力，提升学校的教育效果，为学生提供更好的教育环境和发展机会。

10. 传承创新原则

传承创新原则是指高职院校辅导员在学生教育管理中要以长远发展的眼光审视问题，通过反思和研究，既要继承传统，吸收他人的经验，又要进行变革创新，不断推陈出新，将学生教育管理工作提升到更高层次、更高水平。首先，要传承优良的传统，汲取他人的长处。辅导员应定期反思和评估自己的学生工作情况，分析自己在学生工作中的优势和短板，积极吸收其他高职院校在理论研究和改革实践中创造性的经验与做法，提升自己在学生工作中的理论水平和实际能力。其次，要持续推进制度创新。高职院校学生教育管理的理论基础相对薄弱，实践基础也不够牢固，这就需要不断推进学生教育管理工作变革和发展。辅导员应探索学生教育工作的新思路、新方法和新路径，发展新理论，开创具有鲜明特色的学生教育管理模式。最后，要促进传承与创造的互融共存。传承是创新发展的基石，而创新发展又是传承的延续，二者相辅相成，共同发展。在学生教育管理中，辅导员不应坚守过时的观念，也不应盲目追求新潮，要将传承与创新有机结合起来，不仅要继承学校的优良传统，吸取他人的经验和智慧，还要勇于创新，推动学生工作不断发展，促进学生健康成长、成才。

综上所述，辅导员管理工作的正确方向、民主参与和全面教育等十项基本原则是学生教育管理工作的系统化反映，这些原则相互关联、相互补充，共同构建了完善的辅导员建设体制。

二、高职院校辅导员工作的时代使命与职责

(一)高职院校辅导员工作的时代使命

高职院校辅导员工作的时代使命可从其性质和要求两个方面进行阐述。

1. 高职院校辅导员工作性质

作为高职院校辅导员，其工作性质虽然由过去主要以思想政治教育为主转变为以学生日常管理和立德树人为主，但基于辅导员的时代使命，工作性质可以从以下三个方面进行阐述。

(1)鲜明的政治性

正如教育部在《教育部关于加强高等学校辅导员、班主任队伍建设的意见》中所指出的，辅导员是高等学校教师队伍的重要组成部分，承担着推动德育工作和大学生思想政治教育发展的重要责任，承担为党育人、为国育才的教育使命，他们是学生成长过程中的关键引路人，对于培养学生形成正确的政治观念和价值观具有重要影响。

(2)合理的教育性

辅导员通过积极开展正面教育，引导学生形成正确的世界观、人生观和价值观等，指导学生进行专业知识学习，致力于培养学生的良好品格和社会责任感，帮助学生全面提升自身素质，以适应社会的需求和挑战。

(3)管理工作的烦琐性

学生日常管理是辅导员工作的重要组成部分，其涵盖了广泛的领域。辅导员需要关注学生的学习和生活的各个方面，从教育教学到日常管理琐事，都是辅导员的职责所覆盖的范围。他们承担着教育和管理学生的责任，确保学生的健康成长和全面发展。

总体来说，高职院校辅导员的工作性质包括鲜明的政治性，他们是推动思想政治教育和德育工作的重要力量；合理的教育性，通过正面教育引导学生形成正确的世界观、人生观和价值观；管理工作的烦琐性，涵盖了学校日常管理的各个方面。辅导员在这些方面发挥着关键的作用，为学生提供全面的指导和支持，使他们健康成长和更好地发展。

2. 高职院校辅导员工作要求

辅导员工作要求主要包括：一是遵守爱国守法、敬业爱生、终身学习、为人师表的职业准则。二是围绕学生、关心学生、服务学生，全面了解学生的成长成才规律，不断提升学生的思想水平、政治觉悟、职业道德和文化素养。三是引导广大学生认识当今世界形势和我国发展大势，认识所肩负的时代责任和历史使命，坚定共产主义信仰。四是努力培养又红又专、德才兼备、全面发展的中国特色社会主义事业合格的建设者和可靠的接班人，为实现中华民族伟大复兴的中国梦、建设社会主义现代化强国做出贡献。

此外，针对辅导员工作要求，辅导员面临以下三个方面的挑战。

一是价值多元化的挑战。当前社会经济飞速发展，国家与国家之间的交流越来越频繁，高职院校教师经常面对各种诱惑，这对他们的价值观和世界观造成了一定冲击，并引发了一系列的思想变化。因此，辅导员需要具备较强的政治素质，保持正确的政治立场，坚定共产主义理想信念不动摇，以应对不同诱惑。

二是信息多样化的挑战。随着互联网的蓬勃发展，学生可以通过多种渠道获取知识和信息，教师不再是信息、知识与文化的唯一传递者。有时候，学生甚至比教师更早、更快地掌握信息。这种情况要求辅导员进一步完善自己，拓宽知识面，提高知识层次，自主进行学习和训练，提升自身的知识水平和能力。

三是新知识社会所带来的挑战。随着经济社会的进步，我们步入了一个经济、社会和文化全面发展的新时代，知识经济蓬勃发展，社会进步的速度也日益加快。在知识不断积累的过程中，陈旧知识的淘汰速度也越来越快。这种情况下，教师和学生常常处在一个共同的学习平台上，教师对学生的教育引导空间可能会受到挤压，这对辅导员的综合能力提出了更高的要求。

为了应对上述挑战，辅导员必须具备正确而坚定的政治立场，与党中央始终保持高度一致；必须具备坚实且丰富的业务知识，以不断应对新形势并胜任新任务；必须严格遵守相关纪律制度，始终保持较强的战斗力。同时，辅导员应该弘扬优秀的工作作风，展现为人师表的道德风范，真正做到"政治强、业务精、纪律严、作风正"。

（1）政治强

辅导员须具有正确而坚定的政治立场。首先，辅导员应该拥有坚定的理想信念，要坚定对马克思主义的信仰、对中国特色社会主义的信念、对实现中华民族伟大复兴中国梦的信心。他们需要努力确保自己在政策解读上准确无误，具备高水平的思想政治理论素养。其次，辅导员应该具备强烈的政治意识。他们应该始终坚守基本政治原则、政治立场和政治方针，增强"四个意识"、坚定"四个自信"、做到"两个维护"，自觉在思想上、政治上、行动上同党中央保持高度一致，始终忠诚于党、忠诚于人民、忠诚于马克思主义。最后，辅导员还应该站在政策层面来解决问题。为了完成好辅导员的任务，他们必须从党的教育事业发展的高度进行思考、从社会的安定团结大局出发开展学生教育与管理工作。只有这样，才能真正关注每一位学生的未来，做好立德树人工作。

（2）业务精

辅导员须具备坚实且丰富的业务知识。首先，辅导员应该具备扎实的理论基础知识。他们需要深入了解并把握相关的教育理论、心理学理论、管理学理论和社会科学理论，以及高职教育政策和法律规范。这些知识为辅导员工作提供了理论支撑，使他们能够更好地了解学生的心理和需求，了解行业发展趋势，应对工作中遇到的问题和面临的挑战，并提出相应的解决方案。其次，辅导员需要具备丰富的实践经验。通过学生工作实践锻炼，辅导员能够更加了解学生的心理和行为特点，更准确地判断和解决问题，从而不断积累经验，提升自己的业务素质。最后，辅导员还应具备决策能力。他们需要帮助学生分析和解决遇到的问题，包括学业问题、职业发展问题、人际关系问题等。辅导员需要运用自己的专业知识和经验，结合学生的具体情况，制定合理的解决方案，并帮助学生做出正确的决策。

（3）纪律严

辅导员必须严格遵守相关纪律制度。首先，辅导员应遵守学校的规章制度，包括遵守教职工的行为准则、职业道德规范和工作纪律等。辅导员应该恪守职业操守，保持良好的道德品质和职业素养，以身作则，树立良好的师德形象。其次，辅导员应遵守学校相关管理规定。他们需要严格执行学校的学生管理政策，确保学生的行为和活动符合学校的规定和要求。辅导员应该对学生的违纪行为及时进行处理和引导，维护校园秩序和学生的正常学习环境。最后，辅导员还应遵守保密规定。他们会接触到学生的个人信息和隐私，包括学习成绩、家庭背景、心理状态等。辅导员需要妥善保管这些信息，严格遵守保密规定，确保学生的个人隐私不被泄露。

（4）作风正

辅导员须弘扬优秀的工作作风。首先，作风正要求辅导员在工作中保持诚实守信、廉洁奉公的态度，保持求真务实、踏实肯干的工作作风。辅导员应当以诚实为本，言行一致，言必信、行必果，以身作则，树立良好的榜样。其次，作风正要求辅导员注重规范和效率。他们应严格按照学校的管理制度和教育程序进行工作，确保各项工作的有序进行。辅导员应高效执行任务，做到及时、准确地处理学生的问题、回应学生的诉求，为其提供及时的指导和帮助，确保学生的权益得到保障。再次，作风正要求辅导员在与他人互动时要友善、真诚。他们应建立良好的人际关系，与学生、同事、家长等进行积极、有效的沟通和交流。辅导员应倾听学生的声音，尊重他们的意见和想法，给予他们必要的支持和鼓励。最后，作风正还要求辅导员保持谦虚和谨慎的态度。他们应虚心学习，不断提升自己的业务能力和知识水平。辅导员要勇于承认自己的不足，不断反思和改进自己的工作方法和教育理念，以更好地为学生提供服务和指导。

(二)高职院校辅导员工作职责

基于高职院校辅导员工作的基本特征、基本原则以及时代使命，他们的工作职责重点可分为思想文化教育、学业和专业辅导、职业规划和就业指导等方面。

1. 思想文化教育

辅导员需要引领学生进一步学习并掌握习近平新时代中国特色社会主义思想，学习中华民族优秀传统文化，学习党史、新中国史、改革开放史、社会主义发展史，进一步增强当代大学生的中国特色社会主义道路自信、理论自信、制度自信、文化自信，指导学生确立科学的世界观和方法论。同时，辅导员要研究并了解学生的思维行为特征和思想政治状态，有针对性地帮助学生解决好在思想认识、价值观念、学习生活、择业交友等方面的具体问题。

2. 学业和专业辅导

辅导员需要深入了解学校的专业设置、课程体系和教学资源，以便为学生提供准确的学业指导。同时，通过与学生的沟通和交流，辅导员可以发现学生的兴趣和爱好，并指导他们如何将兴趣与学业相结合，引导学生更好地学习专业知识。此外，辅导员应组织与专业相关的讲座、研讨会、行业交流等活动，营造浓郁的专业学习氛围，并提供与专业相关的资源和信息，包括教材、学术期刊、专业网站等，帮助学生拓宽专业视野，深入了解和掌握专业知识，让学生能够更好地融入专业学习，进行相关的专业交流。

3. 职业规划和就业指导

辅导员应与学生进行沟通，帮助他们了解自己的兴趣、爱好，指导他们确定合适的职业目标和发展方向。同时，辅导员还应为学生提供就业市场的相关信息，包括行业发展趋势、企业需求和就业前景等，帮助学生了解不同职业的特点和要求。进一步地，辅导员可为学生提供个性化的职业规划指导，包括协助其制订职业发展计划、规划学习路径和实践路径等，帮助其为实现职业目标做好准备。此外，辅导员还须收集和发布就业信息，包括就业岗位、用人单位招聘信息、校园招聘活动等，为学生提供更多的就业机会。

4. 心理健康培训和咨询服务工作

辅导员应定期开展心理健康知识培训，向学生传授有关心理健康、情绪管理、压力调适等方面的知识，向学生介绍常见心理疾病的症状、预防方法和应对策略，帮助他们识别并预防心理健康问题，提高学生对心理健康的认知水平。同时，辅导员应指导学生学习有效的心理调适技巧，如放松训练、情绪管理、冲突解决等，帮助他们应对学习、生活、人际关系等方面的压力和挑战。此外，辅导员需要具备处理紧急情况和危机事件的能力，能够及时介入并提供必要的支持和指导，保障学生的心理安全，并且能够向学生提供相关的咨询机构、热线电话等信息，引导他们获取专业的心理支持和治疗。

5. 党团和班级管理工作

辅导员负责指导和管理学生党团组织的建设，包括学生党员的发展、党团活动的组织和开展等。同时，辅导员应制订党团培养计划，根据学生的特点和需求，组织开展党团活动，培养学生树立远大理想，增强其党性修养和组织纪律意识。此外，辅导员要指导、支持学生组织开展各类活动，如班会、运动会、文艺演出、社会实践等，丰富学生的校园生活，促进班级成员之间的交流和互动，帮助学生建立积极向上的班级文化，促进班级凝聚力和向心力的形成。

6. 学生日常事务管理

辅导员负责组织和开展新生入学教育工作，包括为新生提供学校介绍、规章制度、学习生活指导等方面的培训和辅导，帮助他们顺利适应学校环境。新生入学后，辅导员应组织和协助学校开展军事训练，确保学生按照相关要求参与军事训练活动，增强学生的纪律性、组织性和身体素质。辅导员还负责奖学金和助学金的评选和发放工作，根据学生的学业成绩、综合素质和家庭经济情况，帮助学生获得相应的奖励和资助。辅导员需要为学生提供生活引导和困难帮扶，帮助他们解决在生活中遇到的问题和困难，促使学生之间融洽共处、互帮互助，营造良好的学习和生活氛围。

7. 网络文化教育

随着数字化时代的到来，计算机网络、智能手机等无时无刻不充斥在学生的学习和生活中，对大学生的行为方式、认知方式和思维方式都产生深刻的影响，因此利用新媒体和新科技对学生进行网络文化教育显得十分重要。高职院校辅导员需要参与或负责制订学校的网络文化教育计划，明确教育目标、内容和实施方式，确保网络文化教育与学校整体教育大目标的一致性。同时，辅导员还要负责协同相关部门搭建网络教育平台，整合和开发网络文化教育资源，包括数字化传统文化资源、在线教育平台课程等，以满足学生的学习需求，并确保资源的有效利用和及时更新。此外，辅导员还应为学生提供指导和支持，引导学生正确使用网络资源，增强其利用网络学习的能力，增强其网络安全意识，提升其自身文化素养。

8. 校园危机事件应对

辅导员要主动积极参与制定校园危机防控和应急处理方案，提供专业意见和建议，以协助学校做好对危机事件的预测、预警和风险评估工作，并参与危机事件的演练和培训，提高危机事件应对能力。在危机事件发生时，辅导员应为学生提供及时的心理辅导，进行危机干预，如情绪调节、应对策略指导等，帮助其恢复稳定情绪。总的来说，辅导员在校园危机事件应对中发挥着重要的作用，通过提供心理支持、危机干预和恢复辅导等工作，帮助学生度过困难时期，降低危机事件对他们的负面影响。同时，辅导员还需与学校相关部门密切合作，共同推动校园危机事件应对工作的顺利进行。

第三节　高职院校辅导员的职业生涯规划

高职院校辅导员队伍建设是高职院校人才培养和思想政治工作开展的有力保障，高职院校辅导员的职业生涯规划是提升辅导员的职业能力、加强辅导员队伍建设的重要举措。高职院校辅导员的职业生涯规划是指辅导员将个人发展与组织发展结合起来，对决定自身职业发展的主客观原因进行测评、分析、总结，并在此基础上研究确定事业发展目标、方向，制定相应的行动方案，以及采取必要的措施实施方案，确保职业目标的实现。

一、高职院校辅导员职业生涯规划的原则

高职院校辅导员在进行职业生涯规划时，要遵循一定的原则，科学、合理地进行规划。

(一)协调性原则

高职院校辅导员的职业生涯规划不是一个简单的问题，它涉及辅导员队伍的稳定性以及整体素质的提升，与新时代高职院校事业的可持续发展和人才培养都具有密切联系。特别是在当前事业单位改革进一步推进、高职院校二级管理进一步深化的大背景下，高职院校辅导员的职业生涯规划显得更加复杂和紧迫。同时，辅导员的价值观念、职业需求、工作理念和生活保障等微观层面的因素，也影响着高职院校辅导员的职业生涯规划。新时代高职院校辅导员的职业生涯规划既要结合管理体制改革和思想政治工作实际，也要重视与相关条件供给的合理衔接，确保在协调有序中稳步推进。

(二)渗透性原则

新时代高职院校辅导员的职业生涯规划应该与高职院校有关工作实际相结合，实现从理念到行动、从表现形式到内涵建设的全面融合。对于辅导员职业生涯规划工作，高职院校要将其融入学校思想政治工作创新体系，要针对当前工作的新特点、新特色、新态势，确定高职院校辅导员队伍建设方向和辅导员个人职业发展方向。要将高职院校辅导员的职业生涯规划与学校师资发展计划统筹考虑，在参加交流访问、攻读学位名额分配、职业训练等活动中，给予辅导员适当倾斜。人事部门要努力打通各类型教师间的专业和身份界限，允许学有专长的辅导员承担专业教学任务，并通过专业学习、学历提升转为专职教师；同时，把辅导员队伍建设和干部队伍建设紧密联系在一起，从辅导员中遴选一些优秀人员充实到学校党政干部队伍中，这样既优化了干部队伍的结构，也拓展了高职院校辅导员的职业发展途径。

(三)特色性原则

特色性原则在高职院校辅导员的职业生涯规划中具有重要意义。不同的高职院校都有自己独特的办学特点和教育特色，这些特点可以体现在学校思想政治工作中，并充分应用到辅导员的职业生涯规划中。比如部分专业特色鲜明的

高职院校，一般形成了产学研一体化的思想政治工作新模式，特别重视把产业资源引进高职院校思想政治工作。辅导员要充分利用产业人才队伍和行业平台，开展形式多样、内涵丰富的思想政治教育活动，深化拓展思想政治工作内容，创新工作方法。在新时代，辅导员在进行职业生涯规划时，可以充分利用高职院校的特色资源、特色文化和特色传统，进一步拓展、丰富职业生涯规划的内涵和途径，提升辅导员工作的科学性和特色性。

（四）应用性原则

高职院校辅导员的职业生涯规划并不是概念化的解读和理论性的阐述，它的指导思想、实践内涵、工作方式、实施路径和方法应当与实际紧密联系，注重实践和应用，并与高职院校的辅导员责任、思想政治工作内容，以及学校未来改革发展方向和办学规律相一致，特别是与辅导员的责任义务相符合。辅导员的主要职责是培养又红又专的社会主义现代化强国建设的接班人，其职业生涯规划应着重考虑在实际工作中如何履行这些责任，如何与学生进行有效的沟通和互动，如何开展有针对性的教育活动，以及如何与其他教师、家长和社会资源合作，共同促进学生的发展和成长。此外，其职业生涯规划应在实践中进行试验并不断完善，脱离了实际的"预测式""构想式"规划不能搞，不能只流于形式，需要在实际工作中得到验证和调整，通过实践的检验和反思，不断提高工作效果和质量，以适应不断变化的教育环境和学生需求。

二、高职院校辅导员职业生涯规划的实施路径

高职院校辅导员的职业生涯规划是一个专业性命题，易受学校内部管理体制机制变革等多种因素的影响，不确定性较强。高职院校要立足于校情，整合学校党委组织部、党委教师工作部、党委学生工作部、马克思主义学院等职能部门，组建职业生涯规划领导小组，对高职院校辅导员的职业生涯规划进行专门研究，编制实施方案。

（一）做好对高职院校辅导员的职业生涯规划的理论储备和组织管理

理论储备方面，主要包括掌握职业发展理论、熟悉职业规划方法等方面的内容。其中，职业发展理论主要包括熟悉和掌握职业生涯发展阶段理论、职业决策理论、职业价值观等，以便为辅导员提供专业的指导和咨询；职业规划方法主要包括熟悉和掌握各种职业规划方法和工具，如职业测评、个人SWOT[优

势（strengths）、劣势（weaknesses）、机会（opportunities）和威胁（threats）]分析、职业目标设定等，以帮助辅导员进行职业规划和决策。

组织管理方面，主要包括设立职业生涯服务机构、制订服务计划和策略、提供咨询与指导、组织职业发展活动等方面的内容。其中，在设立职业生涯服务机构上，可在高职院校内部设立辅导员职业发展服务机构或中心，负责协调和管理辅导员的职业生涯规划工作，为辅导员提供全面的职业发展支持；在制订服务计划和策略上，可制订并执行职业生涯服务计划和策略，明确服务目标、范围和时间安排，确保服务的有效性和系统性；在提供咨询与指导上，学校要为辅导员提供个性化的职业咨询和指导，帮助辅导员制定职业目标并实现目标；在组织职业发展活动上，可组织与职业发展相关的讲座、培训、工作坊等活动，邀请行业专家、企业代表等参与，为辅导员提供与企业、行业对接的机会。

（二）做好高职院校辅导员职业生涯的顶层设计

高职院校辅导员职业生涯的顶层设计是指充分运用系统论的方法，从全局的思维角度出发，结合辅导员的职业发展需求，对辅导员职业生涯的各层次、各要素统筹规划，集中有效资源，制定相关制度和机制，高效快捷地实现设计目标。首先，在设计中需建立职业发展框架，以明确不同阶段辅导员的职业发展目标和路径。这包括职业晋升的条件和标准、个人发展的资源支持、职业评价和激励机制等。该框架应与高职院校的人才培养和思政工作目标相匹配。其次，在设计中要有对辅导员全面培训的内容，包括专业技能培训、教学方法研讨、学术研究支持等。高职院校可以组织内部培训或邀请外部专家进行培训，帮助辅导员提升教育能力和专业素养。最后，要建立职业导师制度，为辅导员提供个性化的职业指导和支持。职业导师可以是经验丰富的专家或学校领导，通过定期交流和指导，帮助辅导员制订职业发展计划、解决职业困惑、提供职业建议和反馈，以确保高职院校辅导员职业发展与学校需求、个人能力、职业目标相匹配。值得一提的是，在设计中，要注意现代高职院校学生的个性和审美发展特点，分析其对高职院校思想政治教育工作的新挑战、新需求等，以调整和优化辅导员职业生涯规划的内容和方法。

（三）做好对高职院校辅导员职业生涯规划的评估反馈

对高职院校辅导员职业生涯规划的评估反馈是指对职业生涯设计方案的有

效评估和反馈，以了解其实施效果和改进空间。首先，高职院校须设定评估指标和标准，以此衡量辅导员职业生涯规划的成效。这些指标可以包括辅导员的专业发展成果、教学效果、学生满意度、职业晋升情况等，确保指标和标准能够客观、全面地评估职业生涯规划的质量和影响。其次，基于评估指标和标准，收集相关数据和信息，具体包括辅导员的工作表现、职业发展计划的实施情况、培训和活动的参与情况等。这些数据和信息的收集可以通过问卷调查、个别面谈、教学评估和绩效考核等方式获取。最后，对顶层设计定期开展评估和反馈工作，以了解职业生涯规划的实施情况和效果。评估可以由学校的学工部门、教务部门、人事部门或专门的职业发展组织负责进行。根据评估结果，为辅导员提供具体的反馈和建议，指导辅导员灵活调整和改进职业生涯顶层设计方案，及时修正不足之处，优化培训和发展计划，为辅导员提供更适应其需求的支持和资源。持续改进是确保职业生涯设计方案能够适应社会变化和学生需求的关键。

总的来说，高职院校辅导员职业生涯规划既是一个新课题，也是一个长期存在的巨大挑战。特别是在新时代，高职院校的高质量发展给高职辅导员职业生涯规划带来了更强的紧迫性，同时也提出了更高的要求。唯有积极应对高职辅导员职业生涯规划的挑战，才能推动其进一步落实。这将有助于为新时代高职院校思想政治教育的发展提供支持，并为高职院校管理体系的变革提供合理的指导，提高高职院校辅导员的职业发展水平和教育质量，推动高职院校的全面高质量发展。

第二章 高职院校辅导员职业能力培养的理论阐释

第一节 高职院校辅导员职业能力的内涵及培养

一、职业能力的内涵

(一)职业能力的概念

人类生产劳动的发展和复杂化，衍生出专业化的社会分工，进而形成不同的职业及其对应的技能。《现代汉语词典》(第7版)对"职业"做出定义为："个人在社会中所从事的作为主要生活来源的工作。"职业能力则内涵丰富，定义较多。心理学的认知行为理论认为，职业能力本质上是一种职业技能行为，是社会个体的心理特征和理想信念；人力资源管理学认为职业能力是指能够胜任某一工作岗位的理论知识、技能本领和工作态度，一般分为专业性职业能力和基础性职业能力，实践操作能力，知识理解、掌握、运用能力，情绪管理掌控能力等几个方面。这些定义为我们深入理解职业能力提供了多种维度。随着管理心理学研究的不断深入，职业能力的内涵逐渐得到丰富。作为个体从事某一特定职业的前提条件，有学者提出职业能力是为了完成职业岗位职责所必须具备的知识和技能的总和，是能够满足所从事职业需要的能力总称。综合上述定义，一般认为，职业能力是人们胜任某项工作所必需的基本素质，是一种具有稳定性和综合性的、能成功完成工作任务的心理特征。从个体未来发展来看，职业能力是影响社会个体选择职业、认同职业和未来发展的关键因素。个体可通过教育、培训、锻炼等学习活动不断强化自身的职业能力，进而适应职业实践的发展进程。实践研究表明，职业能力关乎个人的工作成就感、获得感和幸福感，即职业能力的高低直接影响个人职业发展的机遇和成长。

职业能力是在进行相关职业活动时，为了能达到最佳效果，指导具体工作所应具备的各项发展能力的统称，也是个体履行工作职责所必需的条件。通常情况下，其主要分为通用职业能力与特定职业能力。前者是指在任何职业中都必须具备的基本素养，包括基本知识水平、稳定心理素质、团队协作精神和健康身体等素养；后者则是需要按照工作岗位的性质和要求，有针对性地培养的特定专业技能，进而提升职业发展水平，达到专业化、职业化工作标准。

被广泛提及的职业化，可以理解为促使某些无目的性、个体性、随心性行为转化为专门工作的过程。职业化程度是近几年大家比较关心的方面。通常情况下，职业化程度体现在以下三个方面：一是入行门槛问题。人们总是将进入门槛要求较高、需要知识能力较强的工作称为是职业，而没有进入门槛要求或者进入要求较低、需要知识能力较弱的工作不被认为是职业。二是劳动的繁杂程度问题。人们总是将工作繁杂程度作为判断是否为职业的标准，工作繁杂程度越高、完成程序越多，越容易被认为是一种职业，反之则不被认为是职业。三是可替代性问题。人们总是将不可替代的工作认为是一种职业，替代性越强的工作，就越不被人们认为是一种职业。

（二）职业能力的结构

职业能力的结构主要有两种类型：一种是以德国为代表的"网格式"；另一种是以美国为代表的"同心圆式"。德国学者提出的网格式职业能力结构，是以内容与性质为线，并引入关键能力来织网。正如前面提到的，依据内容划分，职业能力可划分为专业能力、社会能力和方法能力；依据性质划分，职业能力可划分为专业关键能力、社会关键能力和方法关键能力。美国职业教育重视生涯发展，同心圆式职业能力结构以生涯为核心，内容包含所有职业、具体职业和特定行业三种。德国的职业能力结构研究从职业能力的"可教性"出发，具有可操作性，同时注重培养个体全面综合的职业能力，这一理论得到我国大多学者的认同。2011 年，德国开始实施 ASCOT(technology-based assessment of skills and competences in VET)项目，指出职业能力分为三种：基本认知能力、可迁移能力和特殊专业能力。虽然研究人员对职业能力构成的理解各有不同，但都强调了任何职业必须具备的"基本能力"，同时也关注职业变化所需要的"关键能力"，比如，无论职业能力如何分类，都在许多方面具有共性。随着对职业能力结构研究的不断深入，对职业能力结构的阐释逐步清晰，从抽象的理论概念转化为具体组成，这为职业能力的具体呈现奠定了坚实基础。高职院校辅导员的职业能力结构是根据特定逻辑关系组成的有机整体，不同的职业能力层次在其结构中的地位也有所差异。

（三）职业能力评价

确定职业能力评价标准、收集职业能力相关数据资料、依据评价标准进行评价，大量职业能力评价研究是围绕这三个基本环节进行的。这些研究是职业教育有效管理的重要抓手，也是选拔人才、确定职业能力评价标准、收集职业能力相关数据的重要途径。职业能力评价特别注重考核评价方法和制度建设。有学者认为，职业能力评价有考试与测评两种基本形式，二者的区别在于：考试考的是学习的理论知识内容，测评测的是职业素养和实践水平。对于高职院校辅导员而言，职业能力评价则是根据工作情景，对照具体的评价标准，对其表现出的职业能力层次或成效做出合理的评判。

二、高职院校辅导员职业能力的内涵及与本科院校辅导员职业能力的区别

（一）辅导员职业能力的内涵

"辅导员"这个理念是清华大学原校长蒋南翔于1953年第一次提出来的，是指主要从事学生日常管理、就业指导、心理健康教育、思想政治教育，以及学生党团建设等方面工作的专职或者兼职教师。辅导员职业能力指的是从事高校学生日常管理与教育工作所需的各项基本素养，其显性特征是具备丰富的知识储备、应急处突能力、过硬的心理素质等。教育部于2014年出台的《高等学校辅导员职业能力标准(暂行)》，对高等学校辅导员的职业能力特征明确表述为政治强、业务精、纪律严、作风正；具备思想政治教育工作相关学科的宽口径知识储备；具备较强的组织管理能力和语言、文字表达能力及教育引导能力、调查研究能力等。该标准明确了辅导员的职业功能，并对分级提出了更高、更精细的要求。根据该标准所提具体要求进行有效分析，最终发现其主要涉及职业知识、职业能力和职业素养三个层面。2015年，时任国务院总理李克强提出"大众创业，万众创新"，不仅为高校人才培养提供了新的发展思路、新的发展方向，也对辅导员的个人职业素养水平提出了更高、更严苛的要求。辅导员在完成本职工作的同时，还要将创新思想融入学生的学习和生活，善于发现并激发学生的创新思想，将创新思想、创新精神内化于心、外化于行，因人

施教、因材施教，促进学生的全面发展。高职院校辅导员要想在今后的工作岗位上有所作为，就必须在创新工作的方式方法上跟上时代发展的潮流。

1. 职业知识

随着社会环境的不断变化，对高职院校辅导员工作的要求也越来越高。高职院校辅导员要更好地胜任学生管理和教育这一职业，就必须具备全面而又扎实的知识结构。辅导员的知识结构涵盖了从事学生管理工作所需的自身学历背景、所掌握的专业课知识等各方面的内容。教育部也明确了对辅导员的职业知识要求，即应具有从事思想政治教育工作相关学科的宽口径知识储备，掌握思想政治教育工作相关学科的基本原理和基础知识，思想政治教育专业基本理论、基本知识和基本方法，马克思主义中国化相关理论和知识，大学生思想政治教育工作实务相关知识，以及有关法律法规知识。

从其主要工作职责来看，高职院校辅导员需要有效开展学生的思想政治教育，这也决定了他们在学习相关理论知识的同时，必须有效地提升相关职业素养，要学习贯彻习近平新时代中国特色社会主义思想，认真学习掌握党和国家的路线、方针和政策，教育引导大学生听党话、跟党走，成为合格的社会主义建设者和接班人。同时，现阶段的大学生面临西方不良思潮的影响和社会各种不良诱惑的侵蚀，为了避免他们误入歧途，需要有效地引导他们树立正确的世界观、人生观和价值观。这就决定了高职院校辅导员需要掌握相关理论知识，系统学习教育学、心理学、管理学、社会学等方面的理论并能灵活运用，摸排跟踪学生的行为特点和思想动态，并对其进行梳理汇总和分析研究，及时对学生进行心理疏导和思想引导，促使其健康快乐成长。基于创新创业时代背景下对知识的要求，学生工作不仅体现在日常管理上，而且要带领学生、引领学生善于思考、勇于创新，善于发现问题并解决问题，培养大学生形成创新性思维，有效提升学生分析问题、解决问题的能力。因此，高职院校辅导员不仅需要不断学习思想政治、教育学等相关理论知识，还需要掌握学科专业知识和行业发展趋势，能够为学生的职业发展方向进行有效指导，培养并提升其基于所学专业的创新能力，这样才能满足新时代背景下对辅导员知识能力的新要求。

从工作实践来看，高职院校辅导员既要完成学生的日常生活管理，又要完成对学生的创新创业教育，做好学生职业生涯的启蒙者和引路人，而且这些活动往往与学生所学的专业知识紧密联系在一起，所以这就要求高职院校辅导员要在掌握通识知识的基础上，不断地学习和了解学生的专业知识，帮助和指导学生学习。同时，高职院校辅导员自身要正确引导学生进行自我认知，培养其乐观积极的人生心态，挖掘其职业发展潜力，进而对其实施个性化职业规划指导，为其职业发展引入科学的职业培养方案。这就需要高职院校辅导员具备扎实的职业规划理论基础，只有这样才能针对不同学生的个性发展给予有效指导。高职院校辅导员要全面分析学生今后的发展前景和可能遇到的挫折，使学生在思想上做好准备，强化其应对挫折的能力，从而不断提高其创业、就业、管理等方面的能力。

因此，高职院校辅导员要以其渊博的知识素养影响学生，形成典型的示范效应，就需要不断学习，完善自己的知识理论体系，全面拓宽职业技能发展路径。同时，高职院校辅导员还需针对不同学生主体的发展特点，根据学生的兴趣爱好，结合"就业指导"课这一教育契机，深入学习并认真研究、分析职业规划和管理的相关知识，为学生推荐适合的职业选择，并将实用的求职技能和经验传授给学生，为学生提供就业指导学科的详细知识，供其在今后求职时参考和借鉴。

2. 职业能力

职业能力是职业知识发挥功效的必要手段，是职业知识的运用和实践，只有能力应用得当，才能使职业知识的运用效果最大化。教育部对于辅导员的职业能力有基本的要求，即具备较强的组织管理能力和语言、文字表达能力，以及教育引导能力、调查研究能力，并具备开展思想理论教育和价值引领工作的能力。总体而言，高职院校辅导员需要具备多种能力，如正确引导学生的思想认识、有效组织协调学生开展活动、正确处理突发事件、引领学生开展创新创业、帮助学生进行职业规划、对学生进行心理疏导等。

正确引导学生的思想认识的能力，是指高职院校辅导员可以通过全面掌握不同阶段学生的思想状态和发展状况，能正确引导学生对社会发展问题进行理性认识，增强学生分辨真善美的能力，培养其积极进取、乐观向上的人生心态。

有效组织协调学生开展活动的能力，是指高职院校辅导员能对班级和学生社团等集体开展活动进行有效指导，帮助学生设计活动方案、做出活动安排，保证各项学生工作和学生活动有序进行，全面培养学生的组织协调能力。

正确处理突发事件的能力对高职院校辅导员而言非常重要。学生在现阶段学习生活过程中面临着学业、工作等各方面的压力，有可能出现心理健康问题，甚至出现自杀、校内打架等突发事件，这些会影响学生的身心健康发展，此时需要高职院校辅导员及时承担起应对突发事件的责任，妥善处理，避免事态进一步蔓延。

引领学生开展创新创业的能力，是指高职院校辅导员能充分挖掘大学生创新创业潜能，适时承担起"双创"教育职责，全面提升学生就业创业技能。大学阶段是学生提升技能的关键时期，此时大学生群体正处于对新生事物敏感且好奇，思维也最为活跃的发展阶段。应加强对大学生创新创业能力的培养，推动高职院校大学生就业创业工作平稳有序开展。因此，高职院校辅导员要正确引导学生端正职业态度、坚持职业操守，始终教育引导学生做有利于社会进步和发展的事，培养学生吃苦耐劳、勇于创新的就业创业观。

就业指导和职业规划的能力，是指高职院校辅导员要能适应职业发展的需要，既能对自己未来的发展进行系统的规划，又能针对不同学生主体的个性，指导学生就业并帮助其做好职业生涯规划。高职院校辅导员要能够通过对当前国家就业发展形势的分析，及时了解相关的政策和时事，为学生规划未来的发展蓝图。高职院校的人才培养目标是培养具有相关实用实操技能的专门性、技术技能型人才。因此，高职院校辅导员必须随时掌握市场人才需求动态，并根据学生的就业需求情况，形成完善的就业信息网络，指导并帮助学生分析就业形势和行业发展方向，使学生有客观正确的认识，明确自己的职业发展目标，规划自己未来发展方向。

对学生进行心理疏导的能力对高职院校辅导员来说十分重要。高职院校辅导员是保障学生身心健康发展的心理咨询师，是与学生日常生活接触最多的老师，是学生最亲近、最信赖的朋友，往往能够最早发现学生的心理问题。高职院校辅导员需要掌握心理疏导和调节的能力，在早期完成对学生心理问题的干预，排除学生的心理障碍，帮助其确立积极进取、乐观向上的生活态度，促进学生健康成长。

3. 职业素养

素养是指人们自身具有的品质，是转化和形成能力的必要条件。素养是人们在先天遗传条件下，经过环境熏陶、教育培养和自身实践锻炼，长期积累起来的基本稳定的内在品质，是智力因素与非智力因素的统一。职业素养是指从事某种职业所需要具有的基本品质。辅导员职业素养是指从事学生管理和思想政治教育工作所需要的品质，是辅导员所掌握的知识和技能在其身心结构中的积淀、升华和内化，是辅导员的总体发展水平，是由辅导员各种品质组成的一个整体。辅导员的职业素养具有全面性、综合性、整体性的特点，是一个多方面、多层次、多层级的完整结构，其各个组成部分之间既互相联系、互相促进、互相制约，又辩证统一于辅导员的身心之中。

综合国内外学者对高职院校辅导员职业素养研究的成果，发现高职院校辅导员一般要具有六种素养：政治素养、思想素养、道德素养、文化素养、身体素养、能力素养。从政治素养方面来看，高职院校辅导员承担着对学生进行思想政治教育的重任，其自身必须具备较高的政治素养和较深的政治理论功底，了解和掌握党和国家的政策、方针和路线，引导学生树立共产主义远大理想和中国特色社会主义共同理想。从思想素养方面来看，高职院校辅导员要形成正确的思想认识和价值观念，具有较高的思想觉悟和较多的开展思想教育的方法，要崇尚和宣扬真、善、美，要敢于发现真理、坚持真理，要有为真理而献身的精神。从道德素养方面看，高职院校辅导员要具有道德认知能力和道德行为技能，包括比较稳定的道德观念、价值取向和行为习惯。高职院校辅导员要有高尚的道德情操，并以此来教育和引导学生，帮助学生确立正确的职业道德、社会公德和家庭美德。从文化素养方面看，高职院校辅导员需要具备基本文化知识，要学习、了解并掌握思想政治教育理论、教育学、心理学、管理学和法律法规知识，为开展教育管理工作提供理论支撑。从身体素养方面看，高职院校辅导员要具有健康的身体和人格，拥有积极向上的心态。从能力素养方面看，高职院校辅导员为了能够胜任教育管理工作，需要具备思想政治教育、党团和班级建设、学业指导、日常事务管理、危机应对、职业规划与就业指导、理论和实践研究等多种能力。

(二)高职院校辅导员与本科院校辅导员职业能力的区别

1. 学生日常事务管理能力不同

高等学校分为普通本科院校和高职院校两类，在高招录取时这两类学校的学生有着明显的差异，这就带来了辅导员日常事务管理上的差异。高职院校辅导员和普通本科院校相比，对日常事务管理能力的要求是不同的。高职院校学生的文化课水平一般与本科院校学生之间有一定的差距，自主学习能力不足，导致辅导员工作落实难度加大。高职院校更多关注在日常的管理和教学过程中对学生进行政治思想、人生理想、职业发展、心理健康等方面的教育，帮助学生树立正确的价值观、养成良好的生活习惯和塑造健康的心理人格、提升技能水平。本科院校学生文化课基础扎实，自主学习能力强，自我管理能力强。本科院校辅导员更注重对学生的思想和学业进行引导，对学生开展的活动进行指导，让学生在自我管理、自我发展中提升能力和水平。

2. 学习和研究能力不同

高职院校中，部分学生文化知识基础较薄弱，个别学生在个人习惯和能力方面存在问题，如缺乏组织意识、担当意识和上进心等。学生从管理严格的中学阶段进入相对宽松的大学环境后，学习基础薄弱所带来的是学习能力欠缺、自觉性不足等问题，这些问题最终导致学生的学习状态每况愈下。高职院校学生自尊心强、心理脆弱也是比较显著的特点，他们在学习中并不是畏惧困难，而是嫌麻烦、怕吃苦，因此其往往以"不会学习""不懂学习"为理由回避学业挑战。他们仍然无法突破"后进生"这一自我认知桎梏。高职院校辅导员需要投入更多的时间和精力在学生的日常事务管理上，帮助学生解决问题，引导学生养成良好的学习和生活习惯，指导学生确立正确的价值观，形成积极向上、乐观进取的人生态度。而相对而言，本科院校的学生在进入大学校园后，面对各种新鲜事物和知识时，能够快速调整状态，积极投入到学习新知识和科学研究当中，不断驱使自己在知识能力和技能水平上有所突破，为今后的发展打下坚实的基础。与高职院校辅导员相比，本科院校辅导员可能在日常事务管理上投入的时间相对较少，他们需要投入大量时间来引导学生学习和开展科学研究。

3. 对所从事职业的认可度及忠诚度不同

高等学校的辅导员队伍建设也因学校层次的不同而有所区别。本科院校在人才引进方面较为严格，选聘的辅导员整体素质比较高。人才更倾向于服务于本科院校，因此本科院校在辅导员的选拔和选择上更具有主动性，完全可以做到量体裁衣，选拔合适的人才。同时，本科院校内部的职位更加充足，辅导员获取职位晋升的机会也相应较多。因此，本科院校的辅导员对职业的认可度和忠诚度更高。相对而言，高职院校在招聘和引进辅导员时要求没有本科院校高，竞争也没有本科院校激烈。进入高职院校的辅导员在能力素养、知识水平等方面与本科院校辅导员相比存在一定的差距。部分高职院校辅导员在工作中缺乏积极性、主动性和创造性，对职业的认可度和忠诚度相对较低。

4. 创新创业指导能力不同

高等学校在为社会培养所需的各类人才的同时，其自身也在不断加强建设，包括引进和培养高层次人才、加强学科建设、完善制度体系等，以确保学校的健康快速发展。一般而言，高等学校都很重视创新创业教育，在设置教学任务时，会综合考虑开设有关创业就业的课程，并对培养方案、教学计划等进行充分的调查研究，制定合理的培养制度。而以技术技能人才为主要培养目标的高职院校，往往与区域经济的发展有着千丝万缕的联系，其更多地将工作重心放在就业领域。其主要原因是高职院校缺少具有丰富实践经验的创业者来担任教师，而且聘请校外创业导师的难度较大。部分辅导员虽然承担了创业导师工作，但其课程教学照本宣科、循规蹈矩、流于形式，难以应对互联网经济带来的诸多挑战。本科院校利用自身优势，可邀请更高水平的企业导师与辅导员共同承担学生创新创业教育工作。在这一过程中，本科院校辅导员自身的创新创业能力也会得到锻炼和提升。

三、高职院校辅导员职业能力培养的内涵

高职院校辅导员职业能力培养的内涵，是指在特定环境因素的影响下，学校和政府相关部门根据培养目标，通过教育和训练，全面提升高职院校辅导员职业能力的活动过程。其主要有以下几个方面特点：一是目标性。高职院校辅导员职业能力培养要达到预期目标，就是要全面提升其学生教育管理工作能力。二是多元性。承担辅导员职业能力培养的主体是多元的，可以是政府部门、高职院校、培训机构等，也可以是不同年龄的具有不同职务、职称的专家和学者。三是系统性。高职院校辅导员职业能力培养的内容是系统的、全面的、具体的，涵盖政治、经济、文化、社会、生态等各方面内容，特别是要加强思想政治教育理论、教育学、心理学、管理学、社会学等知识的培训。四是多样性。高职院校辅导员职业能力培养主要有教育和训练等形式。教育有社会教育、学校教育和自我教育等形式。训练主要采取社会实践、挂职锻炼、交流轮岗等形式。五是外部性。高职院校辅导员职业能力培养受外部环境因素影响较大，这些环境既包括组织、经济、文化等大环境，也包括学校、家庭、同事等小环境，还包括网络空间等虚拟环境。六是发展性。高职院校辅导员职业能力培养是一个逐步推进和不断发展的过程，要定期对辅导员进行培训和知识更新，以适应经济社会发展需求。

具体来说，高职院校辅导员职业能力培养主要体现在以下三个方面。

(一)知识技能培养

作为一名合格的高职院校辅导员，必须具备扎实的专业知识。高职院校辅导员需要了解高职院校的教育体制和政策法规，熟悉学生的专业课程和教学大纲，并需要不断更新自己的知识，关注新的教育理念和技术，以适应快速变化的教育环境，这样才能在学生的学习过程中提供必要的指导和建议。此外，高职院校辅导员需要具备丰富的专业课知识。高职院校的课程内容较为专业，高

职院校辅导员需要对各个专业的知识有深入的了解，只有通过深入学习和不断积累，才能为学生提供准确的指导和帮助。此外，高职院校辅导员还需要具备一定的教学能力并掌握一定的教学方法，了解学生的学习特点和需求，能够根据不同的情况采用不同的教学方法和策略。

高职院校辅导员应具备必备的专业技能。高职院校的学生群体具有多样化特征，他们来自不同的家庭和文化背景，有着不同的性格和特点。特别是社会的快速发展和知识的不断更新，对于高职院校辅导员的知识技能要求也在不断提高。高职院校辅导员要善于与学生进行沟通和交流，建立良好的师生关系，并掌握一定的心理咨询技巧，能够帮助学生解决心理问题，提升学生的心理健康水平。同时，高职院校辅导员还应该具备一定的组织管理能力和团队合作精神。在高职院校中，辅导员常常需要组织各种活动，如运动会、红歌会、就业指导活动等，因此，其需要具备良好的组织能力和时间管理能力，能够有效地安排和管理学生的学习和活动。此外，高职院校辅导员还需要与教师、家长和社会单位进行有效的合作，共同促进学生的全面发展。为了提升自身的知识技能，高职院校辅导员应该不断学习。其可以通过积极参加专业培训、学术研讨会和教育展览等活动，参与教育研究和实践，不断提升自己的教育教学水平。在快速变化的教育环境中，高职院校辅导员只有不断更新自己的知识和技能，才能更好地应对挑战。

(二)人际交往能力培养

高职院校辅导员需要与拥有不同背景的学生、教师和家长进行有效的沟通和协调。在与学生的沟通交流中，高职院校辅导员需要倾听学生的心声，了解他们的学习和生活状况，以便提供个性化的帮助和指导。在与教师和家长的沟通交流中，高职院校辅导员需要具备良好的沟通技巧和解决问题的能力，以便学生在不同的环境中都能得到良好的引导与支持，促进学生的全面发展。

人际交往是高职院校辅导员工作中至关重要的一项技能，涉及与不同人群的有效沟通、理解和合作。首先，高职院校辅导员需要具备良好的沟通技巧。沟通是信息交流和相互理解的基础，要求高职院校辅导员能够清晰地表达自己的观点和意见，同时善于倾听他人的意见和建议。此外，高职院校辅导员要能够灵活适应不同的沟通方式和风格，以便与不同的学生、教师和家长建立良好的互动关系。其次，高职院校辅导员需要具备敏锐的观察力和洞察力。通过观察学生的行为、表情、言语和情绪变化，高职院校辅导员可以更好地理解学生的需求和困惑，及时发现学生可能存在的潜在问题和面临的挑战，并采取相应的措施，帮助他们解决问题和实现自我成长。此外，高职院校辅导员还需要具备解决问题和冲突的能力。在与学生、教师和家长交流的过程中，可能会出现意见不一致、发生冲突和沟通困难等情况。此时，高职院校辅导员需要冷静应对，寻找解决方案，并促进各方之间的理解和合作。为此，高职院校辅导员需要具备有效解决问题的技巧，如倾听、协商、妥协和引导等，以促进各方达成共识。在人际交往中，高职院校辅导员还需要具备一定的情绪管理和自我调适能力。高职院校辅导员的工作可能面临各种挑战和压力，如学生的问题和困扰、家长的期望和要求、教师的合作和支持等。对此，辅导员需要学会管理自己的情绪，保持冷静和理智，以便更好地应对各种情况和挑战，确保工作顺利进行。

高职院校辅导员可以通过不断学习和实践来提高自己的人际交往能力。例如，可以通过参加相关的培训、研讨会和辅导员技能大赛，学习有效的沟通技巧和解决问题的方法；通过与同行的交流和合作，分享经验和借鉴他人的成功做法。此外，高职院校辅导员还可以通过参与社会活动和志愿者工作，培养自己的人际交往能力和社交技巧。通过不断学习和实践，高职院校辅导员可以提升自身的人际交往能力，从而更好地履行职责，为学生提供更有效的帮助和支持。

(三)职业素养培养

作为学生的人生导师和生涯发展的引路人，高职院校辅导员需要具备高尚的职业道德和较强的责任心。在工作中，高职院校辅导员要始终秉持为学生服务的宗旨，关注学生的成长和发展。

首先，高职院校辅导员应以身作则，注重自身的职业形象和职业修养，始终保持专业和谦虚的态度，具备良好的职业道德观念，严格遵守职业道德规范，保护学生的权益和隐私，尊重学生的个性和差异，不带有偏见和歧视，平等地对待每一位学生。高职院校辅导员还应该展示出对学生的关心和关注，积极倾听学生的需求和问题，并提供合理的解决方案和建议。

其次，高职院校辅导员应积极进行理论研究，主动参与职业发展和学术研讨活动，不断提升自己的专业知识水平和能力水平。高职院校的教育环境和专业要求都在不断变化和更新，高职院校辅导员也需要不断学习和更新自己的知识，以跟上时代发展的步伐。例如，高职院校辅导员要不断学习新的教育理念和方法，了解最新的教学技术和工具，与同行进行交流和合作，共同推动自身职业能力的提升和创新。

最后，高职院校辅导员应具备良好的团队合作和协作精神。在高职院校中，辅导员往往需要与其他教师、辅导员和管理人员进行密切的合作，共同为学生提供全面的支持和服务。高职院校辅导员应该善于沟通和交流，能够有效地与他人合作，互相支持和帮助。同时，高职院校辅导员应该具备良好的组织能力和合作意识，能够积极参与团队活动，为学生提供更多的成长机会和资源。

为了提升自身的职业素养，高职院校辅导员要通过不断学习和反思来自我提高，积极参加专业知识、职业道德、职业操守和基本技能的培训，掌握相关理论知识和技能，加强对职业道德规范和职业伦理的理解和遵守；积极参与职业发展规划和评估，了解自己的职业优势和发展需求，制订个人发展计划并积极实施。同时，高职院校辅导员还可以加入专业协会和学术组织，与同行交流并分享经验，互相学习和借鉴，以全面提升自己的职业能力。

第二节　高职院校辅导员职业能力的构成要素与培养的类型、特点

一、高职院校辅导员职业能力的构成要素

高职院校辅导员职业能力的构成要素是根据大学生教育管理任务和目的，以及辅导员的职业能力现状和发展需求确定的。大学生思想政治教育和学生管理的任务具有的多重性和具体性，以及辅导员职业能力现状和发展需要具有的多样性和多变性，决定了高职院校辅导员职业能力构成要素的丰富性和复杂性。

（一）学习能力

学习能力是指高职院校辅导员掌握理论、知识、技能和方法的能力。高职院校辅导员的工作需要与时俱进，因此，其应具备持续学习大学生思想政治教育和管理等方面理论、知识和技能的能力，关注教育领域的最新动态和研究成果，并将其应用到自己的工作中。高职院校辅导员的学习能力主要包括自主学

习能力、全面学习能力、创新学习能力和综合学习能力，通过学习持续提高自己的知识和技术技能水平。

(二)教学能力

教学能力是指高职院校辅导员利用自己已经掌握的知识和技能，高质量地完成教育教学任务的能力。高职院校辅导员具有双重身份，既是大学生日常事务的管理者，又是大学生思想政治理论课的教育者。高职院校辅导员作为思想政治理论课教师的重要组成部分，要能扎实开展习近平新时代中国特色社会主义思想、思想道德修养、法律基础、时事政策等课程教学，为此，其需要具备较强的教学能力。高职院校辅导员的教学能力主要包括教学选择能力、教学整合能力、课堂管理能力、实际教学能力、教学评价能力。通过教育教学，高职院校辅导员可高质量地将知识和技能传授给学生，全面提升学生的能力水平和综合素养。

(三)表达能力

表达能力是指高职院校辅导员在日常事务管理和思想政治教育中传递思想、阐述观念、抒发情感的能力。高职院校辅导员必须清晰、流畅、完整、形象地将自己的想法、思想、观念表达出来，并传递给学生，让学生理解和接受自己的要求和想法。高职院校辅导员的表达能力主要包括口头表达能力、文字表达能力、动作表达能力、形象表达能力。

(四)沟通能力

沟通能力是指高职院校辅导员在日常事务管理和思想政治教育中与他人沟通想法、交流思想、互通信息的能力。高职院校辅导员需要与各类人群进行有效的沟通和互动，包括学生、家长、教师等。因此，他们需要具备良好的人际关系与沟通能力。高职院校辅导员应该能够倾听学生及其家长的需求和问题，理解他们的困惑和面临的挑战，并能够给予恰当的建议和支持。同时，高职院校辅导员还应该能够与其他教师和学校管理人员进行良好的合作和协调，以共同促进学生的全面发展。高职院校辅导员的沟通能力主要包括与学生沟通的能力、与其他辅导员和班主任沟通的能力、与思想政治理论课教师沟通的能力、与家长沟通的能力、与合作单位人员沟通的能力。

（五）组织能力

组织能力是指高职院校辅导员为了实现教育和管理的目标、任务，组织学生参加理论学习、实践活动的能力，以及组织整合教师、班主任等人力资源和其他学校资源共同参与教育的能力。高职院校辅导员只有具备较强的组织能力，才能顺利流畅地开展工作，完成目标任务。高职院校辅导员的组织能力主要包括教育力量组织能力、教育资源整合能力、教育活动组织能力。

（六）协调能力

协调能力是指高职院校辅导员在学生日常事务管理和思想政治教育过程中协调人际关系和工作关系的能力。高职院校辅导员只有具备较强的协调能力，才能构建全员育人、全程育人、全方位育人的"三全"育人格局，打造协同育人体系。高职院校辅导员的协调能力主要包括工作协调能力、人际关系协调处理能力、资源协调能力。

（七）教育引导能力

教育引导能力是指高职院校辅导员根据学生日常事务管理及思想政治教育要求和目标，对大学生进行教育，引导其形成符合社会发展要求的理想信念和道德品德的能力。这是高职院校辅导员应该具备的核心能力。高职院校辅导员的教育引导能力主要包括思想政治教育引导能力、理想信念教育引导能力、道德规范教育引导能力、网络思想政治教育引导能力。

（八）发展指导能力

发展指导能力是指高职院校辅导员指导大学生全面发展的能力。人的全面发展是马克思主义最高价值理想，是未来社会的价值目标。高职院校辅导员要充分挖掘大学生的潜能，指导大学生在学业、技能、心理健康、职业生涯等方面实现全面发展。高职院校辅导员的发展指导能力主要包括学业指导能力、心理咨询与健康指导能力、职业生涯规划与就业指导能力。

（九）日常事务管理能力

日常事务管理能力是指高职院校辅导员对大学生的日常事务进行管理的能力。大学生入学后，在学习、生活及评优评先、班团建设等多个方面，都需要高职院校辅导员的管理和指导。高职院校辅导员的日常事务管理能力主要包括党团组织和班级建设能力、开展经济困难学生资助育人工作的能力、指导学生开展宿舍文化建设的能力、奖惩评估能力、危机事件的应对处理能力。

（十）科学研究能力

科学研究能力是指高职院校辅导员开展思想政治教育和学生管理等方面研究的能力。随着经济和社会的不断发展，大学生所处的外部环境也在不断变化，思想政治教育和学生管理的方式方法也要相应变化和创新。高职院校辅导员需要有效应对这些变化，开展科学研究，掌握当代大学生的成长规律和思想政治教育规律，提高自我认知，增强思想政治工作的针对性和实效性。高职院校辅导员的科学研究能力主要包括理论研究能力、实践研究能力。

构成高职院校辅导员职业能力的各要素是相互联系、相互作用的，这些要素共同构成了高职院校辅导员的职业能力体系。只有具备了这些要素，高职院校辅导员才能更好地履行自己的职责，为学生提供有效的指导和支持，促进他们的全面发展。

二、高职院校辅导员职业能力培养的类型

高职院校辅导员是学生成长与发展的重要支持者和指导者，他们的职业能力对于学生的发展起着至关重要的作用。为了更好地履行自己的职责，高职院校辅导员需要具备一系列的职业能力，并且不断进行培养和提升。国家高度重视对高等学校辅导员职业能力的培养，持续加大对辅导员的培训力度，先后制定并出台了《2006—2010 年普通高等学校辅导员培训计划》和《普通高等学校辅导员培训规划（2013—2017 年）》，分层级、分类型地对辅导员进行培养。下面将从不同的角度探讨高职院校辅导员职业能力培养的类型，以期为相关从业人员提供一些指导和借鉴。

按照培养主体划分，高职院校辅导员职业能力培养可分为国家培养、省（区、市）级培养、单位培养、自我培养四个类型。四个类型的培养主体在高职院校辅导员培养中的地位不同、作用不同，各主体相互联动，共同构成高职院校辅导员培养体系。

（一）国家培养

国家培养，是指国家通过制定政策、出台培养计划、开展示范培训班等形

式，全面提升辅导员职业能力，造就能够胜任大学生思想政治教育和学生管理工作的专门人才。国家培养具有政策性强、规模大、类型齐全等优点。国家培养主要有以下几种形式：一是制定加强高等学校辅导员队伍建设政策。中共中央、国务院颁布了《关于进一步加强和改进大学生思想政治教育的意见》，教育部先后颁布了《教育部关于加强高等学校辅导员、班主任队伍建设的意见》《普通高等学校辅导员队伍建设规定》《高等学校辅导员职业能力标准（暂行）》等，对高等学校辅导员的发展与培训等方面做出了明确要求，推动辅导员队伍建设向专业化和职业化方向发展。二是出台高等学校辅导员培训计划。国家先后制定并出台了《2006—2010年普通高等学校辅导员培训计划》《普通高等学校辅导员培训规划(2013—2017年)》等文件，进一步强化高等学校辅导员教育培训，建立培训制度，全面提升高等学校辅导员的职业能力。三是建立国家级高校辅导员培训基地。教育部先后制定并出台了《教育部高校辅导员培训和研修基地建设与管理办法(试行)》《教育部高校辅导员培训和研修基地的建设与管理基本标准(试行)》等文件，进一步加强辅导员基地的建设与管理，推进辅导员培训工作。四是举办全国辅导员骨干示范培训班。教育部定期举办全国高等学校辅导员示范培训，每年培训2 000人次。从2005年开始，教育部连续举办了100多期全国高校辅导员骨干示范培训班，共培训辅导员骨干万余人，在加强辅导员队伍建设、促进辅导员个人素养提升方面起到积极的促进作用。

(二)省(区、市)级培养

省(区、市)级培养，是指各省、自治区、直辖市的地方政府贯彻落实国家关于高等学校辅导员队伍建设的政策和培训计划，建立培训基地，开设培训班，提供经费保障，推进辅导员职业能力培养，全面提升辅导员职业素养。一是建立培训和研修基地。2007年，各省、自治区、直辖市教育行政部门启动了高校辅导员培训和研修基地建设，负责本区域内高校辅导员的岗前培训、专题培训和骨干培训。如江苏省先后建立了七个辅导员培训和研修基地，负责隶属本、专科院校的辅导员培训进修等。二是组建省(区、市)一级的高水平培训师资库。从全省范围内遴选具有较深理论功底和丰富实践经验的学校党政领导干部、专家学者和优秀辅导员担任兼职教师，不断优化高职院校辅导与培训的师资配置，逐步提高培训质量。三是编写辅导员培训教材。积极吸收省内外优秀研究成果和实践经验，组织省内著名专家学者编写高职院校辅导员培训需要的系列精品教材，制作相关的课件，教学内容以理论知识、技能训练和案例分析为重点，提高培训的针对性和实效性。四是开展学术研究。在省级研究项目中设立辅导员专项，逐步加大项目经费支持力度，鼓励高职院校辅导员积极参与思想政治教育和学生管理等方面的理论研究，全面提升高职院校辅导员的能力和水平。

（三）单位培养

单位培养是指社会组织通过各种途径和方法开展辅导员职业能力培训，培养能够胜任思想政治教育和学生管理工作的合格辅导员。单位培养针对性强，目标明确，开展方式灵活，形式多样。一是学校的专业性培养。高等学校是培养人才的主阵地，是培养人才的专门组织机构，具有目的性、规模性和专业性。我国一些高等学校专门开设了思想政治教育专业，分别招收本科生、硕士生、博士生，专门培养有志于从事思想政治教育和学生管理工作的人员，开设思想政治教育、心理学、管理学、教育学等课程，对其进行系统性培养和训练，全面提升其职业素养和专业技能，推进辅导员队伍建设向专业化、职业化方向发展。二是工作单位的常规性培训。辅导员入职后，其所在的高职院校根据思想政治教育现状和学生管理工作实际，定期开展常规性培训，进行学校文化、校规校纪以及辅导员工作方式方法等方面教育。同时，高职院校之间通过联合举办论坛和开展课题研究等形式开展合作与交流，不断拓展高职院校辅导员的工作思路，提升其分析问题、解决问题的能力，促进辅导员能够胜任本职工作。三是社会机构的专项性培训。随着经济快速发展，社会对高层次人才的需求越来越多，一些社会培训机构应运而生。培训机构的类型比较多，有政府主管部门主办的培训中心，有高等学校举办的培训学院，有行业协会以及社会企业或个人举办的培训实体。社会机构培训是学校培养、单位培训的拓展和延伸，是培养现代化人才的重要平台。高职院校可以利用培训机构的优势资源和专业师资，有目的地组织辅导员参加一些专项培训，逐步提升高职院校辅导员的职业能力。

（四）自我培养

自我培养是指高职院校辅导员根据工作需要和个人成长需求，通过多种途径和方式，积极、主动地进行自主学习，提升自身知识水平和职业能力，以达到能够胜任思想政治教育和学生管理工作的目的。自我培养是辅导员对自身的内在要求,而国家培养、省(区、市)培养和单位培养是外部条件。自我培养是内生动力,是辅导员提升自身素养的关键。首先,辅导员需要进行职业生涯规划。辅导员要结合兴趣、爱好等基本情况,科学规划自身成长路径,明确发展方向,采用切实可行的措施,充分发挥自身的专长,挖掘自身潜能,全面锻炼和培养自己,稳步提升自身素养。其次,辅导员应加强理论学习。辅导员应利用空余时间,采用线上线下相结合的方式,加强思想政治教育和学生管理等专业知识学习。在有条件的情况下,辅导员可以在职攻读思想政治教育和马克思主义一级学科学位、开展业务进修,全面提升自身理论知识水平和学历层次。最后,辅导员应参加实践锻炼。辅导员应定期到爱国主义教育基地和国防教育基地、城市社区、农村乡镇、中小型企业、社会服务机构等开展社会考察和假期实践,深入了解国情、民情、社情,掌握思想政治教育的第一手资料;积极争取在学校内部不同岗位进行交流锻炼;积极赴兄弟学校、县、乡、村等基层单位进行挂职锻炼,全面提升自身实践能力和技术技能水平。

三、高职院校辅导员职业能力培养的特点

辅导员的职业能力培养是指提高其在学生工作中的专业素养和能力水平,以更好地开展学生管理工作和思想政治教育,促进学生全面发展。高职院校辅导员职业能力培养具有以下特点。

(一)明确的方向性

高职院校辅导员职业能力培养要坚持正确的政治方向。我国是社会主义国家,正在建设社会主义现代化强国,辅导员不仅要将正确的思想意识、道德规范、价值观念传授给学生,而且要将党和国家的方针、路线、政策及时传达给学生,要培养能够担当中华民族伟大复兴大任的时代新人,这就决定了高职院校辅导员职业能力培养的方向性。更重要的是,辅导员要教育和引导学生结合自身的教育背景和个人经历,通过分析、对比、凝练和总结,将相关知识吸收内化,转化为自身的能力,让其能够胜任工作岗位要求。国家设置辅导员岗位的方向性和目的性是非常明确的,就是要加强思想政治教育和学生日常管理,为此要全面加强辅导员队伍建设、稳步提升辅导员能力水平。高职院校辅导员的任务和职责决定了辅导员职业能力培养的方向性。高职院校辅导员的职业能力培养的方向性主要体现在:第一,在培养目标上,要符合社会进步和历史发

展的总趋势。在2017年发布的《普通高等学校辅导员队伍建设规定》中明确指出，要"不断提高队伍的专业水平和职业能力"，并"推动辅导员队伍专业化职业化建设"，要将辅导员培养成"又红又专、德才兼备、全面发展的中国特色社会主义合格建设者和可靠接班人"。第二，在培养内容上，要积极向上和全面系统。高职院校辅导员培养既要有利于促进辅导员提升其职业能力和自身素养，又要有利于人才培养和推动社会发展进步。辅导员需要具备丰富的专业知识和技能，包括政治理论、教育学、心理学、职业规划等方面的知识；需要了解国家路线、方针政策；需要了解学校的规章制度，掌握学生工作的基本原理和方法，具备辅导学生的能力。第三，在培养方式上，要具有多样性和灵活性。高职院校辅导员职业能力培养的方向性还体现在采用多样的、灵活的培养方式促进辅导员能力和水平的提升方面，具体的培养方式有实践锻炼、理论教学、正面引导、典型示范、榜样教育等。因此，辅导员职业能力的培养要注重对专业知识和基本技能的培养，其职业能力培养的方向性也非常明显。

（二）鲜明的实践性

高职院校辅导员职业能力培养的实践性是指要通过思想政治教育和学生管理工作实践来提升辅导员的职业能力。高职院校辅导员的工作不仅仅要关注学生的学习和生活，还要与学生深入交流与沟通、了解他们的急难愁盼问题，更重要、更具有现实意义的是要帮助和引导学生解决困难和问题，主要涵盖学生的学习、心理、择业、交友、工作等方面，这需要辅导员在实践中给予学生指导和帮助，绝不能纸上谈兵。辅导员岗位是实践性很强的岗位，实践也是培养辅导员职业能力、提升其综合素养的主要途径。高职院校辅导员职业能力培养的实践性主要体现在：第一，实践是开展辅导员职业能力培养工作的主要动力。随着经济社会的发展，特别是新产业的出现和新技能的应用，对高职院校辅导员职业能力的要求越来越高，对辅导员职业能力的培养也要随之变化，否则便不能适应岗位要求和社会需求。因此，要根据实践新变化加强对高职院校辅导员职业能力的培养，持续提高辅导员的职业技能水平。也只有这样，高职院校辅导员才能适应新时代大学生思想政治教育和学生管理工作需要。第二，实践是开展高职院校辅导员职业能力培养工作的落脚点。开展高职院校辅导员职业能力培养工作的落脚点在于提高辅导员实践能力，使其具备开展思想政治教育工作和学生管理工作的能力和素养，能够胜任辅导员工作，满足大学生思想政治教育实践发展的需要。第三，实践是检验高职院校辅导员职业能力培养成效的唯一标准。只有通过实践，才能发现辅导员职业能力培养过程中存在的问题，并衡量辅导员职业能力培养成效，而不能依据主观认识去检验培养成效。应该在辅导员开展思想政治教育和学生日常管理的实践中，将思想政治教育和人才培养的实际成效作为检验标准。

（三）突出的时效性

高职院校辅导员职业能力培养的时效性是指辅导员职业能力培养工作要与时俱进，要符合时代特征、满足现实需求。改革开放的逐步深化和经济社会的快速发展，需要更多又红又专的社会主义现代化强国建设的接班人。辅导员承担着立德树人的根本任务，必须与时俱进，勇于站在时代潮头，积极学习新思路、新知识，不断更新知识体系，提升自身职业能力，努力成长为专家型辅导员。高职院校辅导员职业能力培养的时效性主要体现在：第一，要坚持新发展理念。现阶段，中国特色社会主义进入了新时代，社会的新发展、社会主义现代化建设的新实践，使思想政治教育和学生管理工作面临许多新课题，对辅导员的职业能力提出了更高的要求，因而迫切需要加强高职院校辅导员职业能力培养，保持与时俱进的发展态势，因事而化、因时而进、因势而新，大力提升辅导员的能力和水平，更好地推动学生的全面发展、社会全面进步。第二，要创新培养方式。高职院校辅导员职业能力培养方式要根据时代发展和社会进步不断进行创新，要打破传统培养方式。高职院校辅导员职业能力培养不能仅仅局限于课堂、书本，而要横向拓展和纵深发展，打破传统高职院校辅导员职业能力培养内容片面化、培养途径单一化、培训跟进滞后化的局面，创新培养方式，促进高职院校辅导员职业能力培养内容系统化、途径多样化、方法多元化，提高高职院校辅导员职业能力培养的灵活性、针对性和实效性。第三，要体现时代特征。高职院校辅导员职业能力培养要立足于大学生思想现状和高职院校辅导员职业能力现状，适应社会需求、满足大学生发展期待。当今社会向网络化、智能化、数字化和信息化方向发展，基于此，高职院校辅导员职业能力培养要紧跟时代的发展步伐，适应新形势、新变化。辅导员要学习新技能、新技术、新知识、新方法，强化自身思想修养的锤炼，坚定为实现中华民族伟大复兴而团结奋斗的远大理想，勇于追求真理，敢于开拓创新，努力成为德才兼备、全面发展的优秀辅导员。

第三节　高职院校辅导员职业能力
培养的理论基础

理论与实践既是辩证统一的关系，又是相互促进的关系。一方面，理论来源于实践。实践是理论形成的"源头活水"，是科学理论形成的前提条件。理论要想保持生命力和创新力，就必须"由实践赋予活力，由实践来修正，由实践来检验"。另一方面，理论又反过来指导实践。科学理论的价值在于指导实践，人们认识世界的目的在于改造世界。高职院校辅导员职业能力培养研究基于开展大学生思想政治教育和学生管理工作实践，需要科学的理论进行指导。马克思关于人的全面发展理论、习近平总书记关于思想政治教育的重要论述、思想政治教育相关重要理论、职业发展理论等是辅导员职业能力培养的重要理论基础。

一、马克思关于人的全面发展的理论

马克思关于人的全面发展理论是辅导员职业能力培养、促进辅导员全面发展的理论基础。"人的自由全面发展"是未来社会即共产主义社会人的发展的正确方向，是作为个体的人的发展的一种高级状态。正如马克思所说，人类社会必然要经历这样的飞跃：从"必然王国"向"自由王国"迈进，使人类作为主体性的存在而获得自我的最终解放和发展。人的全面发展是对人的本质的规定，存在于"现实的人"和"感性的人"的具体实践活动中，即"全部人类历史的第一个前提无疑是有生命的个人的存在""它的前提是人，在一定条件下进行的发展过程中的人"。人的发展主要依靠开展具体的社会活动，在实践劳动中实现自我发展，自主地发现问题和创造新事物是实现发展的关键因素。

马克思认为，人的发展指的只是个人的发展，而不是群体的、社会的发展。在马克思看来，人的全面发展是实现每个人的发展。当然，我们并不是说仅仅关注人的发展而抑制群体的发展、社会的发展，而是因为人类社会的发展总伴随着以牺牲个人的发展为代价，为了使社会与个人的发展有机统一，马克思总结道："要不是每一个人都得到解放，社会也不能得到解放。"因此，个体的自由解放是全人类、全社会的自由解放的前提。马克思曾说："只有在个人得到全面发展的前提下，才能消灭私有制。"私有制或者说国民经济学所讲的

"个人的发展"是资产阶级的"个人发展",而马克思主义所追求的"个人的发展"则是实现共产主义的每一个劳动者的发展,而实现每一个人的发展又取决于他的一切社会关系中的人的发展。

马克思将人作为其所关注的焦点,马克思主义的思想基础是个体生命的存在和完整性。人本身所具有的生命本质是现实具体的人和感性活动的人。马克思曾说:"生产劳动同智育和体育相结合,它不仅是提高社会生产的一种方法,而且是造就全面发展的人的唯一方法。"马克思在准确把握人的本质、需要、全面发展后,重点强调了在实现人的全面发展方面中体育的突出作用。人作为具体实施教育教学的实践主体,同样是感性活动所具有的本真含义。马克思认为,体育与智育、劳育是对等的,是实现人生命完整性的重要实践活动,对于人本质的实现、人需要的满足、人自由全面的发展具有重要的意义。

人的全面发展的不断实现是推动社会持续进步的决定性力量。高职院校辅导员是对大学生开展思想政治教育的重要力量,承担着为党育人、为国育才的重要责任,承担着培养担当民族复兴大任的时代新人的重要任务。高职院校辅导员既要成为好教师,也要成为管理专家,其被赋予了双重角色。因此,高职院校辅导员更需要在履行职能的同时不断提高自己、完善自己,促进个体的全面发展。高职院校辅导员的能力建设必须遵从人的全面发展的规律,以马克思关于人的全面发展理论为指导。

二、习近平总书记关于思想政治教育的重要论述

习近平总书记关于思想政治教育的重要论述,对新时代高等学校辅导员的职业发展提出了新的要求、指明了方向。党的十八大以来,以习近平同志为核心的党中央在继承和发展马克思主义思想政治教育理论的基础上,结合中国社会发展现实继续创新思想政治教育的内容与方法。在思想政治教育内容上,包括理想信念教育、中国特色社会主义和中国梦宣传教育、社会主义核心价值观教育、中华优秀传统文化教育、党史国史教育、法纪和廉政文化教育。其中加强理想信念教育、中国特色社会主义和中国梦宣传教育是新时期思想政治教育工作的主要任务。习近平总书记指出:"实现中国梦必须弘扬中国精神。"中国精神是民族精神和时代精神的产物,是引领社会主义精神文明建设的原动力。习近平总书记指出,要将中国梦教育融入到大学生思想政治教育的过程中,让大学生认知和吸纳中国梦的精神力量,培养他们积极奋进的活力和吃苦耐劳的精神,从而为中国特色社会主义事业贡献力量。与此同时,要加强培育大学生

的社会主义核心价值观，并提出"勤学、修德、明辨、笃实"的具体要求，既要提高大学生的科学文化知识水平，又要培养大学生的责任担当意识，使其掌握明辨是非、分析问题的方法，扎扎实实地为自己的梦想而努力奋斗。在思想政治教育的方法上，习近平总书记多次强调要通过读书学习法、知行统一法、文化熏陶法、榜样示范法等方法创新思想政治教育的形式，使思想政治教育能够真正入脑入心。习近平总书记强调："会讲故事、讲好故事十分重要，思政课就要讲好中华民族的故事、中国共产党的故事、中华人民共和国的故事、中国特色社会主义的故事、改革开放的故事，特别是要讲好新时代的故事。"在遵循教育教学规律和学生认知发展规律的基础上，以故事讲述循循善诱，以事理融通实现启智润心。习近平总书记指出："要坚持问题导向，学生关注的、有疑惑的问题其实也就几大类，要把这些问题掰开了、揉碎了，深入研究解答，把事实和道理一条条讲清楚。"做好思想政治教育和学生管理工作，就要求辅导员增强问题意识，敢于正视问题，善于发现问题，在有效解决问题中引导学生健康成长。由此可以看出，习近平总书记关于思想政治教育的重要论述，对于新时代高职院校大学生思想政治教育工作的开展具有较强的针对性与现实性，对于高职院校大学生良好道德品质的形成具有指导意义。

三、思想政治教育相关重要理论

高职院校学生思想政治教育问题的研究是建立在丰富且系统的理论之上的，并非凭空想象、空穴来风。从总体上看，一方面，马克思主义经典作家的思想政治教育理论，以及马克思主义中国化理论成果关于思想政治教育理论的论述，为思想政治教育具体问题的研究提供了系统的理论知识基础；另一方面，西方学者的思想政治教育理论，如洛克、卢梭、杜威等人的观点，以及人本主义道德教育理论也为思想政治教育具体问题的研究提供了有益的参考和经验借鉴。

（一）列宁的灌输理论

列宁在领导俄国十月社会主义革命和社会主义建设的过程中，充分运用马克思主义理论指导社会实践，特别强调了思想政治教育工作对发展革命、建设社会主义的重要性。从理论传承的角度看，列宁的思想政治教育理论主要是对马克思、恩格斯的灌输思想的继承和发展。最早提到灌输思想的是马克思的《〈黑格尔法哲学批判〉导言》一书。该书指出，要加强人们对先进思想理论的灌输，通过灌输手段使先进理论在无产阶级革命过程中发挥其理论的先决性作用。19 世纪末 20 世纪初，俄国经济发展陷入困境，社会阶级矛盾不断突出。在革命派主张继续坚持革命的同时，经济派主张采取经济斗争的形式，这严重阻碍了俄国工人运动的发展。针对这种情况，列宁有力地指出，经济派实质上就是要"把马克思主义庸俗化，把工人运动和阶级斗争缩小为狭隘的工联主义运动，缩小为争取细小的、渐进的、改良的'现实主义'斗争。"与此同时，列宁充分理解并认识到工人阶级接受和吸收马克思主义理论的关键性作用，只有理论让群众真正地掌握理论，才能有效推动革命的坚决性与彻底性。

列宁在《什么是"人民之友"以及如何攻击社会民主党人?》一文中指出，理论灌输要通俗化和大众化，避免使用晦涩难懂的文字。这种观点对于马克思主义理论传播起到了积极的作用，同时也促进了马克思主义在社会各阶层逐渐传播和普遍认知。列宁在 1901—1902 年所著的《怎么办》一书，在某种程度上标志着他的灌输理论的体系化和系统化。列宁不仅提出了在国家革命和建设过程中要加强理论灌输，而且强调学校教育也要重视灌输理论，进而为国家培养出"全面发展的和受到全面训练的人"。从中可以看出，列宁所提出的灌输理论对指导并推动学校开展学生思想政治教育工作具有深远意义。虽然当下高职院校学生的思想政治教育发展情况与列宁所处的时代相比发生了深刻变革，但是其提出的灌输理论对当前开展思想政治教育工作的指导意义是毋庸置疑的。从思想政治教育的具体内容来看，马克思主义理论、毛泽东思想和中国特色社会主义理论等都是需要在具体的教育教学课程中讲授的。教师通过理论灌输的方式，可以使大学生更加全面、系统、及时地了解国家的大政方针，促使他们正确认识国家的发展形势，明晰自身的使命与担当。

(二)毛泽东思想政治教育理论

毛泽东在长期的革命实践过程中，以马克思主义理论为基础，提出了"思想政治教育是一切工作的生命线"，强调了思想政治教育是保障经济工作和完成革命任务的基础保障，脱离了思想政治教育的理论支撑，其他一些工作将会处于孤立无援的境地。毛泽东也多次强调："掌握思想教育，是团结全党进行伟大政治斗争的中心环节。如果这个任务不解决，党的一切政治任务是不能完成的。"毛泽东多次强调思想政治教育的重要性，特别注重思想政治教育的内容、方针和方法。首先，毛泽东思想政治教育理论的内容由马克思主义理论、爱国主义教育、集体主义教育和日常思想政治教育等部分组成。在革命斗争时期，毛泽东认为发展军队的基础首先要从党内教育着手，要用马克思主义理论来加强党员的理论修养，只有党员的思想水平和政治水平得到了提高，才能解决好革命斗争时期所遇到的问题。爱国主义教育和集体主义教育是实现民族团结的精神力量，在革命斗争时期通过宣扬爱国主义能够将社会大众组织起来。如毛泽东在抗日战争时期撰写了大量宣传爱国主义的文章，号召全民抗战，对推动全民族抗战发挥了重要的作用。在日常教育方面，毛泽东强调党和军队的纪律教育、革命英雄主义教育、劳动教育等，如"三大纪律，八项注意"就是为统一军队纪律而制定的，它在加强部队的思想和作风建设方面发挥了重要作用。其次，毛泽东思想政治教育的方针主要包括：紧紧围绕党的中心任务开展思想政治教育任务、调动一切积极因素、"惩前毖后、治病救人"、反对浪费和提倡勤俭节约等，这些思想政治教育的方针都是根据当时社会发展中存在的问题而提出的，具有很强的针对性与实效性。最后，思想政治教育的方法是毛泽东思想政治教育理论的核心，主要包括：调查与研究结合法、批评与自我批评、激励教育等。毛泽东最早开展思想政治教育工作所采用的方法就是调查与研究结合法，正如他的著名论断"没有调查就没有发言权"，他通过深入农村调查，得出要充分发挥农民在民主革命中的作用，放手发动群众、组织群众和依靠群众的革命思想。从以上内容可以看出，毛泽东思想政治教育理论内容十分丰富，具有很强的现实意义。因此，高职院校在加强大学生思想政治教育的过程中要充分运用毛泽东思想政治教育的理论方法，如加强高职院校大学生的爱国主义教育、集体主义教育等，合理运用批评和自我批评的教育方法、激励教育方法以及典型教育方法来培养大学生的理论素养和提升其道德修养。总之，毛泽东思想政治教育理论构成了高职院校大学生思想政治教育工作的理论基础，对于培养大学生形成正确的世界观、人生观、价值观具有重要的指导价值。

（三）邓小平思想政治教育理论

邓小平同志作为中国共产党第二代中央领导集体的核心，在继承和发展马克思列宁主义思想政治教育理论、毛泽东思想政治教育理论的前提下，结合国际局势的重大变动以及中国社会主义建设出现的问题，创造性地提出了思想政治教育的新内容和新方法，为丰富和发展马克思列宁主义思想政治教育理论做出重要贡献。首先，在思想政治教育的内容上，将理想信念教育、民主法治教育以及艰苦创业教育增添到思想政治教育理论的内容当中。邓小平曾指出理想信念是"最根本"的东西，是"精神支柱"，是将全国人民凝聚在一起的精神力量；民主法治教育是为推进我国的民主法治化进程而提出的，其根本目的在于为社会主义现代化建设提供一个长期稳定的环境，通过民主法制的规范，确保人们享有民主和法律保护的权利；艰苦创业教育是邓小平结合中华民族艰苦奋斗的精神而提出来的，他多次指出全国人民都要将这一文化传统发扬下去，要将艰苦创业教育作为推动社会主义现代化建设的重要动力。其次，在思想政治教育的方法上，更加强调榜样教育方法。邓小平认为在社会主义现代化建设的过程中，党员干部一定要发扬脚踏实地的优良作风，发挥好模范带头作用，只有党员干部的工作得到人民的广泛认可，思想政治教育工作才能真正取得实效。最后，从邓小平思想政治教育理论的特点来看，它具有较为系统性、时代性、创新性等特点，对于解决当时存在的新情况、新问题发挥了重要作用。以上内容虽是简要地对邓小平思想政治教育理论内容进行了概略总结，但从中可以看出该理论仍然具有强大的生命力，对于研究高职院校大学生思想政治教育仍然具有指导价值。高职院校思想政治教育工作的目标在于培养大学生的理想信念和道德品质，这与邓小平思想政治教育理论中提到的理念教育是一致的，而其在教育方法上也有很强的指导性。除此之外，邓小平思想政治教育理论中的如何加强马克思主义理论教育、爱国主义教育和集体主义教育方面的内容也对培养高职院校大学生的世界观、人生观和价值观具有重要意义，为加强高职院校大学生思想政治教育奠定了坚实的理论基础。

（四）江泽民思想政治教育理论

党的十三届四中全会确立了以江泽民为核心的第三代中央领导集体，面对纷繁复杂的国际形势和国内环境所遇到的新挑战、新问题，在继承马克思列宁主义思想政治教育理论的基础上，江泽民提出了新形势下思想政治教育工作的新内容和新方法。江泽民指出要引导青年树立为人民服务的意识与理念，积极投入到社会主义现代化建设中。特别是在北京大学建校一百周年大会上，他对青年大学生提出了殷切希望，要立志到祖国和人民最需要的地方去，努力为中华民族伟大复兴贡献自己的智慧和力量。与此同时，他还提出青年大学生要树立社会主义文化建设的意识，肩负起中国特色社会主义文化建设者的责任担当，要在继承和发展中华民族传统文化的过程中体现社会主义的时代内涵。江泽民思想政治教育理论将坚持教育与生产劳动相结合作为重要内容，主张让青年"到基层去锻炼，与工农大众相结合"的策略，通过这种艰苦的锻炼方式，提高大学生将理论与实践相结合的能力，即将学得的知识用于实践，在实践中继续学习提高。总之，江泽民关于青年大学生思想政治教育的理论具有内容丰富、实用性强的特点，其教育思想内容、教育原则和教育方法对于开展高职院校大学生思想政治教育工作具有重要实践价值。

（五）胡锦涛思想政治教育理论

党的十六大以来，以胡锦涛为核心的第四代中央领导集体面对国情、世情、党情的新变化，加强党对思想政治教育工作的领导，结合经济体制深化改革、社会结构深刻变动、利益格局深刻调整的现状，提出并实施了一系列举措来加强思想政治教育工作，在统一全党思想和凝聚人心方面发挥了重要作用。2003 年，党的十六届三中全会首次提出了"以人为本"的理念，并将其作为科学发展观的核心。胡锦涛认为，思想政治教育从根本上来说就是解决人的发展问题，要将"以人为本"作为新时期思想政治教育的核心，既要发挥教育人、引导人、鞭策人的作用，又要做到尊重人、理解人、帮助人。"以人为本"的执政理念极大丰富并发展了马克思列宁主义思想政治教育理论，也为这一时期的思想政治教育方式提供了方向指引。胡锦涛在党的十六届六中全会上首次提出了建设社会主义核心价值体系的战略任务，其中包含的四个方面的基本内容①弘扬了时代主旋律，对于加强精神文明建设和凝聚民族力量发挥了重要作用。胡锦涛在党的十七大报告中指出"社会主义核心价值体系是社会主义意识形态的本质体现"，加强社会主义核心价值体系建设有利于全社会思想道德的进步，以社会主义核心价值体系来引领高职院校文化建设具有重要意义。除此之外，胡锦涛也改进和创新了思想政治教育的方法，如运用心理疏导、加强网络文化建设与管理等，这些方法的最大特点在于将"以人为本"思想贯穿于整个思想政治教育的始终。针对大学生思想政治教育工作，胡锦涛提出主抓大学生思想政治教育的主阵地、主课堂、主渠道，并在此过程中做到教育与自我教育相结合、教育与管理相结合、继承优良传统与创新相结合等，这在很大程度上丰富了大学生思想政治教育的内容，为解决高职院校大学生思想政治教育中存在的问题提供了理论指导与实践指南。

---

① 四个方面的基本内容为马克思主义指导思想、中国特色社会主义共同理想、以爱国主义为核心的民族精神和以改革创新为核心的时代精神、以"八荣八耻"为主要内容的社会主义荣辱观。

（六）西方学者的思想政治教育理论

"思想政治教育"这个词在西方社会生活中并不存在，与之相似的是"道德教育""公民教育""通识教育""社会政治化"等词汇，所以西方社会生活中的"思想政治教育理论"通常指的是指道德教育理论、社会政治化理论、公民教育理论等。因此西方学者的思想政治教育理论大多是以时间为划分标准，主要包括西方经典思想政治教育理论、当代西方思想政治教育理论。西方思想政治教育理论与马克思主义思想政治教育理论相比，不同之处主要体现在教育理念、教育方式、教育环境等方面，因此要以辩证的眼光和取长补短的心态去吸收和接纳有益于高职院校学生思想政治教育研究的思想理论。

1. 西方经典思想政治教育理论

较有代表性的经典思想政治教育理论有洛克、卢梭、康德以及赫尔巴特的道德教育理论。洛克的道德教育理论从他的"白板说"即可看出，他认为道德本身并不是与生俱来的，而是主要来源于人的社会生活实践，这一点和其他利益关系截然不同；法律和习俗上的约束是基于人的本质是趋利避害的，而且渴望成功、害怕失败。洛克认为人在年轻时普遍具有较高的可塑性和人格塑造能力，因此，可通过早期教育和引导着力构造属于青年人的道德体系。"德行比人情世故更难获得，青年人失掉了德行是很少能再恢复的"。在道德培养模式方面，洛克主张绅士的道德教育，其中包括说理与榜样法、自由与管理相结合法、奖惩结合法等方式，以促进后世教育理念发生转变，进而促进教育教学实践活动的高效展开。卢梭的道德教育理论主要体现在他的代表著作《爱弥儿》一书中，他认为良心是在"我们灵魂深处生来就有的一种正义和道德的原则"，因此他主张：顺应自然是道德教育的基本原则，注重情感是道德教育的基本方法，行为实践是道德教育的基本路径。卢梭认为应通过这种道德教育理念来塑造人类的博爱精神，让博爱思想融入到人们的社会生活之中。康德的道德教育理论是在他的教育思想著作《论教育学》中体现出来的，他认为道德发展是人的理性提升，指出"道德培养必须以准则而非规训为基础"。这也就是说准则是从人自身的知性中产生出来的，要受外在世界的影响。为此，康德提倡通过树立典范、示范让青少年在道德品格的教育和养成过程中树立正确道德价值观念。德国教育学家赫尔巴特的主要观点与之相同，提出"道德，普遍地被认为是人类的最高目标，因此也是教育的最高目标"，所有教育都必须建立在道德之上。赫尔巴特将道德教育与国家制度的建立紧密联系在一起，同时将德育视作服务某一阶级利益的工具，为此他提出了"管理、教育性教学和训育"的德育教育方法，并将爱作为管理的前提和基础，让学生在爱的管理和服务下获得教育过程中的情感体验。以上所列举的思想家、教育家及他们的思想政治教育理论，对后世社会促进德育教育教学领域发展以及创新型人才培养模式探索具有重要的指导作用。

2. 当代西方思想政治教育理论

世界格局正伴随着经济全球化的不断深入而加速变革，同时，西方社会思想也处于不断演变和深入发展当中，关于思想教育、德育教育的理论相继呈现出多元并存、纷繁复杂的景象。当代西方思想政治教育理论整体来看主要包括以下内容：一是杜威的道德教育理论。作为实用主义教育学的奠基人，他的主要道德教育著作《道德教育原理》，充分体现了其实用主义道德教育思想的主张，诸如"教育即生活""学校即社会"等，这些对其所在国家的德育教育的发展具有深远意义。杜威主张学校各学科教育教学要以德育为前提，将强化和培养学生的思想道德品质放在至关重要的位置，但需要注意的是不能仅仅将德育作为简单的知识讲授，而需要在注重培养和提升学生自觉养成良好品质的同时，在教育教学活动中着重突出感性教育。二是道德教育的人本主义学说。最早提出人本主义心理学的是美国著名社会心理学家马斯洛，并认为该理论是"理解和思考的新路线、人和社会的新形象、伦理和道德的新概念"。他主张自我实现才是培育和发展个体的道德教育的主要目标，所以马斯洛人本主义道德教育的核心要义主要体现在重视人的自我发展和健全人格的形成。此外，马斯洛指出在德育教学活动中应提倡将认知学习与情感、个人心智的健全发展相结合，同时应将理性教育与情感教育相结合，从而培养学生养成良好的思想道德品质和形成正确的价值观。可以看出，马斯洛的道德教育理论结合教育学、社会学等不同的方面，充分剖析了德育教育中存在的突出矛盾和壁垒，并针对性地提出决策和建议，进而为当代西方道德教育理论的充分发展增添了新的色彩。三是认知发展道德教育理论。作为认知发展理论的主要代表人物——瑞士著名心理学家皮亚杰，在其代表作《发生认识论原理》中提出了发生认识论，指出认知与道德之间存在的关系，即人在认知水平不断提高的过程中，其道德观念也有一个从自我中心到脱离自我中心的发展过程。同时他也指出道德教育自身是由道德主体自身的内在建构和外在灌输与引导两部分共同组成的，两者只有相互融通、共同作用才能达到德育教育的应有效果。四是公民教育及劳作学校理论。凯兴斯泰纳是德国现代教育家、思想家，他创造性地提出了公民教育理论和劳作学校理论,巧妙地将教育与集体的劳动实践活动、职业技术技能本领培养有机结合起来。凯兴斯凯纳主张只有民主的国家才有公民教育,一个国家公民的国家意识健全与否取决于这个国家的公民教育怎么样,一个国家只有国民自觉遵守法律和法规制度才能实现社会法制与文明的协调发展。凯兴斯凯纳认为合格公民的标志应当是公民具有公正、合法、劳作三种品德,其中,增强集体观念和提高自我道德修养的过程就是劳作的品德,可以通过组建劳动教育教学相关组织机构来提升人们的职业技能水平以及培养其集体荣誉感和无私奉献的精神品质。

除此之外,社会学习教育理论、政治社会化理论等也谈到了思想教育、道德教育等具体理论知识,和上述四种理论共同组成了当代西方思想政治教育理论体系架构,为道德教育、通识教育、公民教育的变革性发展提供了强有力的理论依据。

四、职业发展理论

(一)人力资本理论(human capital theory)

该理论最早起源于经济学研究,20 世纪 60 年代,美国经济学家舒尔茨和贝克尔创立人力资本理论。该理论认为资本分为物质资本与人力资本。物质资本指现有物质产品上的资本,包括厂房、机器、设备、原材料、土地、货币和其他有价证券等,而人力资本则是体现在人身上的资本,即对个体进行普通教育、职业培训等支出形成的价值在人身上的凝结,它表现为蕴含于人身上的各种生产知识、劳动技能、管理技能和健康素质的存量总和。该理论认为,职业发展是一个个体的投资决策,个体通过获取教育、技能和经验来提高自己的人力资本,从而获得更好的职业机会和报酬。人力资本理论强调个体的学习和发展,以及个体在职业发展中的自主性。

(二)社会认知理论(social cognitive theory)

该理论是在 20 世纪 70 年代末由美国心理学家班杜拉提出的教育理论,并在 20 世纪 90 年代得到迅猛发展。社会认知理论,是对人们怎样获得和应用知识,以及在此过程中人的一系列心理活动(如知觉、注意、记忆、学习、思维等)的研究。社会认知就是从社会心理学的角度探讨人们在认知过程中会受到哪些社会学方面因素的影响,以及这些因素怎样影响人们的认知过程。这一理论强调社会环境和认知因素对个体职业发展的影响。根据社会认知理论，个体通过观察他人的行为和结果，从中学习并建立自己的职业期望和目标。此外，个体对自己能力的自信心也会影响职业发展。

（三）发展阶段理论（developmental stage theory）

该理论是指关于儿童身心发展呈不连续的、跳跃的过程的理论，与发展连续论相对。以弗洛伊德为代表的精神分析理论和以皮亚杰为代表的认知发展理论是该理论的典型代表。该理论强调发展的阶段性或不连续性，认为发展变化要经历若干充满质的变化的跳跃性阶段，其中每个阶段都有其独有的特征，发展阶段是有顺序的。该理论认为，职业发展可以分为不同的阶段，每个阶段有不同的发展任务和关注点。其中最著名的理论是萨柏的职业生涯发展理论，包括成长期、探索期、确立期、维持期和衰退期。不同的阶段对个体的需求和价值观有不同的要求，个体需要适应不同的发展任务。

（四）职业锚理论（career anchor theory）

该理论是一种以个体为出发点的职业生涯选择理论。该理论认为，个体在职业发展中有一种基本的动机和价值观，被称为职业锚。职业锚，实际就是人们在选择和发展自己的职业时所围绕的中心，是指当一个人不得不做出选择的时候，他无论如何都不会放弃的职业中的那种至关重要的东西或价值观，是个体对自己职业生涯中最重要的需求和价值观的总结，是个体进行职业选择的依据，并为个体的全部职业生涯设定了发展方向，是影响个体才能发挥的决定性力量。根据职业锚理论，个体在选择职业和进行职业发展时，会优先考虑与自己职业锚相匹配的机会。

（五）社会资本理论（social capital theory）

该理论是指个体在一个组织结构中所处的位置的价值，强调社会关系对职业发展的影响。社会资本包括个体在社会网络中的关系、资源和信任。通过与他人建立良好的关系和互动，个体可以获得更多的机会和资源，进而促进职业发展。于群体而言，社会资本是指群体中使成员之间互相支持的那些行为和准则的积蓄。20世纪70年代以来，经济学、社会学、行为组织理论以及政治学等多个学科都不约而同地开始关注社会资本这个概念。

（六）职业生涯决策理论（career decision-making theory）

该理论关注个体在职业发展中所做的决策的过程。职业生涯决策理论研究个体根据各种条件，经过一系列活动以后，进行的目标决定，以及为实现目标而制定优选的个人行动方案。职业生涯决策理论认为，个体在职业发展中面临各种选择和决策，这些选择和决策受到内在因素（如价值观、兴趣和能力）和外在因素（如信息、机会）的影响。

（七）职业生涯边界理论（boundaryless career theory）

该理论质疑传统的"一份工作一辈子"的观念，认为现代职业生涯是无边界的。职业生涯边界理论强调职业的流动性、多样性和灵活性，并认为个体需要具备开放的心态和适应能力来应对不断变化的职业环境。

（八）职业发展自主性理论（career development autonomy theory）

该理论强调个体在职业发展中的自主性和主动性。个体被认为是职业发展的主导者和决策者，他们通过自我管理、自我规划和自我评估来实现职业目标。

第三章　新时代高职院校辅导员职业能力培养的必要性、价值意蕴及功能定位

辅导员作为大学生日常学习生活的管理者和思想政治教育者，其职业能力的高低直接影响着人才培养质量。加强高职院校辅导员职业能力培养，可以有效提升辅导员的职业素养和实际工作能力，提高大学生的综合素养，提升高职院校的整体教育水平。在高职院校辅导员职业能力培养过程中，首先要明确辅导员职业能力培养的必要性、价值意蕴和功能定位，这是明确培养目标、培养方法和解决辅导员自身发展问题的必要前提和基本要求。

第一节　高职院校辅导员职业能力培养的必要性

在新时代背景下，高职院校的学生群体呈现出多样化、个性化的特点，这对高职院校辅导员的职业能力提出了更高的要求。高职院校辅导员职业能力的培养，是加强大学生思想政治教育、推动高职教育改革和发展、促进大学生健康成长与全面发展、推进高职院校辅导员专业化培养、促进辅导员自身发展的需要。加强辅导员职业能力培养，是新时代高职院校人才培养工作中不可或缺的重要组成部分。

一、加强大学生思想政治教育的需要

高校思想政治工作关系到高校培养什么样的人、如何培养人以及为谁培养人这个根本问题，要坚持把思想政治工作贯穿教育教学全过程，实现全员育人、全方位育人，努力开创我国高等教育事业发展新局面。新时代的高职院校辅导员肩负着培养社会主义建设者和接班人的重任，他们的职业能力培养不仅关乎学生个体的发展，更是关系到国家的未来和社会的发展稳定。在此背景

下，高职院校辅导员的职业能力培养具有重要的功能定位，其中之一便是加强大学生的思想政治教育。随着全球化和信息化的快速发展，大学生思想政治教育的重要性日益凸显。我国高等职业教育迅速发展，大学生群体规模逐渐扩大。随着社会变革和信息技术的发展，大学生面临着前所未有的多元价值观念和思想困惑的挑战。大学生作为未来社会发展的中坚力量，其思想观念、价值观念和道德观念直接影响国家的繁荣发展。因此，强化高职院校辅导员思想政治素质刻不容缓。

（一）提升辅导员政治素养和理论水平的需要

辅导员是大学生思想政治教育工作的直接承担者，是学生思想政治教育工作的核心力量，其职业能力水平的高低直接影响思想政治教育的效果。辅导员要熟练掌握和运用马克思主义基本原理，结合中国特色社会主义理论体系、特别是习近平新时代中国特色社会主义思想，对学生进行思想政治教育。这是辅导员职业能力培养的首要功能定位。

（二）提高思想政治教育的针对性和实效性的需要

加强大学生思想政治教育，可以引导学生树立正确的世界观、人生观、价值观，树立正确的社会责任感和家国情怀，培养积极向上、勇于担当的精神风貌。具备较强职业能力的辅导员能够更好地了解学生的思想动态和心理需求，更好地把握思想政治教育的重点和难点，做到因材施教，采取更有效的方法和策略，提高思想政治教育的针对性和实效性。

（三）引导大学生树立正确价值观的需要

大学生作为未来社会的栋梁之材，应当确立正确的世界观、人生观、价值观。大学时期是世界观、人生观、价值观形成的关键时期。辅导员承担着对大学生进行教育引导的重要责任，对于大学生的价值观教育起着至关重要的作用。加强辅导员队伍建设，能够提升辅导员思想政治教育能力，能够使其更好地理解和掌握学生的思想动态和心理需求。辅导员通过有效的沟通和引导，可以帮助大学生树立正确的价值观念和道德观念，养成勤俭节约、诚实守信、积极进取等品质，激发他们为社会发展和人民利益贡献力量的意识，增强他们的社会责任感和创新能力。

(四)提升大学生综合素质和增强其社会责任感的需要

大学生思想政治教育不仅仅是知识的传授，更重要的是提升大学生的综合素质和增强其社会责任感。大学生要了解党的方针政策、国家发展战略和国际形势，具备系统的政治理论素养。通过思想政治教育，可以加强党的思想路线教育，培养大学生对中国特色社会主义理论体系的理解和信仰，提高他们的政治素质和政治能力。具备较强职业能力的辅导员能够通过有效的教育方法和手段，培养大学生的独立思考能力、创新能力和社会责任感，促进大学生的全面发展。当前，我国正处在转变经济发展方式、鼓励创新创业的阶段，大学生思想政治教育应加强对创新精神和创业意识的培养，激发他们的创新思维和创业潜能，引导他们勇于创新、追求创造，为国家经济发展做出贡献。

综上所述，高职院校辅导员职业能力的培养是加强大学生思想政治教育、提高思想政治教育效果、提升大学生综合素质和增强其社会责任感的需要。因此，要高度重视对高职院校辅导员职业能力的培养，为提升大学生思想政治教育水平提供有力保障。

二、推动高职教育改革发展的需要

在新时代背景下，随着我国经济和社会的快速发展，高职教育在培养技术技能型人才和满足社会需求方面发挥着重要作用。高职教育改革和发展对高职院校辅导员的职业能力提出了更高、更专业的要求。辅导员作为高职院校教育教学的重要参与者，其职业能力的提升不仅影响着大学生的全面发展，也是高职院校教育质量和人才培养质量的重要保障。

(一)高职教育实现现代化的要求

高职院校教育的现代化要求辅导员必须具备全新的教育理念和教育方法，具备更高的综合素质和专业能力。随着教育理念的不断更新、科技的快速发展和教育信息化的推进，辅导员不仅仅局限于学生管理者和心理咨询师等传统角色，还需承担起更多元化的角色。如何将创新精神、实践能力的培养有机地融合到日常管理中，如何利用网络平台和新媒体工具提高工作效率和服务质量，这些问题要求辅导员不断更新知识结构，了解高等职业教育发展规律，掌握现代教育技术，通过创新教育方式，激发大学生的学习兴趣，提高大学生的学习能力和实践能力。

(二)高职教育改革发展的内在要求

在新时代背景下，高职教育迎来了高科技发展与经济全球化的双重推动，面临着新机遇与新挑战，但部分高职院校不能适应新时代发展要求，仍存在思想观念相对滞后、依法治校体制不够完善、产教融合机制不够灵活、教育模式单一、教师实践经验不足、教学改革难以实施等问题。为了更好地服务区域经济发展、提高人才培育质量，高职院校必须扎实推进自身改革。高职院校要积极更新发展理念，理清发展思路，健全完善内部治理体系，构建校企合作、产教融合机制，推进人才培养模式改革，积极开展订单式培养，大力推行"双证书"制度，加强"双师型"教师队伍建设，加快高技能型紧缺人才培养。而高职院校辅导员队伍的建设是职业教育改革发展的重要组成部分，辅导员的专业能力和职业素养直接影响高职院校的教育教学质量。通过加强辅导员能力培养，提升其职业能力和专业素养，可以推动职业教育改革向更深层次、更广领域发展，提升职业教育的整体水平和质量。

(三)高职教育提高人才培养适应性的需求

在新时代背景下，高职教育为社会主义现代化建设培养了一大批高素质技术技能型人才。随着改革开放的不断深化，部分高职院校人才培育质量不能满足经济社会发展需求。社会对工程师、技工、护理人员等掌握实际操作技能和应用能力强的人才，具备创新思维、创业能力和创新精神的人才，人工智能、云计算、区块链、物联网等新兴领域的跨学科人才，具备多学科知识的综合型人才，以及具备国际化视野和跨文化交流能力的人才的需求量越来越大，对技术技能水平的要求越来越高。高职教育应该适应社会发展对人才需求，探索符合时代要求的教育理念、教学模式和管理体制，要优化专业设置、更新课程体系和丰富教学方法，推动信息化和智能化发展，加快推进国际化办学，从而为学生提供更好的学习体验和教育资源，培养具备相关专业知识和技能，并具备创新能力、创新精神以及国际视野和跨文化交流能力的高素质人才，增强服务经济发展能力。辅导员作为学生思想政治教育和日常事务管理工作的关键角色，是学生成长的重要指导者和引路人，需要不断提升自己的职业能力，以更好地教育引导学生成长，满足社会对人才的需求。

综上所述，高职院校辅导员职业能力的培养是推动高职教育改革发展的需要，是培养德智体美劳全面发展的技术技能型人才的重要途径，是适应社会发展对人才需求的必然选择。高职院校辅导员应积极促进高职教育的改革与创新，提升教育质量和发展水平，为经济社会的高质量发展提供人才和智力支持。

三、促进大学生健康成长与全面发展的需要

在当今社会，大学生面临着各种各样的挑战和压力，这些挑战和压力来自学业、就业、人际关系以及个人发展等多个方面。这些因素共同作用，使得他们的身心健康和全面发展面临着一系列亟待解决的问题。学业压力是大学生普遍面临的一个重要问题，课程难度的增加、频繁的考试以及对成绩的高要求，使得大学生常常感到焦虑和疲惫；就业压力也是大学生不得不面对的一大挑战，随着社会竞争的加剧和就业形势的严峻，许多大学生在毕业前就感受到了巨大的就业压力；人际关系的压力也不容忽视，大学生在校园中不仅要处理好与同学之间的关系，还要面对师生关系、家庭关系等多方面的挑战，这些复杂的人际关系有时会给他们带来心理上的困扰和压力。因此，促进高职院校辅导员职业能力的培养不仅是提高教育质量和加强大学生思想政治教育的需要，更是促进大学生健康成长与全面发展的需要。

(一)引导大学生健康成长的需要

大学生面临着诸多压力和挑战，需要得到心理的支持与指导。学校可以建立健全心理咨询服务体系，提供心理咨询、心理教育和心理辅导等服务，有针对性地采取恰当的方式和方法给予大学生指导，及时解决他们的心理问题，消除心理健康障碍。辅导员作为大学生思想政治教育的主要力量，对于大学生的健康成长起到重要的引导作用。通过职业能力的培养，辅导员能够帮助大学生增强身心健康意识，提高应对压力和困难的能力。同时，在大学生群体中推广健康的生活方式，可以引导他们养成良好的作息习惯、饮食习惯和运动习惯，促进大学生的健康成长。

(二)提升大学生综合素质的需要

具备较高职业能力的辅导员不仅要关注学生的专业知识学习，更要注重培养大学生的综合素质，包括思想道德素质、文化素质、社会责任感等方面。一是要提升学生的学术素质。辅导员需要培养大学生学习学科专业知识的能力，提供高质量的学习环境和资源，激发大学生的学习兴趣并培养其独立探究的能

力,鼓励大学生参与学术研究、科研竞赛等活动,提高大学生的学术水平。二是要增强大学生的社会责任感。辅导员需要培养大学生的社会责任感和公民意识,引导大学生关注社会问题、关心他人和集体,积极参与公益活动和志愿服务,培养大学生的社会参与能力和社会责任感。三是要提升大学生的创新创业能力。辅导员要为大学生提供创新创业教育和资源支持,鼓励大学生参与创新创业项目和实践活动,提供创业孵化平台和资源,培养大学生的创造力和实践能力。四是要提高大学生的团队合作能力。辅导员要培养大学生的团队合作精神和协作能力,通过团队项目、合作学习等方式,锻炼大学生的跨学科合作和团队领导能力,促进其团队协作与沟通的能力培养,培养大学生与他人合作的能力。五是要增强大学生的跨文化交流能力。辅导员要为大学生提供跨文化交流平台和机会,培养大学生的国际化视野,鼓励大学生参与交流项目、出国交流等活动,培养大学生的国际交流与合作能力。通过有效的引导和教育,辅导员可以帮助学生发掘自身的潜力和特长,培养他们的各项能力和批判性思维,为他们的全面发展奠定基础。

(三)提升大学生社会适应能力的需要

大学生在成长过程中面临着各种挑战和困难,具备较强职业能力的辅导员可以帮助大学生更好地适应社会的发展和变化,提高他们的社会适应能力。一是要鼓励大学生积极参与社会实践,如实习、志愿服务、社会实践项目等。这样的实践活动能够让大学生接触现实社会,了解社会运行规律和职业要求,培养其实际操作能力和在不同环境下适应的能力。二是要鼓励大学生积极参与社交活动,通过加入社团组织、参加学术讲座等形式,培养大学生的人际交往技能和合作精神,增强其与他人建立良好关系的能力。三是要引导大学生学会管理自己的情绪,包括自我认知、情绪调节和良好的压力管理。四是要引导大学生进行职业规划,帮助其了解自己的兴趣、优势和目标,制定合理的职业规划,为其提供职业发展指导和资源支持,帮助其了解就业市场和职业发展趋势,提升其在职场中的适应能力。同时应推进职业规划教育,帮助大学生了解自己的兴趣和优势,明确职业目标,制定个人发展方案,为其提供就业指导和创业支持,帮助大学生顺利实现毕业就业或自主创业,增加他们的就业竞争力和成功机会。五是要增强大学生的自信心和自我调节能力,培养他们的团队合作和沟通能力,使他们在未来的职业生涯中更加顺利地发展。

（四）促进大学生的全面发展

教育的根本目的是促进人的全面发展，而辅导员作为大学生成长过程中的重要指导者，对于促进大学生的全面发展起到至关重要的作用。具备较强职业能力的辅导员能够更加深入地理解和关注学生的个性化需求，从而提供更加精准和个性化的指导与帮助。通过这种方式，辅导员可以帮助大学生在知识、能力、素质等多个方面实现全面发展，使他们在学术、职业以及个人成长等方面都能够取得显著的进步。这样的教育不仅关注大学生的学业成绩，更注重培养他们的综合素质，使他们在未来的职业生涯和社会生活中能够更好地适应和获得成功。此外，辅导员还能通过组织丰富多彩的校园活动和社会实践项目，为大学生搭建起理论与实践相结合的桥梁，注重引导大学生将所学知识应用于解决实际问题，使他们在实践中深化对知识的理解，在挑战中获得锻炼，增强大学生的团队协作能力、沟通能力和创新思维，激发他们对社会问题的关注与思考，培养他们的社会责任感和公民意识。辅导员在引导学生参与这些活动的过程中，通过全方位、多角度的指导和支持，为大学生的全面发展提供了坚实的保障，使他们能够在大学这一重要的人生阶段，不仅获得扎实的专业知识，还能在品德、能力、心理健康和社会责任感等方面得到全面提升，为未来的职业生涯和人生道路奠定坚实的基础。

综上所述，强化高职院校辅导员职业能力的培养是促进大学生健康成长与全面发展的需要，是提升大学生综合素质和社会适应能力的需要。只有不断提高辅导员的职业能力和专业素养，才能更好地满足大学生的成长需求，帮助他们健康成长、全面发展，为培养高素质的技术技能型人才做出积极贡献。

四、推进高职院校辅导员专业化培养的需要

辅导员作为大学生思想政治教育、心理健康教育与服务、日常事务管理等多重角色的承担者，是高职教育中的重要一环，其专业化培养显得尤为重要。然而，现实中辅导员的工作面临着一些挑战和问题，亟须提升辅导员的专业能力。强化高职院校辅导员职业能力的培养是推进高职院校辅导员专业化培养的需要，这主要体现在以下几个方面。

（一）提高辅导员的专业水平

辅导员需要具备丰富的专业知识和技能，职业能力的培养可以帮助辅导员

提高思想政治理论、教育心理学、职业生涯规划等方面的知识和技能水平，使他们能够更好地为大学生提供准确的学业指导和职业规划服务。因此，要加强对辅导员的培训，提高他们的专业素养和教育辅导能力，具体可以从四个方面进行：一是为辅导员提供专业培训课程和学术交流机会，让他们学习最新的理论知识和实践经验，这可以通过组织内部的专业培训实现，也可以通过邀请外部专家举办讲座实现。二是为辅导员提供定期的专业指导和辅导，帮助他们解决在实践中遇到的问题，提供专业意见和建议，这可以通过定期集体讨论、个别辅导和反馈等方式进行。三是鼓励辅导员积极参与专业发展相关项目和学术研究，支持他们进行研究项目、发表论文和参与学术会议等，可以为其提供相应的资源和奖励制度，激励他们在专业领域取得突出成果。四是建立辅导员之间的经验和资源共享机制，促进经验交流和互助，这可以通过举办经验分享会、建立专业导师制度、开设交流平台等方式实现。为辅导员提供职业发展的支持和指导，包括个人发展规划、晋升机制、职业导向等，可以帮助他们在专业领域内实现个人的长远发展和成长。

（二）增强辅导员的职业认同感

职业能力的培养不仅可以提高辅导员的专业水平，还可以增强他们对自身职业的认同感。通过深入了解辅导员职业的特点和要求，辅导员可以更好地认识自己的职业责任和使命，增强职业荣誉感和归属感，从而更积极地投入工作中去。可以从以下三个方面提升辅导员的职业认同感：一是明确辅导员的职责和角色，使其能更好地理解自己在学校中的定位和价值，从而增加对自身职业的认同感，这可以通过相关政策和指导文件的制定来实现，确保辅导员的工作职能得到明确界定。二是强调辅导员个人成就与价值贡献，及时、公正地评价和肯定辅导员的个人成就与价值贡献，让他们感受到自己在专业化培养中的重要性与价值，通过荣誉奖励、表彰制度等措施，鼓励和激励辅导员积极投入专业化培养中，增强他们对职业的认同感。三是促进辅导员与大学生、专业教师和家长进行沟通和交流，要强化辅导员的沟通技巧和人际关系管理能力，使其能够与不同群体的人进行有效的沟通和协商，在帮助解决学生的问题和困难过程中实现自身价值。四是促进辅导员队伍的稳定和发展，具备较高职业能力的辅导员对于自己的职业前景更有信心，更愿意长期从事辅导员工作。同时，通过不断学习和实践，辅导员可以拓展自己的职业发展空间，提高职业竞争力，进一步促进辅导员队伍的稳定和发展。

(三)推动高职院校辅导员队伍专业化建设

职业能力的培养是推动高职院校辅导员队伍专业化建设的重要途径。具体可以从以下四个方面进行:一是建立专业标准和职业要求,制定与高职院校辅导员职责和专业发展相关的专业标准和职业要求。这些标准和要求应涵盖辅导员专业知识、技能、职业道德等方面,以确保辅导员具备必要的专业素养和能力。二是建立评估与激励机制,对辅导员的专业发展和教学表现进行评估和奖励。这能够激发辅导员的积极性,进一步提高其专业水平和工作质量。三是建立专业交流平台与网络,建立辅导员的专业交流平台和网络,促进辅导员之间的交流和合作。可以建立在线论坛、微信群等平台,提供信息交流和资源分享的渠道,加强辅导员队伍的联系和互动。总的来说,可以通过制定专业化培养的评价标准和提供指导意见,确保辅导员的专业能力得到合理评价和提升。

综上所述,促进高职院校辅导员职业能力的培养是推进高职院校辅导员专业化培养的需要。通过加强职业能力的培养,可以提升辅导员的专业水平、增强其职业认同感、促进队伍的稳定和发展,为建立一支高素质、专业化、稳定的辅导员队伍提供有力保障。推进高职院校辅导员专业化培养是提高辅导工作质量、促进学生全面发展的关键,高职院校应重视辅导员队伍建设,提升其专业素养和能力水平,从而为大学生的成长与发展提供有力的支持。

五、促进辅导员自身发展的需要

高职院校辅导员的职业能力培养不仅关系到辅导员个人的发展,也关系到高职院校的人才培养质量和学校的整体发展。提升辅导员的个人素质和职业能力不仅是提高工作效率和人才培育质量的需要,也是促进辅导员自身发展的需要。

(一)提高职业竞争力的需要

辅导员职业能力的培养是增强其在职场上竞争力的关键。在教育领域不断发展的今天,辅导员不仅需要具备扎实的专业知识,还应掌握多元化的技能,包括但不限于心理辅导、危机干预、职业指导等。这些能力的提升有助于辅导员在面对复杂多变的学生问题时能够更加从容不迫,有效地进行应对和处理。同时,辅导员还需要具备良好的沟通能力和团队协作精神,以便更好地与大学生、教师、家长以及校内外其他相关部门进行有效沟通和协作,共同促进大学生的全面发展。通过不断学习和实践，辅导员在工作中能够更好地应对各种挑战和困难，提升解决实际问题的能力，从而更有效地引导大学生树立正确的世界观、人生观和价值观，提高思想政治教育效果，全面提升职业竞争力，进而在职业道路上取得更大的成就和满足感。

(二)增强职业自信心的需要

辅导员职业能力的培养对于增强其职业自信心具有至关重要的作用。具备较高职业能力的辅导员对于自己的职业能力和价值有更深刻的认识，对于自己的职业前景更有信心。他们能够更好地应对职业挑战和变化，更积极地投入到工作中去，进一步增强职业自信心。具体来说，辅导员在专业技能方面的提升，包括对教育理论的深入理解和掌握，以及对相关法律法规的熟悉，这些使他们在处理学生事务时能够更加游刃有余。沟通协调能力的增强，使得辅导员能够更好地与大学生、家长、同事以及其他相关部门进行有效沟通，协调各方资源，解决实际问题。心理辅导能力的提升，则有助于辅导员更好地理解大学生的需求，为大学生提供个性化的指导和支持，帮助大学生克服心理障碍。系统地提升辅导员在专业技能、沟通协调、心理辅导等方面的能力，不仅可以使他们在工作中更加得心应手，更有效地指导大学生，帮助大学生解决学习和生活中的问题，在大学生心中树立良好的形象和威信，还能显著提升他们的自信心和职业认同感。

(三)促进个人成长和发展的需要

加强辅导员队伍建设，不仅是提高人才培养质量的需要，更是促进辅导员个人成长和发展的需要。一是提升专业素养。职业能力的培养有助于辅导员深化专业知识，掌握学生管理、心理辅导、思想政治教育等方面的技能。通过不断学习和实践，辅导员能够提高自身的教育教学能力和科研水平，为学生提供更优质的指导和服务。二是拓展发展空间。业务能力的提升为辅导员提供了更多的晋升机会和职业发展路径，如向行政管理岗位转型或成为专业的心理咨询师等。具备较高职业能力的辅导员在高校中更具竞争力，能够获得更多的资源和支持，实现个人职业目标。三是适应新时代要求。随着教育改革的深入和社会的发展，辅导员需要具备更高的综合素质和更强的创新能力来应对新的挑战。职业能力的培养使辅导员能够更好地理解和把握学生的需求，采用更有效的教育方法和手段，提高工作的针对性和实效性。

（四）实现自我价值和社会价值的统一

辅导员作为学生思想政治教育工作的承担者，既需要实现自我价值，也需要实现社会价值。一是促进自我价值实现。辅导员通过参加专业培训、学术交流等活动，不断提升自身的思想政治素养、心理学知识水平、职业规划能力等，促进个人职业成长与技能提升。同时，辅导员工作涉及学生思想教育、学业指导、生活关怀等多个方面，在实际工作中能够深刻感受到自己对学生成长成才的重要影响，从而获得职业认同感。二是促进社会价值实现。辅导员作为高校人才培养体系中的重要一环，通过思想政治教育、职业规划指导等，可以帮助学生树立正确的世界观、人生观、价值观，为国家和社会培养德智体美劳全面发展的社会主义建设者和接班人。辅导员通过关注学生的思想动态、心理健康等方面，及时发现并解决潜在的矛盾和问题，有助于维护校园的稳定与和谐。三是实现自我价值与社会价值的相互促进。辅导员在提升自我价值的过程中，能够更好地履行社会责任，实现社会价值；同时，在履行社会责任的过程中，也能够不断锻炼自己、提升自己，实现自我价值。两者相辅相成，相互促进，共同推动辅导员队伍建设的不断发展。

综上所述，促进高职院校辅导员职业能力的培养是辅导员自身发展的需要。通过加强职业能力的培养，辅导员可以提高职业竞争力、增强职业自信心、促进个人成长和发展，实现自我价值和社会价值的统一。这对于辅导员的职业生涯和个人成长都具有重要的意义。

第二节　高职院校辅导员职业能力培养的价值意蕴

辅导员在高职教育中扮演着至关重要的角色，他们不仅是大学生日常生活的引导者，更是大学生全面发展的关键推动力量。辅导员的职业能力培养尤为重要，它直接关系到大学生综合素质的提升和高职教育质量的提高。通过系统的培训和实践锻炼，辅导员能够更好地理解大学生的需求，提供更为精准和专业的指导，进而促进大学生在知识、技能和情感等多方面的全面发展。因此，加强辅导员职业能力的培养，不仅能够提升大学生的整体素质，还能推动高职教育质量的全面提升，具有深远的价值意蕴。

一、加强大学生思想政治教育的有力抓手

习近平总书记强调，高校思想政治工作关系高校培养什么样的人、如何培养人以及为谁培养人这个根本问题。大学生思想政治工作是当代高等教育工作的重中之重。在新时代背景下，高职院校辅导员职业能力的培养不仅对辅导员个人职业成长具有重要意义，而且对加强和优化大学生的思想政治教育起着至关重要的作用。辅导员作为大学生日常思想政治教育的重要引导者和实施者，其职业能力的提升直接关系到思想政治教育的质量和效果。

第一，有利于增强思想政治教育的实效性。辅导员作为大学生思想政治教育的关键力量，通过系统的职业能力培养，能够深入了解大学生的思想动态和心理需求。这不仅包括对大学生日常行为的观察，还包括对大学生在学习、生活、情感等各个方面的全面了解。通过这种方式，辅导员能够采取更有针对性和实效性的方法和策略，开展思想政治教育工作，从而显著提高思想政治教育的实际效果。换句话说，高职院校的辅导员可以通过提供个性化的个案辅导、心理支持和职业指导等服务，帮助大学生解决学业和生活中的各种问题，调适心理状态，明确职业发展的目标和方向。通过职业能力培养，辅导员能够更加专业和有效地开展工作，推动大学生的全面发展，激发学生的内在潜能，增强学生的自我认知和自我管理能力，从而为大学生的未来成长奠定坚实的基础。此外，辅导员还应积极参与各种培训和研讨活动，不断提升自身的理论素养和实践技能，以适应不断变化的教育环境和大学生需求。只有这样，辅导员才能在思想政治教育中发挥更大的作用，为大学生的成长成才提供有力的支持和保障。

第二，有利于增强思想政治教育的针对性。辅导员通过不断地提升自己的职业素养和专业技能，能够更加敏锐地察觉到大学生的个性化需求和差异性。他们可以根据大学生的专业背景、兴趣爱好、心理特点以及个人经历等多方面因素，精心设计出更具吸引力和说服力的思想政治教育方案。这样的方案不仅能够引起大学生的兴趣，还能提高他们的接受度和参与度，确保思想政治教育能够深入人心，取得实际效果。同时，辅导员在这一过程中，可以有意识地培养大学生的独立思考能力和解决问题的能力。通过引导大学生进行深入的思考和讨论，辅导员可以帮助他们树立正确的世界观、人生观和价值观。这样不仅能够增强大学生对各种错误思潮和腐朽思想的抵御能力，还能使他们在面对复杂的社会现象时，能够保持清醒的头脑，做出明智的选择。通过这种方式，辅

导员不仅能在思想政治教育方面取得成效，还能在培养学生的综合素质和能力方面发挥重要作用。辅导员可以通过不断地学习和实践，提高自己的沟通能力和人际交往能力。这样，他们能够更好地与大学生进行有效的沟通，了解大学生的真实想法和需求，从而更有针对性地进行思想政治教育。此外，辅导员还可以通过组织各种形式的活动，如讲座、研讨会、社会实践等，让大学生在实践中学习和成长，增强他们的社会责任感和使命感。通过这些活动，辅导员不仅能够帮助大学生更好地理解和掌握思想政治教育的内容，还能够培养他们的团队合作精神和领导能力。总之，通过不断地学习和实践，辅导员可以更好地满足大学生的个性化需求，设计出更具吸引力和说服力的教育方案，从而提高思想政治教育的实际效果，培养大学生的综合素质和能力。

第三，有利于优化思想政治教育的方式和方法。在新时代背景下，辅导员职业能力的提升对于优化思想政治教育的方式和方法具有显著的促进作用。随着时代的发展，传统的填鸭式教育方式已经逐渐无法满足大学生日益增加的个性化和多样化学习需求。通过加强辅导员职业能力的培养，高职院校可以更多地采用启发式和互动式的教学方法，引导大学生主动学习、自主思考，从而显著提高思想政治教育的有效性。这样，就能培养出更多德智体美劳全面发展的社会主义建设者和接班人，使其为实现中华民族伟大复兴的中国梦贡献出自己的力量。在这个过程中，辅导员需要充分利用现代科技手段，如人工智能、大数据等，来创新思想政治教育的方式和方法。这些技术的应用可以极大地丰富教育手段，提高教育的趣味性和互动性，从而更好地吸引大学生的注意力和兴趣。同时，通过组织各种形式的志愿服务和文化交流活动，辅导员可以让青年大学生更好地了解国情和民情，增强他们对国家和民族的认同感和归属感。这些活动不仅能够拓宽大学生的视野，还能够培养他们的社会责任感和奉献精神。此外，通过开发智能化的教育平台，高职院校可以为青年大学生提供更加个性化、精准化的学习资源和服务。这样的平台能够根据每个大学生的学习特点和需求，提供量身定制的学习方案，从而增强教育的吸引力和感染力。智能化平台还可以实时跟踪大学生的学习进度和效果，及时调整教学策略，确保每个大学生都能在学习过程中获得最佳的支持和指导。

二、加强辅导员队伍建设的有效途径

辅导员队伍是高职教育的重要组成部分，其培养和发展对于提升人才培养和教育质量至关重要。职业能力的培养可以帮助辅导员提升思想政治理论水平，强化教育心理学、职业生涯规划等方面的专业知识和技能，提高辅导员队伍的整体素质。通过不断地学习和实践，辅导员可以更好地掌握大学生的思想动态和心理需求，从而更好地为大学生提供帮助和指导。

第一，有利于增强辅导员队伍的自信心和归属感。职业能力的培养不仅可以提高辅导员的专业水平，还可以增强他们对自身职业的认同感。为此，可从以下三个方面实现：一是提供成长机会与培训。高职院校应为辅导员提供专业发展的机会和培训资源，帮助他们不断提升自身能力和水平。例如，组织专业培训、学术会议、研讨会等活动，支持辅导员参与研究项目和教学改革，让他们持续成长并实现个人目标。二是加大激励力度。高职院校应对辅导员的工作成果和专业贡献予以充分肯定和奖励，让他们得到应有的回报。可以建立奖励机制，定期表彰优秀辅导员，提高辅导员的自信心和自豪感，增强他们对组织的归属感。三是激发辅导员的热情与动力。高职院校通过鼓励和支持辅导员参与教育活动、学生活动、社会服务等，可以激发其热情和动力。这样能够提高辅导员的工作满意度和归属感，让他们对自己的工作充满自信和热情。

第二，有助于构建高质量的辅导员队伍。具备较高职业能力的辅导员对于自己的职业前景更有信心，更愿意长期从事辅导员工作。同时，通过不断地学习和实践，辅导员可以拓展自己的职业发展空间，提高职业竞争力，进一步促进辅导员队伍的稳定和发展。为此，可从以下几个方面实现：一是提供良好的职业发展机会。高职院校应为辅导员提供良好的晋升通道和职业发展机会，建立完善的晋升制度和职业发展规划，让辅导员有机会逐步晋升，同时为其提供专业发展的机会和平台，激发其发展和成长的动力。二是提供专业发展所需的资源和支持。高职院校应鼓励辅导员参与学术研究、教学改革等活动，提供资金和时间支持，帮助他们不断提升专业水平和个人能力，增加发展的机会。三是建立辅导员培养体系。高职院校应培养和选拔优秀人才充实到辅导员队伍中，建立完善的辅导员培养体系；设立专业发展计划，帮助他们逐步成长为合格的辅导员。此外，辅导员之间的交流与合作对于提升整个团队的能力和水平至关重要。高职院校可以搭建平台以促进辅导员之间的沟通与合作，组织辅导员定期开展经验交流、研讨会和工作坊等活动，提升辅导员的实际工作能力。辅导员还可以与其他学校、机构的辅导员进行合作与交流，分享经验和资源，促进共同进步。

第三，有利于形成学校的教育品牌。在教育过程中，辅导员的角色是至关重要的。他们不仅是连接学校与学生的桥梁，更是学校教育品牌的重要组成部分。辅导员的职业能力和职业素养在很大程度上直接影响学校的教育质量和声誉。因此，高职院校应加强对辅导员职业能力的培养，这对于提升学校的整体教育品质具有重要意义。一是通过系统地培养辅导员的职业能力，能够更好地满足学生的需求，提高教育服务的水平。辅导员在日常工作中，需要具备良好的沟通技巧、心理辅导能力以及危机处理能力等，这些能力的提升有助于使他们在面对各种教育问题时，能够更加从容，从而为学生提供更加优质的服务。二是辅导员职业能力的培养能够增强大学生、家长以及社会对于学校的认可。当辅导员能够有效地解决大学生在学习和生活中遇到的问题时，大学生的学习效果和幸福感会得到提升，家长也会更加放心地将孩子交给学校。同时，社会对学校的评价也会提高，这有助于形成学校的教育品牌。三是能够推动辅导员队伍专业化建设。通过加强职业能力的培养，高职院校可以建立一支高素质、专业化、稳定的辅导员队伍，从而更好地为大学生提供优质的思想政治教育服务。总之，辅导员职业能力的培养不仅能够提升学校的教育品质，还能够增强大学生、家长以及社会对学校的认可，推动辅导员队伍专业化建设。

三、培养高素质技能人才的有力举措

在新时代背景下，高职院校作为高等教育的重要组成部分，肩负着培养高素质技术技能型人才的使命。辅导员作为高职院校的重要教职工成员，其职业能力的培养直接影响人才培养的质量和效果。具备较高职业能力的辅导员能够更好地理解和掌握学生的思想动态和心理需求，通过有效的思想政治教育，引导学生树立正确的价值观和职业观，增强社会责任感和创新能力。

第一，有助于帮助大学生树立正确的价值观念。在高职阶段，大学生群体正处于形成其世界观、人生观和价值观的关键时期，而辅导员作为大学生的人生导师和思想引路人，必须具备高水平的思想政治教育能力。通过系统的职业能力培养，辅导员能够更加深入地理解和把握新时代的教育方针，从而有效地进行思想政治教育工作。例如，通过专业知识的培养，辅导员可以不断更新自己的理论知识储备，了解最新的教育理念和政策动态，从而在实际工作中能够准确地传达和解释这些内容。通过教育方法的培养，辅导员可以掌握多样化的教学手段，如案例分析、小组讨论、角色扮演等，从而激发大学生的兴趣和提升其参与度，增强思想政治教育的实效性。通过心理辅导技巧的培养，辅导员可以具备基本的心理学知识和沟通技巧，从而能够及时发现大学生的心理问题，并给予适当的指导和帮助。通过系统的职业能力培养，辅导员能够帮助大

学生树立正确的世界观、人生观和价值观，为培养高素质技能人才打下坚实的思想基础。

第二，有利于促进大学生养成健康的心理状态。加强辅导员职业能力的培养对于提升其在学生管理和心理辅导方面的能力具有重要意义。高职院校的大学生群体来自五湖四海，背景各异，他们在学习和生活过程中可能会遇到各种各样的问题和挑战。辅导员作为大学生日常生活的引导者和心理健康的守护者，必须具备高效的学生管理能力和心理辅导能力，以便能够及时发现并帮助大学生解决这些问题，促进他们的全面发展和健康成长。通过系统的职业能力培养，辅导员可以更加深入地理解大学生的需求和心理状态，从而提供更加个性化、有针对性的指导和帮助。这样不仅能够帮助大学生更好地适应校园生活，提高他们的整体素质和技能水平，还能为大学生未来的职业发展打下坚实的基础。

第三，有利于增强大学生的社会责任感。通过系统的职业能力培养，辅导员能够更加高效地引导大学生积极参与各类社会实践活动。这些活动不仅使大学生有机会亲身感受社会的多样性和复杂性，还能在实践中学习到如何承担社会责任。例如，辅导员可以组织大学生参与各种志愿服务和社区服务活动，这些活动不仅能让大学生深入了解社会的实际需求，还能在服务过程中培养团队合作精神和社会责任感。同时，辅导员在日常的教学和辅导工作中，可以运用案例分析、角色扮演等多种互动式教学方法，激发大学生对社会问题的关注和思考。通过这些方法，大学生能够更加深入地理解社会现象，思考如何在自己的专业领域内为社会做出积极的贡献。辅导员的这种职业能力的培养，不仅能够增强大学生的社会责任感，还能激发他们的使命感，使他们意识到自己作为社会成员的责任和义务。

第四，有利于提升大学生的就业竞争力。优秀的辅导员通过提供就业指导和推荐服务，能够帮助大学生明确职业目标，增强其职场竞争力。辅导员通过参加就业或职业发展中心工作，能够为大学生提供职业规划、简历、面试培训和就业服务，帮助大学生确立职业目标。学校还应开设实践课程和提供实习机会，让大学生有机会接触真实的工作环境，从而进一步增强他们的就业竞争力。通过实际操作和工作经验的积累，大学生能够更好地了解行业现状和工作要求，为将来的职业生涯打下坚实的基础。辅导员应鼓励大学生积极参与创新创业活动，这些活动不仅能够培养大学生的创新思维，还能增强他们的团队合作能力。具备创新精神和团队协作能力的大学生在未来的职业道路上将更具竞争力。因此，辅导员应当为大学生创造更多参与创新创业活动的机会，帮助他们在实践中学习和成长，为其未来的职业生涯发展奠定坚实的基础。

四、推动高职院校快速发展的有效路径

职业教育在培养高素质技术技能型人才、促进就业和推动经济发展方面具有重要作用。辅导员作为高职院校的重要组成部分，对于推动高职院校的快速发展具有重要的作用。辅导员作为高职院校教育教学的重要力量，其职业能力的强弱直接影响高职院校的教育质量和教育改革的深度与广度。

第一，有利于推动高职院校的内涵建设。高职院校的内涵建设是提高教育质量和培养高素质技术技能型人才的重要举措。推动内涵建设对于实现教育现代化和培养高素质技术技能型人才具有至关重要的意义。高职院校的内涵建设不仅仅局限于硬件设施的完善和升级，更重要的是要全面提升教育教学质量和人才培养质量。这种全面提升涉及学生日常管理和课程体系的优化、教学方法的创新、师资队伍的建设以及学生综合素质的培养等多个方面。辅导员的工作内容广泛，涵盖了大学生的思想政治教育、职业规划指导、日常生活管理、教学督导、课程开发等多个方面。他们不仅要关注大学生的学业成绩，还要关心大学生的心理健康和职业发展。通过积极参与这些工作，辅导员可以为高职院校的内涵建设贡献自己的力量，进一步提升其教育质量和培养高素质技术技能型人才的能力。

第二，有利于推动高职院校的产教融合。培养实践能力是高职院校教育的核心任务。加强辅导员队伍建设，有助于高职院校推动产学研的紧密结合，加强与企业和科研机构的合作，通过建立校企合作基地、实习基地以及科研创新平台，开展各类项目合作，为大学生提供丰富的实践机会和充足的资源。辅导员推动高职院校结合行业需求和实际工作，指导大学生开展实习、实训和工程实践等活动，让大学生在实际操作中提升技能水平和解决问题的能力。同时，辅导员可以通过参与行业协会、企业实践等方式，加强与企业的合作和交流，深入了解行业发展和企业需求，促进产教融合和校企合作，为培养高素质技术技能型人才提供更好的平台和资源。辅导员可以与企业建立合作网络，建立紧密的联系，了解企业的需求和行业趋势，以便更好地了解企业对于大学生就业的要求和期望，为大学生提供职业指导和咨询。加强辅导员队伍建设，可以提升辅导员自身的专业素养，帮助其了解行业的动态变化和最新趋势。通过不断地学习和实践，辅导员可以提升自身的职业技能和行业认知水平，增强与企业

合作的信心和能力。高职院校可以邀请行业专家和企业家进校举办讲座和研讨，分享他们的经验和见解，为大学生提供更广阔的视野和更多的学习机会。

第三，提升高职院校的社会认可度。一支高素质的辅导员队伍是高职院校形象的重要代表。这些辅导员通过开展富有成效的大学生思想政治教育工作，不仅能够帮助大学生解决学习和生活中的各种问题，还能够显著增强大学生对学校的认同感和归属感。此外，辅导员还可以通过积极参与社会公益活动、宣传学校的特色和优势等方式，进一步提升社会对高职院校的认可度和信任度。辅导员指导大学生进行职业规划，组织和开展就业辅导以及创业培训等活动，邀请校友分享他们的成功经验和就业创业的亲身经历，可以帮助大学生明确自己的高职发展目标，激励他们积极投身于职业发展的道路。通过这些举措，高职院校不仅能够培养出更多具备实际技能和职业素养的人才，还能在社会上树立起良好的形象，赢得更多的支持和认可。

第三节　高职院校辅导员职业能力培养的功能定位

辅导员作为大学生的人生导师，明确其在职业能力培养中的功能定位，直接影响辅导员队伍建设成效以及大学生综合素质的培养和创新能力的提升，也关系到高职教育的质量。因此，需要明确高职院校辅导员职业能力培养的功能定位。

一、帮助高职院校辅导员做好个人职业生涯规划

加强高职院校辅导员职业能力的培养，不仅能够帮助辅导员明确自身的职责定位，还能够帮助他们设定清晰的职业发展目标，从而进行更为科学和合理的职业生涯规划。通过系统的职业能力培养，辅导员能够全面提升自身的综合素质，增强整个辅导员队伍的综合实力，使其能更好地服务于学生，在高职院校发展中发挥更大的作用，促进学校的整体发展。

（一）帮助辅导员明确职业定位

辅导员需要明确自己的职业定位，以便更好地履行职责。通过职业能力培养，辅导员能够将自己视为大学生的人生导师，不仅在学业上给予指导，更在

心理健康的守护方面发挥重要作用。他们应当成为大学生心灵的倾听者和引导者，帮助大学生解决在成长过程中遇到的各种困惑和问题。同时，辅导员应担当起大学生职业生涯发展的指导者，帮助大学生规划未来，提供职业发展的建议和资源。此外，辅导员还应关注大学生的全面发展，包括道德修养、人际交往能力以及社会责任感的培养。他们应当成为大学生的朋友和引路人，引导大学生树立正确的世界观、人生观和价值观，帮助他们在未来的社会中立足。辅导员应积极参与学校的各项活动，与大学生建立良好的互动关系，了解他们的需求和期望，从而更好地为他们服务。总之，辅导员的工作不仅是解决大学生的问题，更是引导他们成为全面发展、有责任感的社会公民。

(二)帮助辅导员提升能力素养

辅导员的职业定位不仅局限于日常管理和行政事务的处理，更是要在学生的全面发展中发挥关键作用。因此，辅导员需要具备多方面的能力，包括但不限于人际交往能力、心理咨询能力、专业知识以及项目管理能力等。这些能力不仅有助于辅导员更好地履行职责，还能使其在处理突发事件时展现出专业素养与冷静的态度。辅导员需具备一定的研究能力，能够对教育教学改革、学生发展、心理健康等领域进行深入研究，形成自己的研究方向和特色。通过不断深化对这些领域的理解和研究，辅导员可以更好地解决大学生在学习、生活中遇到的问题，同时也能为学校的发展提供新的思路和策略。辅导员还需具备信息化能力。辅导员应该注重与时俱进。信息化、大数据等现代科技的发展为辅导员的工作提供了新的工具和方法。辅导员应该主动学习和掌握这些新技术，利用信息化手段提高工作效率，更好地服务于学生的个性化发展需求。

(三)帮助辅导员明确职业发展目标

辅导员职业发展目标应涵盖短期、中期和长期三个层面，其中，短期目标可能包括提升特定的技能或完成某项专业培训，中期目标可能涉及获得更高级别的职业资格认证或担任更重要的职务，而长期目标则可能包括成为辅导员领域的专家或转至管理岗而成为领导者，或者是转任为专业教师。通过设定这样的职业发展目标，辅导员可以有方向性地提升自己的专业素养和职业能力，从而更好地适应高职院校的发展需求，实现个人职业生涯的持续进步。辅导员的个人职业规划和发展路径也应是多元化的，可以根据个人兴趣和专业特长，选择研究型、管理型、咨询型等不同的发展方向，最大限度地实现自我价值。

二、助力高职院校辅导员人力资源开发机制的创新与完善

在新时代背景下，高职院校辅导员职业能力的培养不仅是提升教育质量的重要手段，更是优化人力资源管理、推动高职院校内涵式发展的关键途径。辅导员作为大学生日常管理和思想政治教育的实施者，其职业能力的提升对高职院校的人力资源管理具有深远影响。

(一)有效提升高职院校人力资源管理的效率

辅导员职业能力的培养是高职院校人力资源管理的重要组成部分，这一培养过程涵盖多个层面，包括培养方案的设计、执行、监控以及反馈等关键环节。通过对这些环节进行细致入微的优化和提升，可以显著提高高职院校人力资源管理的效率和针对性。例如，通过加强辅导员的项目管理能力，可以有效提高人才培养项目的实施效率，从而进一步提升高职院校人力资源管理的整体效能。因此，高职院校应重视辅导员职业能力的培养，通过制定科学合理的培养方案，提供多样化的培训机会，建立健全评价和激励机制，从而全面提升辅导员的职业能力，为高职院校人力资源管理的高效运行提供有力保障。

(二)显著提升高职院校人力资源开发的效率

人力资源是高职院校最为重要的核心竞争力之一，因此，如何有效地提高人力资源的开发效率，已经成为高职院校提升自身竞争力的关键所在。通过进一步强化辅导员职业能力的培养，可以显著地提升他们在人力资源开发方面的专业水平和工作效率。这样一来，辅导员在大学生管理、职业规划指导、心理健康教育等方面将更加得心应手，能够更加精准地识别大学生的特长和兴趣，更加高效地挖掘大学生的潜力，为高职院校输送更多高素质的人才。同时，辅导员自身素质的提升也能更好地激发大学生的积极性和创造力，进一步推动高职院校整体教学质量和管理水平的提升。因此，辅导员职业能力的培养不仅能够提高高职院校的人力资源开发效率，还能从根本上增强高职院校的综合竞争力。

(三)推动高职院校人力资源管理的创新

辅导员在职业能力方面的不断提升，不仅能够显著提高高职院校在人力资源管理和开发方面的效率，还能进一步推动院校人力资源管理的创新与完善。

例如，通过加强辅导员在人力资源管理方面的专业能力，可以使高职院校的人力资源管理更加科学、合理。这种提升不仅体现在日常的招聘、培训、考核等环节，还体现在人才发展规划、激励机制设计等方面，可以进一步提升高职院校整体的人力资源管理水平。此外，辅导员职业能力的提升还能帮助他们更好地理解并运用现代人力资源管理的理念和方法，从而在实际工作中能够更加高效地解决各种人力资源管理问题。这不仅有助于提升辅导员自身的职业素养，还能为高职院校创造一个更加和谐、高效的工作环境，进而推动整个高职院校的发展。

三、增强高职院校辅导员职业能力提升的针对性和实效性

在新时代背景下，高职院校辅导员的职业能力培养成为提高教育质量、实现人才培养目标的关键因素。辅导员作为高职院校教育教学的重要骨干，其职业能力的提升直接关系到大学生的成长成才和学校的教育品牌建设。因此，增强高职院校辅导员职业提升的针对性和实效性，不仅是提升辅导员个人职业素养的需要，也是推动高职教育事业发展的必然要求。

（一）增强高职院校辅导员职业能力提升的针对性

针对性是指职业能力培养的内容、方式、方法等要与辅导员的实际工作紧密结合，能够解决辅导员在工作中遇到的实际问题。高职院校要对辅导员的职业能力需求进行深入的分析，以便增强职业能力提升的针对性。首先，辅导员的职责特点和职业发展阶段是进行职业能力需求分析的基础。辅导员的工作内容丰富多样，包括但不限于大学生的学习指导、生活指导、心理咨询等，这就要求他们具备广泛的职业能力。同时，辅导员的职业发展阶段也会影响他们的职业能力需求，如新担任的辅导员和有经验的辅导员在处理学生问题时采取的策略和方法会有所不同。其次，通过问卷调查、访谈、工作分析等多种方式全面了解辅导员在工作中面临的困难与挑战，以及他们希望提升的职业能力，这是进行职业能力需求分析的重要步骤。例如，可以设计一份问卷，内容关于辅导员在工作中遇到的问题、他们希望提升的职业能力，以及他们对于职业能力提升的期望等问题。通过这种方式可以获得大量的第一手资料，为后续分析提供有力的支持。这些措施有助于优化辅导员培养方案。最后，适应时代发展和大学生个性化发展需求。大学生个性化发展的需求以及信息化、数字化教学资源的利用等方面的问题，对辅导员的职业能力提出了新的挑战。高职院校需要

关注的是大学生个性化发展的需求。在当前的教育环境中，大学生的个性化发展越来越重要，这既体现在大学生的学习兴趣、学习方式的个性化，也体现在大学生的未来发展路径的个性化。因此，需要培养辅导员具备引导大学生个性化发展的能力。随着信息技术的发展，数字化教学资源的应用越来越广泛，这对辅导员的职业能力提出了新的挑战。辅导员需要具备利用信息化、数字化教学资源的能力，包括有效获取和使用这些资源，将这些资源应用到教学中，以及借助这些资源提升教学效果等。要加强对辅导员这些方面能力的培养，通过职业能力需求分析，全方位、深层次地考虑这些新的挑战和需求，并据此调整和优化辅导员的职业能力培养方案。

(二)增强高职院校辅导员职业提升的实效性

实效性是指职业能力培养的成果能够直接转化为辅导员的工作能力提升和改善工作效果。首先，为了提高职业能力培养的实效性，高职院校需要构建一套科学的辅导员职业能力培养体系。这套体系应当包括系统的培训计划、有针对性的培训内容、多样化的培训方式和有效的评估反馈机制。具体来说，培训内容要与辅导员的工作实际相结合，不仅包括职业技能的提升，还应包括职业伦理、团队协作等软实力的培养。培训方式应多样化，可以采取线上线下相结合的方式，组织短期集中培训、在职培训、在线课程培训等多种形式的培训，以满足不同辅导员的学习需求和时间安排。评估反馈机制则是通过考核、测评等方式，及时反馈培训效果，为辅导员职业能力的进一步提升提供依据。其次，提升辅导员的实际操作能力。辅导员职业能力提升的实践性是其重要的一环。高职院校需要构建全方位、多层次的实践活动体系，以满足辅导员在不同工作场景下的需求。实践活动的设计应以实际工作需求为导向，确保每项活动都能对辅导员的职业能力提升产生直接影响。例如，可以通过模拟学生突发事件，提升辅导员的危机处理能力；通过组织班级活动，锻炼辅导员的组织协调能力。同时，实践活动的实施应注重过程的科学性和结果的可评估性。高职院校可以采用"计划—实施—反馈—改进"的循环模式，确保实践活动的持续优化。在实施过程中，辅导员不仅要完成既定任务，还应主动反思和总结，以实现自我提升。

四、助推高职院校辅导员在大学生职业发展中发挥引领作用

辅导员是高职院校大学生日常思想政治教育和管理工作的组织者、实施者

和指导者，辅导员在大学生职业发展中应发挥积极引领作用，主要体现在政治引领、组织引领、思想引领和机制引领四个方面。

（一）政治引领

高职院校辅导员作为高等教育中的重要角色，其能力培养的功能定位首先体现在政治引领上。在高等教育普及程度不断提高的背景下，辅导员的政治引领作用显得尤为重要。这不仅是对其职业素养的基本要求，也是保证高职教育质量、培养社会主义建设者和接班人的根本保障。为此，高职院校应在以下方面采取措施：一是助力辅导员提高政治素养和职业能力，使他们具备坚定的政治立场和敏锐的政治洞察力，能够坚守党的教育方向，贯彻落实立德树人的根本任务，能够引导大学生在正确的政治方向上成长。二是助力辅导员提高职业操守和职业素养，使他们具备高尚的道德品质和良好的职业形象，能够引导大学生树立正确的职业观和价值观，能够宣传和践行党的价值观念，深化大学生的爱国主义、集体主义和社会主义思想，培养大学生的社会责任感、家国情怀和艰苦奋斗精神。三是助力辅导员提高团队合作能力，使他们具备过硬的团队协作能力和良好的职业形象，能够有效地推动团队的发展，鼓励团队成员之间的相互支持和协作，培养团队共同进步的意识，激发大学生的合作积极性，提高工作效率。四是助力辅导员提高实践能力，使他们具备扎实的实践本领和过硬的工作技能，指导大学生将理论知识应用于解决实际问题中。

（二）组织引领

在当前高职教育的发展背景下，辅导员的角色不应仅局限于大学生日常事务管理和思想政治教育的实施者，还应成为大学生发展道路上的引导者和组织者。首先，辅导员职业能力的培养有助于提升其组织协调能力。组织协调能力是辅导员职业能力中的核心能力之一。在高职院校中，大学生的学习、生活、娱乐等活动丰富多彩，辅导员需要协调各种资源，组织各类活动，以丰富大学生的校园生活，提升大学生的集体荣誉感。这需要辅导员具备良好的组织能力、协调能力和创新能力。其次，辅导员职业能力的培养有助于提升其解决问题的能力。大学生在学习、生活过程中，难免会遇到各种问题，如学习困难、人际关系调整等。辅导员需要有能力帮助大学生解决这些问题，指导他们正确处理各种复杂的人际关系，帮助他们解决学习上的困难，提升他们的自我管理能力。再次，辅导员职业能力的培养有助于提升其沟通交流能力。辅导员需要与大学生、家长、专业教师等多方进行沟通交流，这就需要其有能力清晰、准确、有效地表达自己的观点，理解他人的需求和观点，以建立良好的沟通关系。最后，辅导员职业能力的培养有助于提升其自我学习能力。在快速发展的社会环境中，辅导员需要不断学习新知识、新技能，以适应新的工作需求。这需要辅导员具备良好的自我学习能力，能够主动学习、更新知识和技能。

(三)思想引领

在新时代背景下，高职院校的大学生群体表现出了活跃的思想和鲜明的个性，对此必须加强其思想教育和引导。辅导员不仅是大学生日常生活的管理者，更是他们思想成长的引导者。首先，思想引领是高职院校辅导员职业能力的核心。辅导员需要具备深厚的思想政治理论素养，能够用正确的价值观、世界观引导大学生，帮助他们树立正确的价值观念。这需要辅导员不断学习、研究，增强对政治理论、政治经济学和国家法律法规等的了解和认知，掌握习近平新时代中国特色社会主义思想的精髓，将其转化为思想政治教育和学生管理的实际行动。其次，思想引领是高职院校辅导员职业能力的重要方向。辅导员在日常工作中，需要通过各种方式和途径，向大学生传达党的教育方针，引导大学生正确理解和把握社会主义核心价值观，坚定对马克思主义的信仰、对中国特色社会主义的信念、对实现中华民族伟大复兴中国梦的信心。这就要求辅导员具备高度的政治敏锐性和政策水平，能够在复杂的社会环境中坚持正确的政治方向。再次，思想引领是高职院校辅导员职业能力的灵魂。辅导员不仅仅是知识的传授者，更是大学生心灵的引路人。在大学生遇到困难和挫折时，辅导员需要用正确的思想引导他们正确看待问题，帮助他们树立积极向上的人生态度。这就要求辅导员具备良好的心理辅导能力和教育智慧。最后，思想引领是对高职院校辅导员的根本要求。通过思想引领，辅导员能够引导大学生树立正确的世界观、人生观和价值观，帮助其形成正确的职业观、就业观、学习观和生活观，培育其社会责任感和公民素养。

(四)机制引领

高职院校需要通过有效的体制机制，引领辅导员职业能力培养，提升辅导员的综合素质，以满足不断提高的教育管理需求。一是建立严格的选聘机制。高职院校需要制定严格的辅导员选聘标准和原则，以保证辅导员队伍的整体素质和能力水平。这些标准和原则应包括思想政治素质、教育心理学知识、组织管理能力、沟通协调能力等。同时，高职院校需要为选拔辅导员建立统一的评估标准，包括设置面试、考核、模拟演练等环节，以全面评估候选人的能力和素质。通过建立严格的选聘机制，高职院校可以更好地筛选和选拔具有专业能力和素质的辅导员，为大学生提供更好的支持和指导，提升辅导员队伍。二是建立完善的辅导员职业能力培养机制，这包括定期的培训计划、系统的课程设置以及科学的考核标准。针对辅导员的职业发展需求，高职院校应进行需求调研和分析，了解辅导员在不同领域和专业能力方面的短板和提升需求，定期开展培训。培训应涵盖辅导员的核心职责、学生事务管理、思想政治教育、安全与紧急事件处理等多个方面。通过培训，辅导员可以不断更新知识体系，拓展专业知识，并在实践中不断提高解决问题的能力。三是推行晋升激励机制。对于工作表现优秀、能力突出的辅导员，高职院校应给予适当的晋升和激励，以提升他们的工作积极性和职业成就感。例如，可以将辅导员的工作绩效与职务晋升、工资调整、奖金发放等挂钩，或者推荐他们参加更高层次的学习和培训，以提升其职业能力。四是完善考核评价机制。定期对辅导员的工作进行考核和评价，包括学生满意度调查、同事评价、领导评价等，以从多个角度全面了解他们的实际工作表现和职业能力。

通过以上机制的引领和推动，可以不断提升高职院校辅导员的职业能力和素质，帮助他们更好地履行学生教育管理工作的职责，为大学生的成长和发展提供更好的支持和服务。

第四章　高职院校辅导员职业能力培养现状

　　辅导员作为学生日常管理与教育的重要力量，其职业能力水平的高低直接关系到学生工作的质量和效果。通过对高校辅导员职业能力培养的现状进行分析，客观认识取得的主要成绩，准确找出存在的突出问题，深入剖析问题存在的原因，可以为精准施策提供现实依据，从完善相关政策、优化培训体系、建立科学的评价机制等方面入手，更好地培养和提升高职院校辅导员的职业能力，为辅导员的职业发展提供有力的支持，帮助他们在学生管理与教育工作中发挥更大的作用，从而提高整体教育质量，促进学生的全面发展。

第一节　高职院校辅导员职业能力培养取得的主要成绩

　　改革开放以来，为加强高校辅导员队伍建设，党和政府在高校辅导员职业能力培养方面出台了一系列政策措施，取得了令人瞩目的成绩。高职院校辅导员在党的领导下，为培养社会主义合格建设者和可靠接班人、维护高职院校和社会稳定、促进高职教育改革发展，兢兢业业、默默奉献，做出了巨大贡献，取得了突出成绩。

一、辅导员培养理念不断更新

　　辅导员培养理念在不断更新和发展，以适应新时代的需求和挑战。随着社会的快速变化和教育的不断进步，辅导员的角色和职责也在发生相应的变化。为了更好地服务于学生，需要不断提升辅导员的知识和技能，更新培养的观念和方法。

（一）辅导员要树立以学生为中心的教育理念

以学生为中心的培养理念是对传统教育理念的深化与发展。在当代教育的大背景下，学生的全面发展和个性化发展成了教育工作的核心。因此，辅导员的职业能力培养也必须以满足学生的发展需求为导向。辅导员在工作中必须具备学生工作理念和技能，比如心理咨询、危机干预、职业规划等。这些服务功能的强化，要求辅导员不仅是管理者，更是学生成长道路上的引导者和服务者，要成为学生的良师益友，帮助他们在各个方面取得进步。

（二）辅导员要具备跨学科的知识结构

辅导员的工作不仅仅是执行学校的教学和管理任务，更重要的是要关注学生的个性化发展，帮助学生解决在学习、生活、情感等方面遇到的问题。辅导员需要具备广泛的知识储备，才能更好地指导学生，这不仅包括专业知识，还包括心理学、社会学、教育学等相关领域的知识。同时，辅导员需要具备高度的责任心、同情心、问题解决能力以及较强的组织协调能力，能够应对多样化的教育需求。

（三）辅导员要注重自身的道德修养和职业操守

辅导员在履行职责的过程中，必须格外注重自身的道德修养和职业操守，努力树立和维护良好的师德形象。辅导员的一言一行都会对学生产生深远的影响。辅导员不仅是学生的引导者和教育者，更是他们的榜样。因此，辅导员需要时刻保持高尚的职业道德，以身作则，用自己的实际行动为学生树立一个积极向上的榜样。只有这样，辅导员才能真正赢得学生的尊重和信任，才能更好地引导学生健康成长，将他们培养成有道德、有文化、有纪律的社会主义建设者和接班人。

总之，辅导员培养理念在不断更新，以适应新时代的教育需求。辅导员要树立以学生为中心的教育理念，具备跨学科的知识结构，并注重自身的道德修养和职业操守。只有这样，才能更好地服务于学生，培养出更多优秀的人才。

二、辅导员队伍建设制度逐步完善

随着我国经济社会的快速发展和教育改革的不断深化，大学生思想政治教育工作出现一系列新课题、新挑战。党中央、国务院十分关心辅导员队伍的建设，并对此做出了重要的统筹部署，于2004年10月印发《关于进一步加强和改进大学生思想政治教育的意见》，明确指出要采取有力措施，着力建设一支高水平的辅导员、班主任队伍。

教育部把辅导员队伍建设作为促进大学生思想政治教育的根本，积极采取有力措施，切实把辅导员队伍建设作为一项重要工作来抓。2005年，教育部印发了《教育部关于加强高等学校辅导员、班主任队伍建设的意见》，对辅导员、班主任队伍建设的重要意义、辅导员班主任的选聘和配备、培养培训、政策保障等方面提出了明确的意见。

2006年4月，教育部为交流总结高校辅导员队伍建设经验，在上海召开了全国高校辅导员队伍建设工作会议，会议深入分析了辅导员队伍建设中存在的问题，指出要从统一思想、健全制度、谋划长远、政策明确、保障充分、素质提升、积极创新等方面加强辅导员队伍建设。随后，教育部相继出台了《2006—2010年普通高等学校辅导员培训计划》《普通高等学校辅导员培训规划(2013—2017年)》等政策性文件，全力推进和加强辅导员队伍建设。2014年，教育部发布了《高等学校辅导员职业能力标准(暂行)》，旨在建立高等学校辅导员队伍能力标准体系，内容涵盖职业功能、工作内容、相关理论和知识要求等多个方面。

2016年，习近平总书记在全国高校思想政治工作会议上发表重要讲话，对高校辅导员提出了新要求。中共中央、国务院随后印发了《关于加强和改进新形势下高校思想政治工作的意见》，对加强和改进高校思想政治工作以及加快辅导员队伍建设做出了重大决策部署。

2017年，教育部发布第43号令，颁布了《普通高等学校辅导员队伍建设规定》。该规定以行政规章的形式确立了辅导员队伍建设的方针原则，明确了辅导员的职责、选聘标准、培养与发展等内容，旨在打造一支具有必备政治素养、精湛业务能力、严明纪律观念及优良作风的新时代辅导员队伍，促进大学生的全面发展。

三、辅导员专业化建设加速发展

辅导员专业化建设是保障辅导员职业能力健康发展的前提，也是推动辅导员职业能力发展的过程。通过采取学科专业化、岗位专门化、培训体系化等措施，促进辅导员职业能力稳步增长，加快辅导员队伍专业化进程。

（一）学科专业化

1984 年，教育部决定在一些高等学校设立思想政治教育专业，培养各种层次的思想政治工作专门人才，如专科生、本科生、第二学士等，由此正式开始了学科专业化的工作。1990 年，原国家教委明确提出："今后本科院校任命从事思想政治教育的系、处级以上领导干部，要逐步把取得思想政治教育专业第二学士学位或硕士学位，或经过省级以上党校等正规培训作为必要条件。专科院校年轻的思想政治工作骨干也应当经过思想政治教育专业培训。"由此，辅导员的专业学科属性逐渐明晰。

教育部自 2004 年起加快推进辅导员学历学位提升的进程。根据《2006—2010 年普通高等学校辅导员培训计划》，在 5 年的时间内，分批选拔 5 000 名优秀辅导员攻读思想政治教育专业硕士学位并分批选拔 500 名优秀辅导员定向攻读思想政治教育专业博士学位。2006 年，教育部委托全国 34 所设有思想政治教育博士点的高校面向全国招收了首批千余名攻读硕士学位的辅导员。截至 2013 年 5 月，专职辅导员中硕士及以上学历的比例已达到 40%。通过实施鼓励辅导员攻读硕士、博士学位专项计划，思想政治教育专业毕业的博士生、硕士生比例逐步提高。

（二）岗位专门化

1995 年，原国家教委颁布《中国高等学校德育大纲》，提出了加强高校思想政治教育队伍建设的要求，包括培养思想政治教育专家和教授，并规定了专职政工人员与学生比例的掌握范围。2000 年，教育部党组发布了《关于进一步加强高等学校学生思想政治工作队伍建设的若干意见》，明确划分了专职学生思想政治工作人员的范围，并将政治辅导员纳入其中。2005 年，教育部印发了《教育部关于加强高等学校辅导员、班主任队伍建设的意见》，要求在总体上按照 1∶200 的比例配备专职辅导员，以确保各院（系）各年级的辅导员数量。2006 年，教育部颁布了《普通高校辅导员队伍建设规定》，进一步明确了一线专职辅导员的设置比例和岗位要求。

2017 年，教育部对《普通高等学校辅导员队伍建设规定》进行了修订，对辅导员的职业地位进行了新的阐述，对辅导员队伍的使命要求、职责要求、素质要求、能力要求等进行了重新规定。《普通高等学校辅导员队伍建设规定》中的辅导员定义，涵盖了以下意义：首先，"大学生日常思想政治教育工作"不仅仅是一个职位的概念，也是一个岗位群的概念。这些岗位专职从事大学生日常思想政治教育工作，包括一线辅导员、院（系）党委副书记、学工组长、团委书记等，而不再仅仅指辅导员这一职位。其次，"大学生日常思想政治教育工作"的岗位设在院（系），而不包括校级相关职能部门。这样做有利于将思想政治教育岗位职能与纯行政管理岗位职能区分开来，促进辅导员以思想政治教育为己任的专业化发展。再次，以院（系）为单位形成大学生日常思想政治教育辅导员工作共同体，有助于解决过去辅导员单打独斗、多头管理和疲于应对的问题。这为在院（系）范围内建立统一领导、科学规划、分工协作、协同作战的大学生日常思想政治教育新模式开辟了新路径。同时，这也在一定程度上消除了行政与业务混淆、校级行政部门过于干预基层思想政治工作的弊端。最后，该规定指出了辅导员的工作使命、职责范围和职业发展前景，有助于促进辅导员树立新的职业角色形象和提高职业能力。辅导员的职责范围与教育部的规定并无太大差别，但工作职责的边界更加清晰明确。例如，帮助学生树立正确的就业观念、引导学生到祖国需要的地方等内容，都是从思想政治教育的角度出发，而不是从事务管理的角度出发的。这在客观上有利于减轻辅导员的学生事务工作负担，也便于今后进一步明确辅导员的工作职责。

（三）培训体系化

教育部自 2005 年起出台了一系列制度文件，以建立适应高等职业教育发展需要的辅导员培训机制，并构建完善的培训体系，提高辅导员队伍的知识水平和服务学生发展的能力。2007 年，教育部公布了首批 21 个高校辅导员培训和研修基地，为辅导员培养提供了新的平台。教育部依托这些基地和相关高校，举办全国高校辅导员骨干示范培训班。仅 2016 年，教育部就举办了 36 期培训班，培训了 4 050 人。自 2008 年开始，辅导员培训基地还开展了辅导员骨干攻读思想政治教育专业博士学位的工作，每年培养 100 人，可见国家对辅导员培训工作的重视。

2013 年，教育部发布了《普通高等学校辅导员培训规划（2013—2017 年）》，规定了培训内容，并从思想政治教育、专业素养提升和职业能力培养三个方面进行阐述，同时强调了培训的质量监控。2014 年，教育部实施了"高校辅导员访问学者计划"，每年选派骨干辅导员前往培训和研修基地以及全国高校辅导员发展研究中心进行访学研修，以提升他们的专业水平和工作能力。

高职院校辅导员职业能力培养体系涵盖了辅导员职业所需的各种技能，包括心理咨询、职业规划、领导力培养等。随着高职院校辅导员职业能力培养意识的增强，辅导员职业能力培养体系也在逐渐完善，具体如下：一是课程设置更加合理。随着社会的发展和教育的改革，辅导员的角色和职责也在不断变化和扩展。他们不仅需要具备丰富的专业知识和技能，还需要具备一定的心理咨询、职业规划和领导力培养能力。为了满足辅导员职业发展的不同需求，许多学校已经开设了专门的辅导员职业能力培训课程。二是培训形式更加多样。随着辅导员职业的重要性日益凸显，培训形式也在不断创新和改进。传统的课堂讲授虽然能够传授知识，但有时会显得枯燥乏味，难以激发辅导员的学习兴趣和提升其参与度。为了增强培训效果，现在越来越多的学校采用更加多样的培训形式，如案例分析、角色扮演和实践操作等，使培训更加生动、有趣，更易于辅导员接受和掌握。三是培训内容更加实用。随着社会的不断发展，教育的目标也在不断变化。传统教育注重知识的传授和学术能力的培养，而现代教育则更加注重学生的综合素质培养和实践能力的提升。在这种背景下，学校对于辅导员的培训内容也进行了相应的调整，更加注重培训内容的实用性和针对性。四是评估和反馈机制更加完善。为了确保辅导员培训的质量和效果，学校积极探索和改进培训模式，并建立了更加完善的评估和反馈机制。

四、辅导员职业化建设速度明显加快

随着教育改革的不断深入，辅导员的角色定位和职责范围也在逐步明确并走向专业化。越来越多的高职院校和教育机构开始重视辅导员的职业发展，提供更多的培训和晋升机会，以确保他们能够更好地履行职责，为学生的成长和发展提供更有力的支持和指导。

(一)高职院校辅导员管理的新变化

为进一步推进辅导员队伍建设，教育部门对辅导员管理和职级晋升体制进行了改革。现在，辅导员管理工作由学校和院(系)共同承担。同时，专职辅导员享有"双线"晋升政策，即既可以根据辅导员职称评审标准评聘思想政治教育学科或其他相关学科的专业技术职务，也可以根据辅导员的工作年限和表现晋升相应的职务待遇。这一政策的实施推动了辅导员队伍的专业化和职业化建设。

自2004年的"中央16号文件"到2017年教育部43号令的发布，辅导员专业化、职业化发展呈现出新的趋势。各地纷纷响应中央号召，出台了相应的地方政策，如北京市实行高校辅导员持证上岗、高校辅导员职称单独评审以及高校辅导员名师工程等措施，以稳定辅导员队伍，增强他们在培育大学生健康成长中的作用。许多高校为辅导员提供了多种晋升途径，如对外经贸大学、北京外国语大学等学校允许辅导员在工作一定年限后转到专业教师系列；复旦大学将辅导员纳入学校的人才工程预备队，为他们的专业发展提供了平台。各地各高校不断加强辅导员激励机制的建设，完善辅导员队伍的选聘、管理、培养和发展机制，鼓励和支持专职辅导员长期从事辅导员工作，使他们成为思想政治教育方面的专业人才。

（二）建立辅导员专业研究组织

为了进一步提升高校辅导员的专业水平和工作效能，中国高等教育学会辅导员工作研究分会（简称"全国高校辅导员工作研究会"）应运而生。全国高校辅导员工作研究会是在教育部的推动下于 2008 年成立的，之后各级辅导员研究会也陆续在各地成立。各级高校辅导员工作研究会在各级教育行政主管部门的指导下，致力于推动辅导员之间的交流与合作，积极开展各类研究活动。例如，组织开展高校辅导员职业能力建设示范培训班、高校辅导员职业能力大赛、辅导员年度人物评奖等。

（三）推进辅导员提升学术素养

教育部启动了全国人文社会科学研究课题辅导员专项课题、全国思想政治教育研究文库、思想政治教育中青年杰出人才支持计划，以及高校辅导员工作精品项目等项目，鼓励并支持辅导员开展理论和实践研究；分期选派辅导员骨干赴英国、美国及我国香港高校研修学生事务管理内容，开拓辅导员的视野。

（四）提高辅导员实践能力

2013 年，教育部印发《关于加强高校辅导员基层实践锻炼的通知》，以更好地履行高校实践育人使命，让辅导员在艰苦环境中锤炼素质、提高工作水平、增强能力与毅力，选派辅导员到基层一线进行实践锻炼，参加援藏、援疆、援青干部人才计划以及志愿服务西部计划等工作。通过新的举措，开辟了辅导员专业化发展的新路子，使之成为能力强、业务精的思想政治工作者和专家化、学者型的管理者。

（五）大力提升高校辅导员的职业认同感

全国高校辅导员年度人物评选活动自 2008 年开始举办以来，在评选中被提名和表彰的优秀辅导员已达数千人，共评出百余名全国辅导员年度人物。2013 年 5 月 4 日，习近平总书记亲切接见了第五届全国高校辅导员年度人物；2014 年 5 月 4 日，刘延东副总理接见了第六届全国高校辅导员年度人物。教育部为表彰高校优秀辅导员，发掘培养优秀代表人物，在全国优秀教师评选中专门设立了指标。教育部通过发挥先进典型的示范引导作用，加强对辅导员职业内涵的挖掘和职业理想的塑造，联合全国高校辅导员工作研究会举办了"立德树人——高校辅导员先进事迹报告团"巡回演讲活动。2013 年，教育部发布了高校辅导员誓词，弘扬了辅导员的价值追求。通过大力宣传，扩大社会正面声音，提高了社会认同度，提升了辅导队伍的职业自豪感。

五、辅导员职业能力明显提升

在我国高等教育体系中，辅导员作为学生工作和思想政治教育的重要承担者，其职业能力的提升一直受到广泛关注。近年来，在相关政策的推动下，辅导员职业能力的培养取得了显著成效，主要体现在思想政治教育、学生管理工作、心理健康教育等方面。

（一）思想政治教育方面

在思想政治教育方面，辅导员通过参加各类培训和实践活动，其政治理论素养和政策理解能力有了明显的加强。他们更加熟练地运用习近平新时代中国特色社会主义思想指导工作，能够更有效地引导学生树立正确的世界观、人生观和价值观。通过组织开展形式多样的思想政治教育活动，辅导员能够更加有效地引导学生理解和支持国家的教育方针政策，增强国家意识、民族意识和公民意识，进而在青年学生中广泛传播正能量。同时，辅导员通过参加技能训练和职业能力竞赛比赛、年度人物评选和科研立项等方式，可将工作经验转化为成果，实现了职业能力的提升。

（二）学生管理工作方面

在学生管理工作方面，辅导员的组织协调能力、突发事件处理能力和精细化管理能力得到了显著提升。辅导员不仅要处理常规的学生日常管理事务，还要有效应对突发事件，如突发公共卫生事件中的学生心理健康支持等。这要求辅导员具备快速判断和处理问题的能力，以及良好的协调沟通能力，确保学生的学习生活秩序。

（三）心理健康教育方面

在心理健康教育方面，辅导员的心理辅导知识和实践技能得到了显著提高。在"双减"政策背景下，学生的心理健康问题越发凸显，辅导员不仅要关注学生的学习成绩，也要关注学生的心理健康状况。通过参与心理学培训和学习心理咨询技能，辅导员能更好地识别出学生的心理问题，为学生提供专业的心理辅导服务，促进学生的心理健康发展。

六、高职院校辅导员队伍逐渐壮大

随着我国高职教育的蓬勃发展，高职院校的规模不断扩大，相应地，学生人数也在持续增加。这一变化直接增加了学生管理工作者——辅导员的工作量与工作压力，辅导员队伍也随之壮大。辅导员作为学生与学校之间沟通的桥梁，其职业能力的培养与提升不仅影响学生的成长，也关系到高职教育的整体质量。

（一）辅导员队伍不断壮大

随着高等教育的普及和发展，辅导员队伍快速壮大。有数据显示，2004年专职辅导员人数超过4万，而截至2022年，全国高校专职辅导员总数约为24.08万，根据全国教育发展统计公报中的全日制本专科在校生平均规模和普通高校数量，按照1∶200的辅导员设置比例计算，目前专职辅导员的数量已基本与高校的办学发展规模相适应。专职辅导员的配备已基本达到国家要求，高校辅导员队伍的年龄、学历和知识结构不断得到优化，专职为主、专兼结合的辅导员队伍结构已基本形成。辅导员队伍的壮大与高等教育的普及和发展密不可分。随着高等教育的普及率不断提高，学生数量逐年增加，高校的教育服务质量和效率面临着巨大的挑战。在这样的背景下，辅导员队伍的作用日益凸显。因此，各地高校在加强辅导员队伍建设方面持续投入更多的人力、物力和财力，以更好地服务学生的健康成长，为学生提供全方位的支持和帮助，促进学生的全面发展。

(二)辅导员职业认同感不断提升

通过培训、激励、考核等措施,高职院校辅导员对职业有了新的认识,工作积极性大幅提高,工作成果得到了学生、单位和社会的认可。例如,教育部在 2017 年组织了"学习宣传贯彻党的十九大精神——千名高校优秀辅导员'校园巡讲'和'网络巡礼'活动"(简称"双巡"活动),全国各大高校高度重视此次活动,精心组织和安排,将"双巡"活动精神融入到各地区教育活动中,广大青年学生对巡讲活动反响热烈,认为辅导员年度人物为大家带来的宣讲更贴近校园生活,更符合实际需要,让同学们感受到接地气、"对胃口",深受同学们喜爱。这一活动成功展示了辅导员的职业形象和成就,强化了思想教育和价值引领。

(三)辅导员群体积极作为

随着大学生思想观念的不断变化和网络信息技术的快速发展,辅导员面临着新问题、新挑战。高职院校招生规模的扩大和学生需求的多样性也给辅导员带来了工作压力。有数据显示,到 2022 年,高职(含职业本科)院校招生546.61 万人(不含五年制高职转入专科招生 54.29 万人),连续 4 年超过普通本科招生规模。同时,高职院校办学条件与学生需求之间的不匹配也是一个现实矛盾。面对这些困境,高职院校辅导员积极应对,转变工作方式和行为模式。教育改革和扩招的形势变化要求辅导员的职业能力向多方面发展。辅导员的积极作为得到了学生和社会的认可,为高职院校思想政治教育和学生发展做出了贡献。

高职院校辅导员的工作内容发生了变化,不仅需要完成思想政治教育工作,还需要承担大量的帮困工作及心理辅导、学习指导和就业指导等事务性工作。因此,辅导员的角色已经从单一的思想政治教育者向学生事务管理者方向发展。辅导员的多重角色和职业能力的多向拓展,既与学校内部相关机构职责和管理机制密切相关,也与社会各方的期待息息相关。辅导员需要承担许多不同的职责,包括学生骨干的培养、社区服务、就业指导等,同时还需要应对学生家长的期待。这反映了辅导员工作的艰巨性和复杂性,在职业角色和能力发展方向不明确的社会条件下,辅导员通过不同方式的育人实践推动大学生思想政治教育的进步。

在新时代背景下,辅导员群体承担了教育、管理和服务学生的重任。在缺乏激励机制的情况下，许多辅导员仍然坚持不懈地探索教育的真谛，不断提高职业能力，在积极完成推进大学生思想政治教育、引导大学生健康成长、推动高等教育改革发展等工作方面，发挥了不可替代的重要作用。辅导员的职业成功离不开他们坚定不移的信念。这种信念不仅体现了他们对自己职业发展的追求，更体现了他们对学生成长和社会进步的责任担当。辅导员始终坚持为学生服务、为教育事业奉献、为社会进步贡献力量的信念，这种信念激励着他们不断提升自身的职业素养和能力水平，以更好地服务学生、教育事业和社会。

第二节 高职院校辅导员职业能力培养存在的突出问题

我国经济和社会的快速发展以及高职教育改革的启动，使得培养社会主义建设者和接班人成为辅导员的历史使命。为了更好地担负起这一使命，辅导员需要不断提高自身的职业能力。目前，高职院校辅导员的能力建设已经取得了显著成效，但从整体来看，他们的职业能力还不能完全满足时代发展的需求。因此，高职院校必须关注辅导员职业能力发展现状中亟待提高和完善的问题。本节主要从知识更新能力、专业能力、职业认同感、职业能力培养体系、评价机制、职业发展扶持政策以及职业发展路径等方面探讨了辅导员职业能力培养中存在的问题。

一、知识更新能力不足

教育部43号令明确规定，辅导员需要具备广泛的知识储备。辅导员的知识体系是一个开放的体系，需要不断进行更新。然而，随着网络信息的普及和知识更新周期的缩短，人们面临着新的知识危机和恐慌，这也导致了辅导员面临着本领危机。高职教育改革的快速推进以及教育对象获取知识的方式和途径的变化，要求辅导员不断更新自己的知识，不断刷新自己的知识结构。然而，一些辅导员的知识结构过时，缺乏更新意识，难以适应新时代高校立德树人的要求。有学者调查研究发现，高职院校辅导员队伍普遍存在知识掌握不全面、不系统、不深入和知识应用不得力、不明显的问题。有研究显示，辅导员中只有不到22.36%能够全面掌握法律法规相关内容。

在知识经济时代，辅导员的学习能力至关重要。他们需要掌握大量的专业知识，并形成与职业价值取向相符的素质结构。此外，辅导员还需要将人生经验和育人智慧融入日常工作，以无形的方式教育人。为了具备良好的专业素质和育人能力，辅导员必须培养终身学习、自我更新和追求自我超越的意识。一些辅导员的知识更新能力不足，反映了他们的学习能力的不足。学习是提升辅导员职业能力最基础、最关键和最持久的方式。一些辅导员缺乏学习的热情和良好的学习状态，总是忙于事务性工作，没有抽出时间进行认真学习。这必然导致他们的知识结构和能力结构存在不足。由于学习能力不强、进取意识不强，一些辅导员无法及时更新知识，也无法根据工作需求的变化调整知识结构，建立新的知识体系。知识更新能力的弱化通常表现为思维狭窄、理论穿透能力弱、教育观念落后，这必然导致辅导员专业能力停滞不前。因此，辅导员需要重视学习，保持学习的热情和状态，不断更新知识，以适应不断变化的工作需求。只有这样，高职院校辅导员才能拥有良好的专业素质和育人能力。

二、可持续发展的专业能力欠缺

辅导员工作的主要内容是思想政治教育，其专业方向和学科依据应为思想政治教育，由于受诸多因素的影响，部分辅导员可持续发展的专业能力有所欠缺，主要表现在下述方面。

(一)部分高职院校辅导员专业发展的后劲不足

辅导员的工作内容十分宽泛，这要求他们具备丰富的专业知识和综合性的专业能力。他们需要熟悉思想政治教育理论，并具备理论说服和思想引导的能力，同时还需要具备组织实施和管理教育实践活动的能力。辅导员不仅要负责日常的思想政治教育工作，还要承担培养学生优良道德品质和全面发展的责任，做到"两手抓，两手都要硬"。然而，在实践中，由于辅导员的学科背景不同，入职门槛的要求不一致，一些辅导员在专业理论方面的基础较为薄弱。有相当一部分辅导员缺乏系统掌握思想政治教育理论的能力，缺乏扎实的思想政治教育理论修养，从而缺乏对教育理论的整合能力、对教育经验的总结能力以及对教育实践过程的掌控能力，这给他们的专业能力发展造成了一定的阻碍。

(二)繁杂的学生事务淹没了部分辅导员的专业进取心

许多辅导员经常忙于处理学生事务，导致他们没有足够的时间去深入研究和探讨思想政治教育理论。工作职责缺乏明确的定义、工作权限不清晰、服务于学生发展的具体项目缺乏精准的分工等，使得辅导员的一些工作已经偏离了其核心职责，无法充分发挥其专业能力。相关调查和访谈结果表明，辅导员的工作职责、权限和职能边界缺乏明确的界定，烦琐的事务性工作也影响了他们履行职责和发挥职业能力。尽管国家已经明确了辅导员的职责范围，但在实际实施过程中，具体责任和义务仍需进一步探讨。虽然思想政治教育工作具有特殊性，许多工作难以精确量化，但仍需明确一些工作的具体责任，如直接责任和间接责任，只有科学区分责任和义务，才能有效促进辅导员专业能力的提升。

（三）部分高职院校辅导员教育引导学生的能力有待提升

部分辅导员在解决实际问题的能力方面与工作要求不相符。例如，个别辅导员对学生的了解能力较弱，无法全面把握学生的发展现状和深入了解他们在生活、心理方面的问题，缺乏解决具体问题的实际技能。另外，一些辅导员对思想政治教育工作与管理工作的关系缺乏深入理解和领悟，对思想政治教育工作的体系和不同时期的工作重点缺乏准确把握，与"观念要有新思维，理论要有新发展，模式要有新突破"的期望存在一定差距，需要努力提升引领学生发展的能力和素养。

（四）部分高职院校辅导员的综合能力相对薄弱

辅导员的工作能否得到认可，以及辅导员这一职业是否能够得到社会的认同，其中一个关键因素是辅导员的专业能力和职业核心能力的不可替代性。部分高职院校辅导员的综合能力不强，大多凭借经验开展工作，往往只是根据问题出现的先后顺序来解决问题，缺乏有针对性地学习和研究，导致工作的实效性和科学性不足。一些辅导员忙于烦琐的事务管理，忽视了自我专业能力的提升，特别是忽视了思想政治教育能力的整体提升，忽略了思想政治理论教育能力和价值引领能力的重要性。一些辅导员在人际关系协调能力、政治敏锐性、政治关注力、专业理论水平等方面存在不足，这实际上反映了他们对于提升综合能力的重要性认识不足。辅导员可以成长为职业规划师、创业指导师、心理咨询师，但要求其在政治方向引导能力、思想价值引领能力、思想品德培育能力以及研究与创新能力、自我学习与自我完善能力方面，必须达到应有的高水平。

(五) 部分辅导员的职业能力提升出现瓶颈

面对学生出现的各种问题，辅导员不仅需要具备职业精神和职业认同感，还需要具备较强的有效解决学生的思想问题、心理问题、学习问题和职业发展问题的职业能力。辅导员职业能力的提升，是一个经验积累和专业成长相辅相成的长期过程。目前，高职院校辅导员受限于个体在情绪管理、压力管理、人际关系处理方面能力的差异、专业能力和学科背景的差异以及从事思想政治教育工作实际能力的差异等，导致其在学生的个体成长过程中，缺乏科学的方法和有效的手段，在思想政治教育过程中不能与教育对象和社会充分融合，线上线下思政教育、学生干部培养、学生日常管理、协同育人等方面工作的整体效果不佳。

(六) 部分高职院校辅导员的科研意识不强且能力薄弱

辅导员的科研能力对思想政治教育的质量和效果至关重要。然而，由于辅导员的学科背景多样且专业相关性不高，加之受专业基础相对薄弱、科研氛围不浓厚、缺乏科研指导和动力等因素的影响，一些辅导员缺乏科研意识和主动性，而且缺乏自我提升科研能力的积极性。此外，一些辅导员由于工作压力大、科研投入时间有限，对教育实践中的重要问题关注得不够深入，对参与科研课题研究的积极性也不高，导致研究成果的理论含量不足，解决实际问题的措施的针对性不强。同时，一些高职院校尚未形成具有研究合作力量的辅导员科研团队，使得辅导员在专题研究方面往往只能单打独斗，缺乏协同创新的研究热情。《普通高等学校辅导员队伍建设规定》明确要求辅导员参加相关学科领域学术交流活动，参与校内外思想政治教育课题或项目研究。国家和地方政府都在建立和完善支持辅导员提高科研能力的保障机制，这引起了教育行政部门和高职院校的广泛关注。

三、辅导员职业认同度不高

辅导员的职业认同度会对其价值观、工作成效、自我效能感和离职倾向等产生影响。目前，辅导员的职业认同问题主要表现在以下三个方面。

(一) 辅导员对职业的情感不强烈

尽管辅导员这一角色已经存在了相当长的一段时间，并且在不同的历史阶段，党和政府颁布了一系列的政策来扶持和促进辅导员队伍的成长和发展，然而，从整体上看，辅导员在社会上以及高职院校中的地位仍然相对较低。许多从事辅导员工作的人，往往将这个职业视为一种临时的过渡，或者是在别无选择的情况下的无奈之举。更有甚者，对自己的职业感到自卑，这种负面情绪严重影响了他们对职业的情感认同。

（二）辅导员对职业的意愿并不强烈

在实际的工作过程中，辅导员常常会面临各种各样的问题和挑战，如职称评定和聘用的压力，以及家庭生活的压力等。这些问题和挑战都会对辅导员的工作动力和初衷产生影响，甚至会动摇他们的职业信念。特别是当辅导员在工作中遇到困难和挫折时，如果没有得到及时有效的心理干预和组织支持，他们更容易感到疲惫和失望，从而选择放弃这份工作并寻找其他的职业机会。

（三）辅导员对职业的信念不坚定

辅导员本身在工作的重要性、职业化和专业化发展等方面存在疑虑，这种内心的不确定性和疑惑，不可避免地会渗透到他们的实际工作中，特别是将这种不确定性带入实际的思想政治教育工作，会导致学生接受到的教育往往带有形式主义的色彩，缺乏真正的灵魂和情感投入。这种教育方式不仅无法激发学生的学习兴趣和热情，还可能导致他们对思想政治教育产生误解和抵触情绪，进而影响教育效果。

四、辅导员职业能力培养体系不完善

在当前的高职教育体系中，辅导员扮演着重要的育人角色，其职业能力的培养直接关系到学生的思想政治教育质量和高职院校的人才培养质量。然而，通过对现有的辅导员职业能力培养体系的深入分析，我们发现其存在一系列的不足之处，亟须优化和完善。

（一）辅导员职业能力的培养缺乏系统性的规划和持续的支持

当前，辅导员的培养工作往往集中在短期内的集中培训，缺乏持续性的职业发展计划和支持。这种一次性的培训方式很难保证辅导员能够系统地掌握和更新其职业技能，无法满足其长期发展的需要。例如，辅导员的培训内容往往集中在特定的技能或知识点上，而忽视了对其职业生涯的长期规划，这不仅影响了辅导员的职业成长，也限制了其对于学生工作的长期贡献。

(二)辅导员职业能力培养的资源投入不足

对辅导员工作的重视程度不够，导致在其职业能力培养上的资源投入相对有限，包括时间、资金和优质教育资源等方面。许多高职院校和教育机构在辅导员培训方面的预算有限，导致无法提供高质量的培训课程和资源。同时，由于缺乏高水平的培训讲师和先进的培训设施，辅导员在职业能力提升方面难以获得有效的支持。辅导员的工作任务繁重，他们很难抽出足够的时间来参加各种培训和学习活动，这使得他们在提升自身专业技能和知识方面面临很大的困难。这些情况不仅影响了辅导员个人的发展，也对整个高职教育质量产生了不利影响。

(三)培训内容与实际工作需要脱节

高职院校辅导员的职业能力培训内容过于理论化、与实际工作需要脱节等问题，导致辅导员在工作中遇到实际问题时难以应对。具体表现为：一是内容过于理论化。一些学校的辅导员职业能力培养内容过于理论化，过于注重知识和理论的传授。这种过于理论化的内容使得辅导员难以将其应用于实际工作中，难以应对各种复杂的情况和问题。二是内容与实际工作需要脱节。一些学校的辅导员职业能力培养内容与实际工作需要不匹配，缺乏针对性和实用性。例如，在辅导员职业能力培养中，一些学校过于注重心理咨询和职业规划等理论知识的传授，而忽略了实际操作和实践经验的传授。然而，在实际工作中，辅导员更需要的是解决实际问题的方法和技能。此外，一些学校的辅导员职业能力培养内容长期不变，缺乏更新和升级。然而，随着社会的发展和职业需求的不断变化，辅导员所面临的工作环境和问题也在不断变化，如果培养内容不能及时更新和升级，就会与实际工作需要脱节。

(四)培训方法和手段单一

高职院校辅导员职业能力培养方法主要以传统的课堂讲授为主，缺乏多样性和创新性。这种单一的培训方法和手段难以激发辅导员的学习兴趣和主动性，影响培训效果。具体表现为：一是培训方式以传统课堂讲授为主。这种方法虽然能够传授理论知识，但缺乏实践性和互动性。二是培训缺乏多样性和创新性。辅导员职业能力培养没有引入新的培训方法和手段，如情景模拟、角色扮演、案例分析等，也缺乏个性化和差异化，没有根据不同的辅导员群体和职业发展阶段，采用不同的培训方法和手段，导致培训效果不佳。

五、辅导员职业能力培养评价机制不健全

辅导员的考核评价是一个综合性的系统工程，科学的评价机制则是提升辅导员职业能力的关键手段之一，需要考虑到辅导员工作内容的各个方面。然而，在当前各个高职院校实际的考核过程中，辅导员职业能力培养的评价机制存在诸多不完善之处。

（一）评价内容的全面性有待加强

现有的评价体系往往侧重于对辅导员日常管理和行政事务的处理能力的考察，而对其在思想政治教育、心理健康辅导等方面的专业技能的评估则相对较少。同时，辅导员的评价标准主要面向整个群体，而忽视了对个体差异性的关注。每年某个固定时间节点的评价很难全面展现辅导员的工作成效，忽视了对辅导员全过程工作质量的认定和评价。

（二）评价的科学性和操作性有待提高

辅导员的工作内容和工作对象复杂多样，不同高职院校甚至同一高职院校的不同部门在评价标准上存在差异，这严重影响了评价结果的客观性和可比性。此外，辅导员的工作中包含很多事务性工作，这使得他们的工作绩效难以量化和评价。评价过程的连续性和发展性考量往往不足，通常是通过非正式的、非连续的评价来判断辅导员的职业能力，这对于动态发展的辅导员职业能力的全面评价来说是不充分的。

（三）辅导员的考核机制不够完善

目前，辅导员的考核主要由学校的相关部门负责，缺乏第三方独立评价机构的参与，并且考核结果与工作晋升、职称评定和薪酬分配的关联性不够紧密，往往只作为对辅导员工作的总结，缺乏将考核结果与辅导员的个人发展、职业发展以及奖励激励机制等挂钩的具体措施。即使辅导员在某些方面表现出色，他们也缺少一个有效的途径去申请相应的支持和发展机会。

六、辅导员职业发展扶持政策落实不到位

在当前高职教育体系中，辅导员作为重要的专业人员，其职业能力培养在提升学生工作质量方面起着至关重要的作用。党中央、国务院以及教育部、省(区、市)、高职院校都出台了相应的政策和制度来促进辅导员队伍的发展，这些政策和制度在宏观层面上起到了指导作用。但是在实际操作中，辅导员的培养制度落实情况并不理想，这对于辅导员个人的专业发展和整个高职教育的质量都产生了不利影响。

(一)在培养计划的制订与执行方面落实不到位

目前的培养体系在系统性和针对性方面存在不足，这导致它未能充分满足辅导员职业发展的具体需求。具体来说，辅导员的职业发展路径和成长空间缺乏清晰的规划和有效的引导。这种状况使得辅导员在职业发展的各个阶段都可能遭遇不同的发展瓶颈，不仅影响了他们的职业规划，还可能降低他们的工作热情和积极性。

(二)现有的培训体系未能有效地将《辅导员职业能力标准》提出的培训要求落到实处

辅导员身兼教师和行政人员两个角色，面临着多重压力，并且需要承担大量兼职工作，这就造成了辅导员在职业角色认同上存在偏差，导致《辅导员职业能力标准》在贯彻执行上存在一定的难度。比如，培训学时的要求在实际操作中经常得不到满足，这导致培训效果的不理想。同时，在一些高职院校中，培训往往流于形式，缺乏对实际工作的针对性，这使得培训内容与实际工作需求之间存在脱节问题。而在其他一些高职院校中，还存在培训质量低下、效果不佳等问题，这些都严重影响了辅导员职业能力的提升。

(三)辅导员职业发展支持体系不健全

聘用机制、考评机制、晋升机制和奖惩机制等未得到充分的建立和完善。职级和职称的双轨制度没有得到充分的实施。在职级方面，高职院校的辅导员聘用过程中仍然存在"天花板"，导致待遇、福利等方面难以得到兑现；在职称方面，受到高职院校职称评定名额的制约，加之职称评定与辅导员实际工作效

果的关联性也不够强，相关问题进一步加剧。此外，薪酬待遇方面的制度落实不够。相较于专业教师，辅导员的薪酬体系除了工资外，缺乏其他收入来源，如科研项目、培训机会、教学任务等，尽管辅导员需要长时间工作，处理各种突发事件和事务性工作，但是在薪酬和待遇方面缺乏市场竞争力。这些不完善的制度导致辅导员的专业发展缺乏有效激励与保障，进而影响了辅导员队伍的稳定性和专业性。

七、辅导员职业发展路径模糊

在当前高职教育环境中，辅导员作为高职院校思想政治教育、学生日常管理等职能的重要承担者，其职业发展路径的确立与明确化对其职业成长环境的优化具有重要意义。然而，在现行的高职院校管理和评价体系下，辅导员的职业发展面临着多重挑战，这在一定程度上也制约了辅导员工作的专业化、职业化、制度化发展。

(一)辅导员的职业角色不明确

辅导员的角色具有多重属性，涵盖思想政治教育、心理辅导、学术指导等多个方面。辅导员在实际工作中很难将注意力只集中在对某一领域的深耕上，这影响了其职业技能的精细化发展。同时，很多人为了满足短期的生计需求而选择辅导员工作，仅将其作为一个职业的中转站，而不是把辅导员的工作当作一个职业来做长远的规划，这就造成辅导员队伍整体稳定性不高，人员流失现象严重。

(二)辅导员的职业发展路径不明确

在现有的高职院校管理体系中，辅导员的职业发展路径往往缺乏明确的指引，导致辅导员在职业晋升时缺乏明确的方向和渠道。同时，辅导员的专业背景多种多样，工作内容广泛且涉及面广，这就要求他们不仅要具备相应的专业知识与能力，还要有持续学习和提升的动力。但现实中，针对辅导员的专业化培训和发展的支持机制并不完善，事务性工作的高强度、高责任和琐碎程度限制辅导员向职业化方向进一步迈进。

(三)辅导员专家化发展存在困难

专家型辅导员培养需要较长时间。在这个过程中，辅导员不仅需要在事务性工作处理经验方面有所提升，还需要在心理学、管理学、教育学等多学科领域实现知识的融会贯通，并掌握相关专业技能。但目前辅导员的职业发展路径较为单一，缺少精准和个性化的培训，难以实现专家化培养。部分高职院校在职业规划和职业发展方面对辅导员的支持不足，缺乏系统性、完善性、个性化的职业规划方案和相应的晋升通道，直接影响了辅导员对职业前景、发展方向、工作积极性等方面的认识。

第三节　高职院校辅导员职业能力
培养存在问题的原因

辅导员职业能力发展面临许多问题，既包括培训、政策制度等外部因素，也包括辅导员自身的职业认同、个人追求和主动发展等内部因素。深入研究问题存在的原因有助于完善辅导员职业能力培养策略，以适应新时代对辅导员的要求。

一、工作内容缺少具体的规定

许多学者在论述辅导员职业能力发展现状时，普遍认为其不足之处在于辅导员的职责界定模糊、不清晰、不明确。明确岗位职责是辅导员职业能力发展的首要任务，因为岗位职责直接关系到辅导员的职业能力、职业前景等，也直接影响辅导员的专业化、职业化发展。岗位职责的性质决定了职业能力的实现，因此需要以具体的工作内容为依据，明确岗位职责。

（一）工作内容过于宽泛影响和制约了辅导员职业能力的发展

根据国家相关文件对辅导员的要求，辅导员的工作范围几乎涵盖了与大学生相关的各项任务，包括思想政治教育、日常管理、学业指导、就业指导、心理咨询和心理健康教育等。然而，这种宽泛而缺乏具体规定的工作要求与辅导员个体有限的工作精力之间存在明显的不匹配，给辅导员核心职业能力的发展带来了困难。部分学者从职业社会学角度研究辅导员的职业角色后指出，每个职业的发展都需要独特性和不可替代性，而辅导员所承担的职责却成为高校其他人员职责的"零余"部分的"加总"，这与社会分工理论明显背离。这种与职业发展历史相悖的职业角色形成路径，正是导致辅导员职责过重和角色困境的根本原因。从实践角度来看，工作内容过于宽泛不仅是阻碍辅导员职业能力发展的主要原因之一，也是导致辅导员业绩考核频繁失真的重要原因。

(二)工作内容不确定使得辅导员在职业发展规划上存在困惑

随着社会的进步和教育改革的推进，辅导员职责的内涵发生了变化。在过去的政治辅导员时期，人们对辅导员的职责了解较少。进入现在的高校辅导员时期后，人们开始更加关注辅导员的职责。国家和社会对辅导员的期望不断提高。辅导员的职责范围逐步扩大到素质教育，涵盖了大学生的全面发展，这说明辅导员的职能在不断发展，角色在不断强化。同时，当代大学生的思想观念、行为模式和需求也发生了变化，这为辅导员的工作带来了新的期望和要求，辅导员工作内容也在不断增加。然而，不确定的工作内容不仅使辅导员个体的行为模式难以选择，也限制了辅导员核心职业能力的提升。工作内容边界的模糊容易导致工作目标过于宏大。有人认为辅导员的工作目标是激发学生的创新能力，提升其综合素质和社会竞争力。虽然这个目标对于整个辅导员团队来说是合理的，但在实际操作中却过于抽象。这个目标，不管是在十年前还是在十年后，对任何一个高职院校教师都非常适用。但是，对工作行为模式和工作效果的考量，无论是从整体方面还是从个体方面，辅导员的具体岗位职责都不应该是抽象概念的集合，也不应该允许任何人随意地增删或说明。如果对具体的岗位职责、考核标准依据等问题不了解，就很难对目标、内容、方法等进行有效考核。因此，高职院校应该通过制定详细且具体的工作内容体系，明确辅导员的培训和考核办法，这对于辅导员职业能力的提高将会有很大的帮助。

(三)工作职责边界不清晰制约了其职业能力发展

《普通高等学校辅导员队伍建设规定》在指导高校辅导员队伍的发展和管理方面起到了不可忽视的作用，不仅规划了辅导员工作的职责边界，还对辅导员工作的内容进行了层次划分。但在实际执行过程中，部分条款在具体实践操作中面临一些挑战。例如，该规定中说明辅导员职责包含评选奖学金、助学金，指导学生办理助学贷款以及组织学生开展勤工俭学活动等，这些工作需要不同职能机构和基层机构的分工、协作。在实际中，辅导员在具体项目上可能存在工作任务相对繁重的状况。勤工俭学或勤工助学项目对于帮助学生实现自我发展和体验社会生活有着重要意义，辅导员在指导学生根据自身情况参与相关活动方面负有一定责任。在实际操作中，辅导员能力等因素对其所负责班级或年级的勤工俭学活动的具体落实效果可能存在一定影响。学校可为学生的勤工俭学活动提供政策性支持，在具体实践中，辅导员更多的是协助和配合。再如，辅导员的职责之一是进行职业规划与就业创业指导。就业观念教育等在入学教育、毕业教育以及其他日常教育中已有所涵盖。职业生涯规划和就业指导旨在培养学生全面发展和适应社会需求的能力，在院（系）的整体工作体系中，辅导员需要积极参与这方面的工作。同时，这项工作也需要所有专任教师包括思想政治理论课教师等的共同努力。

目前，辅导员的岗位职责范围已基本确定，但在实际工作实践中，一些人对于辅导员核心职责的理解仍存在一些偏差。部分人存在一种片面的观点，认为辅导员的职责仅局限于处理繁杂的学生事务。国家制定的相关规定已明确了辅导员的职责范围，为了更好地推动辅导员工作的开展，具体的工作内容还需要学界进行深入的研究和探讨。只有进一步明确辅导员与其他学生事务工作者的职责边界，明确辅导员在专业上的主要发展方向和核心工作内容，才能够在实际工作中有效解决辅导员职责不清晰的问题，减轻辅导员的工作负担，进而更好地促进辅导员职业能力的提升和发展。

二、职业能力提升的措施不完善

辅导员作为学生工作的主要承担者，在培养学生方面不可或缺，但现有的职业能力提升措施仍然存在不完善之处，这在一定程度上制约了辅导员职业能力的进一步发展。

（一）高职院校辅导员专业成长路径不畅通

近年来，国家对高校辅导员的重视程度不断提高，建立了一套完整的培养和培训体系。辅导员队伍的学历和学位水平有了显著提高，可参与上岗培训、研修培训、专题培训、高级培训和高级研修等各类培训。然而，从骨干培训到一线辅导员培训，从专题培训到定向培训，仍存在较大的发展空间。一方面，辅导员希望参加更高层次的培训来增长知识、提高能力和素养，但现有培训机构的力量和运作方式与这一需求不匹配。另一方面，一线辅导员参加专业培训的机会仍然有限。受参培人员资格要求、人数限制和名额分配等因素的限制，许多辅导员很少有机会参加高层次的培训。根据相关规定，辅导员一般每5年才有一次参加国家级或省级培训的机会，而参与国家级骨干辅导员培训班的机会更少。

（二）辅导员专业培训的目标不清晰

近年来，随着大学生思想政治教育的新要求不断增加和复杂性不断提升，大多数辅导员迫切需要各种类型的培训来提升专业素养和思想政治教育能力。然而，目前辅导员专业化培训的目标仍然不够清晰。例如，省级辅导员培训和研修基地负责的任务包括岗前培训、日常培训和骨干培训，而专职辅导员每5年才有一次参加省级培训的机会，每10年才有两次机会，而具体参加哪种类型的培训尚不明确。校级培训每年只有16个学时，而且在培训内容、对象和目标方面缺乏具体的规划和要求，完全依靠各校自行把握。这种目标不明确往往导致培训内容泛泛而谈、碎片化，也缺乏理论和实践的深度对接。由于缺乏统一规划和有效整合，各级各类培训缺乏网格化落实，培训过程缺乏延续性，培训方式也没有实现现代化转型。忽视对培训目标的研究也容易导致对差异性培养、针对性训练和个性化需求的忽视，从而影响培训效果。

（三）信息化平台建设严重滞后

当前，辅导员职业培训信息平台建设、辅导员资料库平台建设、辅导员学术经验交流分享平台建设等工作也明显滞后。比如，在网络化、数字化时代，部分高职院校存在辅导员的培养方案、年度计划等发布不及时的问题。此外，培训资源没能实现共享。高职院校应将学术报告或专家讲座的精华内容在网上发布，或制成光盘、U盘及上传云端，供辅导员学习使用。高职院校应该公开发布一些培训安排、制度文件等，这样既能保证培训措施的有效落实，又能激发一线参训辅导员的参训热情，促进参训人员的素养和能力的提高。同时，辅导员的信息技术素养亟待提高，辅导员职业能力培训的方式亟待完善，这些都是随着教育信息化、大数据、云计算、多媒体、自媒体以及"两微一端"的快速发展而必须改进完善的地方。因此，各高职院校要想快速提升辅导员的职业能力，就必须加快推进信息化平台的建设。

三、职业能力提升的制度机制不健全

辅导员作为重要的学生管理工作者，其职业能力的提升对于学生的健康成长和高职院校的稳定发展具有重要意义。然而，受限于一系列因素，辅导员职业能力的提升在制度机制层面上仍存在不足，这些不足是制约辅导员的职业能力进一步发展的重要原因。

（一）缺乏稳定的正向流动机制

辅导员队伍的不稳定和流动性大是一个长期存在且现实性的问题。部分辅导员的职业能力不强，其中一个重要原因是辅导员队伍的稳定性差，而学校也没有建立良好的流动机制。任何职业队伍的发展都需要平衡稳定性和流动性，这两者之间存在矛盾但又相互依存。辅导员的专业化和职业化发展需要稳定性的支持，即只有在相对稳定的环境下，才能更好地推动辅导员的专业化和职业化发展，才更有利于辅导员接受良好的培训和传承职业文化。然而，如果没有流动性，辅导员队伍就会因为缺乏新鲜血液而失去活力和生机。如果流动性过大，就会导致负向流动，使辅导员队伍失去应有的稳定性。在辅导员这一职业的发展中，建立稳定的正向流动机制更有利于辅导员队伍保持相对稳定和专业化发展。所谓正向流动，指的是有组织、有计划、有目的地引导和安排辅导员走向其他工作岗位，同时吸引其他岗位的人员加入辅导员队伍。

在政治辅导员时期，辅导员的职业前景通常不用担心，也不受待遇限制。他们的职业发展方向主要包括政工干部、科研工作者、专业课教师。由于当时办学规模较小，辅导员数量也不多，所以他们的去向问题相对容易解决。然而，如今大部分高职院校的规模已经达到了万人以上，辅导员的数量也大大增加，干部选拔任用机制和教师队伍建设的选聘机制也发生了新的变化。如果学校不提前规划辅导员的职业前景，就很容易导致辅导员对职业培训缺乏兴趣，无法专心从事本职工作。其中的重要原因既在于职业的吸引力不足，也在于其对职业发展前景的担忧。因此，要提高辅导员的职业能力，就必须关注职业的稳定性和发展机制的建立与完善。有调查数据显示，我国高职院校辅导员的主力军为青年人，而很多人只担任几年辅导员，甚至未满一届就离开了辅导员岗位。辅导员队伍呈现出高流动性、低稳定性的境况，十分不利于辅导员职业能力的提升、辅导员队伍整体经验的积累以及辅导员职业文化的传递。如果不能解决辅导员队伍的稳定性问题，辅导员的专业化和职业化发展将是一个遥遥无期的目标。因此，必须加快构建促进辅导员队伍和谐发展的长效机制，构建稳定的正向流动机制。

（二）管理体制不完善

管理体制不完善是影响辅导员职业能力发展的现实性障碍。长期以来，辅导员的发展受到多重领导体制的影响。辅导员所在的单位是院（系），但学生管理部门通常也会对他们进行管理。可以认为，辅导员这个职位，既非纯粹的教师，也非完全的行政人员，而是处于特殊的"桥梁"的位置。可以说，在高职院校的众多职业群体中，辅导员是唯一一个受到多个部门监管和指导的群体。需要明确的是，2017 年教育部颁布的《普通高等学校辅导员队伍建设规定》在辅导员管理体制方面有了新的进展，明确了辅导员由学校和院（系）双重领导，强调了党的领导和管教分离等方面的新部署。在我国高等教育大众化的进程中，辅导员承担着重要的思想政治教育、促进学生发展和日常教育管理的任务，其职责的复杂性和繁重性引起了社会的广泛关注。学者关于辅导员是负责日常思想政治教育工作还是学生事务工作的问题存在争议，有学者认为辅导员的新定位应该是学生认知和适应社会的引领者、学生人生观念和社会行为的指导者、学生心理的关怀者。但辅导员管理体制的不完善反映了人们对辅导员专业归属的不同认知。在高职院校中，学生工作机构通常是学生处或学生工作部，但人们对于学生工作的具体内涵仍缺乏深入的分析和研究。有一种说法认为，学生工作机构主要负责高职院校学生的思想政治教育、行为规范管理和成长成才服务；而另一种说法则认为，学生工作机构主要负责学生事务。由此可见，对于学生工作的职责界定值得深入思考与讨论。

（三）职业能力发展保障制度有待完善

辅导员承担着重要的育人工作，其工作成效对于学生的成长和发展意义重大，因而迫切需要有关部门给予高度关注，并通过健全的制度来提供有力保障。研究显示，重点高等学校的辅导员保障制度相对完善，并重视发挥辅导员的工作职能，为辅导员提供更多的职业发展机会和广阔的发展空间，能够更好地展现辅导员的工作价值。以全国高校辅导员年度人物评选活动为例，从实际参与情况来看，本科院校辅导员在该活动中参与度较高，相比之下，高职高专院校辅导员的参与比例相对较低。这一现象的产生原因值得深思：一方面，可能存在高职院校等对辅导员职业能力发展支持不足、保障力度不大的原因，导致他们在参与此类评选活动时面临一定的困难；另一方面，可能是高职院校对辅导员工作的宣传和重视程度不足。社会对辅导员的职业认同不仅包括对该职业的认同，还包括对辅导员工作成绩和贡献的认同。相关部门和高职院校应该完善相关制度文件，对辅导员职业能力的提升予以保障。在关注辅导员群体时，应充分兼顾不同类型院校的特点和需求，既要充分肯定院（系）党团领导在学生思想政治教育工作中所做出的贡献，也要高度认可一线辅导员在学生管理和服务中付出的努力和取得的成绩，通过合理协调分配资源，为各类院校辅导员提供更多的发展机会和平台，推动高等教育事业的进步。

（四）对辅导员职业能力发展的人文关怀不够

辅导员的职业使命是引导学生的思想和价值观，促进学生全面发展。辅导员也是有自我追求和自我价值实现愿望的生命个体，需要得到社会的关心和支持。在制定相关政策和组织活动时，相关部门应该以人为本，注重人文关怀，为辅导员提供帮助和支持，促进其不断发展和进步。辅导员的工作十分辛苦，需要得到社会的理解、认同和赞赏，同时也需要得到鼓励。我们应该以关爱的心态、发展的意识、培养和扶持的情怀来支持、帮助辅导员，让他们不断前进。

四、职业能力培养的师资力量不足

由于多方面原因，我国高职院校辅导员职业能力培养在师资力量层面存在诸多不足，其中包括对辅导员职业能力培养的指导作用不足，这一问题需要通过加强师资队伍建设来解决。

第一，辅导员职业能力的培养必须得到专业的、系统的指导，这是至关重要的。然而，目前师资队伍在这方面的作用发挥得并不充分，甚至存在一定的不足之处。辅导员的工作不仅涉及思想政治教育，还包括心理咨询、职业规划、危机干预等多方面，这就要求辅导员不仅要有较高的政治素质和理论水平，还需具备相应的专业知识和实际操作能力。这些能力的培养需要通过系统的培训和实践来实现。但在实际的工作中，辅导员往往面临着工作压力大、事务繁多等问题，导致他们在职业能力提升的过程中，缺乏系统的学习和培训机会。因此，高职院校需要加强对师资队伍的培训和提升，使其能够更好地在辅导员职业能力培养中发挥作用。

第二，辅导员职业能力的提升不仅仅是为了增强其个人的专业素养和工作技能，更是为了整体提高高职院校思想政治教育的质量和水平。这就意味着，辅导员职业能力培养不能仅局限于提升个人技能，还必须紧密结合高职院校的战略发展需求，以确保辅导员能够在思想政治教育工作中发挥更大的作用。然而，当前师资队伍在提供这种专业指导和支持方面，无论是在力度上还是在深度上，都还存在一定的不足。为了实现辅导员职业能力的全面提升，高职院校需要进一步加强对师资队伍的培训和指导，以确保他们能够更好地满足辅导员职业发展的需求，从而推动高职院校思想政治教育工作的整体进步。

第三，为了提升辅导员的职业能力，必须有针对性地开展培训，并提供持续的研究支持。例如，辅导员需要深入研究和了解如何更好地适应"00后"学生群体的独特特点，掌握更有效的思想政治教育方法，以及如何应对和处理各种复杂多变的突发事件等。目前，现有的师资队伍在这些方面的作用尚未得到充分发挥，因此，必须加大资源投入，提供更多的政策支持，以确保辅导员能够不断提升自身的职业素养和应对能力。

五、辅导员自身原因

从现有情况来看，辅导员在职业能力培养方面面临着一系列挑战，其中一个核心问题是辅导员自身对于职业能力培养的重视程度不足，这在一定程度上限制了他们的自我提升和职业发展。具体如下：

第一，辅导员的工作性质本身具有复杂性和多变性，而且在面对学生管理、心理健康、职业规划等多方面的职责时，辅导员往往需要处理大量的日常事务和应急事件，这无疑分散了他们对于个人专业能力提升的关注度和精力。同时，辅导员的工作通常涉及与学生的直接互动，这种互动的性质要求辅导员必须具备良好的沟通能力、心理洞察能力以及解决问题的能力，但这些能力的培养往往需要大量的时间与系统化的培训作为支撑。

第二，辅导员在职业发展的过程中，面临着"双线"晋升的路径选择。一方面，辅导员可以通过管理岗位获得职业晋升。另一方面，辅导员也可以通过学术途径获得职称评定。然而，由于辅导员工作具有特殊性，加之工作量大等现实状况，很多辅导员可能对于通过学术途径进行职业发展怀有较大的热情，而忽视了通过管理途径提升自身的管理能力和职业能力。

第三，辅导员的继续教育和在职培训机会有限。尽管部分高职院校为辅导员提供了职称评定的机会，但这些职称评定往往侧重于学术成就，而忽视了辅导员在管理、心理辅导等方面的专业技能。因此，即使辅导员愿意进行自我提升，缺乏系统有效的培训和学习机会也严重限制了他们的职业能力的提升。

面对这些挑战，辅导员需要先从观念上重视职业能力的提升，需要认识到职业能力的提升不仅仅是对个人职业发展的投资，更是对所服务学生群体负责任的表现。辅导员应当意识到，随着高等教育的改革与发展，社会对辅导员的专业要求也在不断提高。辅导员需要通过不断的学习与实践，更新自身知识结构，提高解决复杂问题的能力，以适应当下及未来的工作需要。

第五章 中外高职院校辅导员职业能力培养比较

随着全球化和知识经济的迅速发展，教育国际化已成为世界范围内的共同趋势。在这一背景下，中外高职院校之间的交流与合作日益密切，不仅促进了各自教育体系的互相借鉴与学习，也为高职院校辅导员的职业能力培养带来了新的机遇与挑战。对比研究中外高职院校辅导员的职业能力培养，不仅有助于发现各国高职教育体系的优势与不足，更能够为我国高职院校辅导员的职业能力培养提供重要的参考和启示。通过借鉴国外先进的教育理念、管理经验和培训模式，我国高职院校辅导员可以不断提升自身的专业素养和服务水平，更好地适应当前高职教育的发展需求。同时，通过对比研究中外高职院校辅导员的职业能力培养，还可以为我国高职教育的国际化发展提供有益的借鉴，有助于我国高职院校更好地与国际接轨，提升国际交流与合作的能力，进一步拓展高职教育的国际影响力和竞争力。

目前，中外高职院校辅导员的研究主要集中在辅导员队伍建设和工作管理模式的分析上，着重比较我国与教育发达国家的实践经验。这种比较研究有助于我国职业教育领域对辅导员队伍建设的借鉴与提升。然而，在职业教育中辅导员职业能力培养方面，目前尚未有充分且深入的探讨和研究。为填补这一研究空白，本章将聚焦于对中外高职院校辅导员的角色定位、职业能力构成和职业发展等关键维度进行比较。通过对中外高职院校辅导员的比较分析，旨在发现有效的辅导员职业能力培养路径和方法。这不仅有助于提升我国高职院校辅导员的职业素养和服务水平，也将促进我国高职教育的质量和国际竞争力的提升。

第一节　中外高职院校辅导员的
工作模式及特点

在比较分析中外高职院校辅导员的角色定位、能力构成及职业发展之前，了解辅导员的工作模式及其特点十分必要。目前从全球范围看，普通高校与高职院校的辅导员(学生事务管理者)制度基本是一脉相承、共融共通的，因此本节将先就中外高职院校辅导员的工作模式和特点进行分析。

在美国、德国、日本等发达国家，早期的高等教育中并未使用"辅导员"这一术语，而是将与之对应的工作职务称为学生事务管理者(counselor)。这些管理者被赋予了指导和管理学生事务的任务，其工作范围涵盖心理、专业和职业规划等方面的辅导服务。这种学生事务管理者制度类似于我国高校中的辅导员制度，其目的在于为学生的全面发展提供支持和指导。

随着教育管理的逐步完善和对学生发展需求的不断提升，国外的学生事务管理团队逐渐形成了独特的管理模式。这一模式不仅涵盖了管理理念的更新和制度建设的完善，还明确了学生事务管理者的职责定位以及对其专业化和职业化发展的要求。管理理念的更新包括对学生事务管理工作的新理念和新思维的引入，使其更加贴近学生的需求和发展趋势；制度建设的完善则包括对相关政策和规章制度的不断完善和更新，以适应不断变化的教育环境和学生需求。

此外，国外的学生事务管理团队也在不断强调其职责定位，明确其在学校和社会中的角色与责任。他们不仅要求学生事务管理者具备良好的专业知识和技能，还要求其具备较强的沟通能力和人际关系处理能力，以更好地为学生的发展提供支持和帮助。同时，国外的学生事务管理团队还在不断推动其向专业化和职业化发展，通过相关的培训和认证机制，提升学生事务管理者[①]的整体素质和能力水平，以更好地适应教育管理的需求和应对各种挑战。

一、美国高职院校辅导员的工作模式及特点

美国高职院校辅导员一职的出现可追溯到教育体系初期。最初，美国高职院校仅有少数教师负责课堂教学，而学生的学业、生活、职业规划等方面并未

---

① 为便于理解，本章统一采用"辅导员"这一称谓。

得到充分关注。然而，随着社会的发展和教育理念的更新，人们开始意识到学生全面发展的重要性，对学生的个性化关怀和支持成为一项紧迫任务。正是在这样的背景下，美国高职院校逐渐引入了辅导员这一职位，为学生提供更为全面的支持和指导。辅导员制度的起源可以追溯到教学外围的工作领域。在美国高职院校中，辅导员的工作职责涵盖了多个领域，包括但不限于心理健康咨询、学业学术指导、职业生涯规划等。这些工作内容在初期并未被充分重视，但随着社会对教育需求不断增加，教学外围的工作进程逐渐受到关注。特别是在近几十年来，随着美国教育体系的不断完善，人们对学生全面发展的认识逐渐深化，辅导员的角色逐渐受到重视，其在学校中的地位逐步提升。

美国辅导员制度的形成可以看作一个内生过程。从一开始，这一制度就承载着明确的社会性责任，即为学生的全面发展提供支持和指导。辅导员不仅要具备专业的知识和技能，更需要具备较强的情感素质和人际沟通能力，以更好地满足学生的需求。因此，美国辅导员制度的建立不仅是教育体系的一部分，更是社会责任的体现。

随着专业化水平的提高，美国高职院校学生事务管理服务呈现出高度的分化，学生事务管理服务的科学化和职业化程度正在不断提高，这一趋势推动了辅导员队伍的分化和专业化。辅导员的角色定位已经明确，根据不同的需求，辅导员被细分为心理辅导员、职业辅导员、学习辅导员和生活辅导员等。这种分门别类的安排旨在更好地满足学生的多样化需求，提供针对性的支持和指导。

各类辅导员的角色定位不同，其职责和工作任务也不相同。心理辅导员在提供个体或团体咨询服务的同时，专注于解决学生的心理问题。他们不仅具备心理学相关专业知识，还能够运用各种心理治疗方法，如催眠治疗和放松治疗，来帮助学生克服心理障碍，使其保持心理健康。职业辅导员的工作重点在于协助学生进行个人职业发展规划。他们结合学生的专业学习、个人能力以及社交和个性情况，为学生提供针对性的职业建议和指导，帮助他们更好地规划未来的职业生涯，实现个人职业目标。学习辅导员致力于帮助学生掌握学习领域的各种技巧和方法。他们通过提供学习策略、应试技巧等方面的指导，帮助学生提高学习效率和学术成绩，增强其自信心和学习动力。生活辅导员的工作涉及学生生活的方方面面，他们综合运用医学、营养学等方面的知识，为学生提供生活上的咨询和支持，帮助他们保持健康的生活方式和良好的生活品质。

这些辅导员大多具有相关专业博士学位，并通过辅导员协会的职业考试，确保具备必要的专业知识和能力来胜任工作。他们的专业化和职业化不仅提升了学生事务管理服务的水平，也为学生提供了更加全面和个性化的支持与指导。

在美国高职院校中，辅导员秉持着"以人为本"的工作理念，将学生置于工作的核心地位。这一理念体现了对每个学生独特需求的尊重，以及对个体发展的重视。辅导员将个人本位作为核心价值取向，致力于促进学生的自我管理能力和个体发展水平的提升。他们注重通过"一对一"的工作形式，深入了解每位学生的情况和需求，为其量身定制合适的辅导方案，实现个性化指导和支持。在组织结构方面，美国高校辅导员协会扮演着重要角色。作为一个平台，该协会为辅导员提供了交流合作的机会，促进了经验共享和专业发展。此外，美国高职教育的辅导网络由高职院校、家庭和社区三方共同构成，形成了一个紧密联系的工作体系。在这个体系中，高职院校作为主导者，提供了诸多资源和支持；家庭承担着学生的日常生活和情感支持；而社区则为学生提供了更广泛的资源和机会，促进其全面发展。

这种由多方共同参与的工作网络，不仅为学生提供了全方位的支持和服务，也为高校辅导员的工作提供了更广阔的发展空间和合作平台。在学校内部，这一体系已经形成了专门的辅导咨询服务体系，为学生提供了及时、有效的辅导和帮助，促进了他们的健康成长和综合素质的提升。

二、英国高职院校辅导员的工作模式及特点

在英国高职院校中，学生管理队伍由兼职和专职人员共同构成，形成了一个多层次的管理体系。其中，个人导师起着重要作用，他们通常是学生的学术指导者和个人顾问，负责指导学生的学习和生活，并提供个性化的支持和建议。与此同时，学生服务部门也是学校管理中不可或缺的一部分，其职责涵盖了学生生活的方方面面，包括在住宿、健康、就业等各个方面提供服务和支持。二者密切合作，相互补充，共同致力于提高学生事务管理工作的效率和质量。个人导师通过与学生建立紧密的联系，了解他们的需求和问题，并提供针对性的指导和帮助。而学生服务部门则提供更广泛的支持，为学生提供全面的服务和资源，帮助他们更好地适应校园生活并解决各种问题。

这种兼职和专职人员共同构成的学生管理队伍，使得英国高职院校能够充分发挥他们各自的优势，形成了一种高效、协调的管理模式。通过不断的合作与协调，他们为学生提供了全面的支持和服务，助力他们实现学业和个人发展

的目标，为高职院校的整体发展做出了重要贡献。

英国高职院校的导师制度是其高等教育体系的一项特色，具有深远的教育意义和实践价值。在这一制度下，每位新入校的学生都被配备了一位导师，这位导师将与学生建立密切的关系，承担着引领、指导和关怀学生的重要责任。导师的角色不仅仅局限于学业辅导，更重要的是关注学生的整体发展，包括学术、生活和职业等方面。

首先，导师需要面对面地给予学生指导和支持。他们与学生之间建立起了一种亲近而又专业的关系，通过与学生的交流和互动，帮助他们解决学习和生活中遇到的各种问题，并指导他们制订个人发展计划。其次，导师需要关注学生的需求，并及时提供相应的反馈。他们会定期与学生进行沟通，了解他们的学习和生活情况，及时发现问题并给予适当的帮助和建议，以保证学生的学习和发展方向正确。导师还承担着监管学生学业进展的责任。他们需时刻了解学生的学习情况，监督学生的学业进度，确保他们按时完成任务并取得进步。导师会定期与学生就学习计划进行讨论和评估，帮助他们规划未来的学习目标和发展方向。此外，导师还要为学生提供寻求生活支持的途径。他们不仅是学术上的指导者，也是生活上的朋友和倾听者。学生在面对生活中的困难和挑战时，可以向导师寻求帮助和建议，导师将给予他们耐心的解答和有效的支持，帮助他们解决问题并重新获得信心。

总的来说，英国的导师具有双重身份，既是教师也是管理人员。他们不仅致力于学生的学术成长，更关注学生的整体发展和健康成长。通过与学生的密切合作，导师为学生提供了全方位的支持和指导，助力他们实现个人目标和取得学业成就，为高职教育的持续发展做出了重要贡献。

三、日本高职院校辅导员的工作模式及特点

日本高职院校辅导员的工作模式的形成是在学习借鉴美国高职院校辅导员的工作模式的基础上逐步演变而来的。在这一模式中，日本高职院校采取了学校与社会共同参与、协同管理的方式，以确保学生事务工作的全面性和高效性。具体来说，日本高职院校学生事务工作体系以学生为中心，旨在为学生提供全方位的服务和支持，同时借助社会机构的力量，形成了一种多方合作、资源共享的工作模式。

在日本高职院校学生事务工作实践中，其工作理念体现了明显的专业化和法治化特征。工作保障体系完备，学校在学生事务工作方面的职责和权限明确

划分，依法运行，并通过制度化的管理机制确保其有效运作。此外，日本高职院校学生事务工作受到多方面因素的影响。首先是学校文化与目标的影响。不同学校的文化传统和办学理念会影响到学生事务工作的方式和策略。其次是财政资源的影响。财政支持程度直接影响学校学生事务工作的力度和效果。此外，日本国内社会状况以及国际化进程也会对高职院校学生事务工作产生影响，需要不断调整和适应。

在日本高职院校的机构设置中，扁平化模式被广泛采用。这种模式旨在简化管理结构，提高管理效率。在这一模式下，各高职院校会统一设置综合机构，直接面向学生，为其提供全方位的管理与服务。这种统一设置的综合机构通常被称为学生部，由专职工作队伍构成，具有较强的专业性和稳定性，负责处理高职院校学生事务工作的各项内容。不同于以往的学生管理处，日本高职院校通过设立综合办事大厅来明确各部门的分工。这些部门包括留学生支援、就业支援、学生生活支援、奖助学金支援等，每个部门都拥有明确的职责和任务，以更好地满足学生的需求。值得注意的是，日本高职院校学生事务工作具有很强的学生参与性。政府倡导并鼓励各高职院校开发并实施学生事务工作的特色项目，这些项目旨在培养学生的自立、自强能力。通过参与这些特色项目，学生不仅可以积累丰富的经验，还能够提高自身的综合素质和能力，为未来的发展奠定良好的基础。

因此日本高职院校的机构设置和学生事务工作体系体现了一种扁平化的工作模式和强调学生参与的特色。这种模式旨在为学生提供更加便捷和有效的管理与服务，并通过特色项目培养学生的综合能力，促进其全面发展。

四、我国高职院校辅导员的工作模式及特点

我国高职院校辅导员队伍的重要性在高职院校思想政治教育中不可忽视。作为学生身心健康、学业发展和全面成长的引导者和支持者，辅导员在高职院校中扮演着关键角色。党的十八大以来，我国高度重视高校辅导员队伍的建设，相继出台了一系列政策和规定，旨在提升高校辅导员的专业素养和工作水平。

2014年，《高等学校辅导员职业能力标准（暂行）》的颁布进一步明确了辅导员的职责和能力要求。该标准系统地界定了辅导员的工作范畴，从思想理论教育到心理健康教育，从校园危机事件应对到职业规划与就业创业指导，为辅导员的工作提供了明确的指引。

随后，2017 年的《普通高等学校辅导员队伍建设规定》进一步完善了辅导员的工作体系。该规定明确了辅导员在党团和班级建设、学风建设等方面的工作内容，强调了辅导员在思想理论教育和价值引领方面的关键作用。此举有助于促进高校辅导员队伍的专业化、职业化发展，为确保高校思想政治教育工作的有效实施提供了制度保障。

我国高职院校辅导员的工作模式主要体现在为学生提供全面的教育管理和服务，以促进学生的综合发展和职业能力的培养，其特征主要体现在以下几点：一是全面发展教育模式。我国高职院校辅导员注重学生的全面发展，不仅关注学生的学业成绩，还重视对学生的思想品德、身心健康、实践能力等方面的培养。辅导员通过开展各类学生活动、心理健康教育、实践实习等方式促进学生的全面成长。二是政策驱动的职业教育体系。我国高职院校辅导员的工作受到国家政策的引导和支持。政府出台了一系列职业教育政策，辅导员在实践中贯彻落实这些政策，促进学校教育教学工作的有效开展。三是综合素质教育与职业指导相结合。我国高职院校辅导员不仅注重学生的学术知识和专业技能培养，还重视学生的综合素质和职业发展。他们通过开展职业生涯规划指导、创新创业教育、就业技能培训等活动，帮助学生更好地适应社会需求。四是重视思想政治教育与职业道德培养。辅导员在工作中注重学生的思想政治教育和职业道德培养，引导学生树立正确的人生观、价值观和职业道德，培养学生的社会责任感和公民意识。五是加强学生的实践能力和创新能力培养。我国高职院校辅导员重视学生的实践能力和创新能力培养，通过组织实践实习、科技创新竞赛、社会实践等活动，激发学生的创新创业精神，提升学生的竞争力。

总的来说，我国高职院校辅导员的工作模式注重全面发展教育、政策驱动、综合素质教育、思想政治教育、实践能力和创新能力培养等方面，旨在为学生的综合发展和职业能力提升提供全方位的支持和服务。

第二节　中外高职院校辅导员的角色定位比较

中外高职院校辅导员的工作模式和特点反映了各国高等教育体系的不同特色和发展需求。美国高职院校辅导员系统注重分工细化和专业化，通过心理辅导员、职业辅导员、学习辅导员和生活辅导员等角色的划分，为学生提供个性化的支持和指导。英国高职院校采用由兼职和专职人员共同构成的管理体系，以个人导师和学生服务部门为主要组成部分,强调个性化支持和资源共享。日本高职院校学生事务工作模式注重学校与社会的协同管理,采用扁平化的机构设置和强调学生参与的特色项目,旨在提高工作效率和培养学生的综合能力。我国高职院校辅导员工作模式注重全面发展教育、政策驱动的职业教育体系、综合素质教育与职业指导相结合、思想政治教育与职业道德培养以及学生的实践能力和创新能力的加强,致力于为学生的综合发展和职业能力提升提供全方位的支持和服务。

一、国外高职院校辅导员的角色定位

(一)美国高职院校辅导员的角色定位

美国高职院校辅导员在学生发展中扮演着不可或缺的角色,承担着保障学生心理健康、强化学生职业能力以及帮助学生认识和了解社会的重要职责。在美国的教育系统中,辅导员主要聚焦于心理辅导、职业辅导、学术辅导和生活辅导等方面,其工作体现出明显的专业化和职业化特点。其主要角色定位及工作内容包括以下几方面。

1. 心理辅导者

在美国的高等教育体系中,辅导员能够为学生提供针对其心理问题的专业咨询和治疗服务,解决学生的心理困扰,消除其心理障碍,使其用积极、健康的心态面对生活中的挫折和挑战,减轻其生活和学习中的压力,促进其思维和心理的健康发展。这要求辅导员具有相关专业背景,经过专业培训,甚至可能需要其具有博士学位,并且通过辅导员协会的职业考试,以确保其专业能力和服务质量。

2. 职业辅导者

美国高职院校辅导员还专注于职业辅导,结合学生的专业学习、个人能力、社交和个性情况,帮助学生进行职业生涯规划,提升其求职技巧和市场竞争力。这种以职业发展为导向的辅导工作,不仅能提升学生对自身职业生涯规划的认识,也能帮助学生提前适应未来职场的要求。这要求辅导员不仅要提供面对面的指导,还要组织职业讲座以及提供与行业专家接触的机会,以增强学生的职业认识和适应能力。

3. 学术辅导者

学术辅导员关注学生的学习方法与策略,使学生掌握有效的学习技巧,如提高阅读速度、掌握学习方法和应试策略，以提升其学术成绩和学习效率，并解决其学习中遇到的问题。学术辅导员通常对学生的学习风格和需求有深刻了解，能够提供个性化的学习支持，促进学生的学术成长。

4. 生活辅导者

生活辅导员提供综合性的生活咨询，比如健康管理、营养建议等，帮助学生在校园生活中培养自信和独立的生活信念，帮助学生更好地了解和融入社会，教导学生如何社交、如何做人等，提升学生的社会适应能力和人际交往能力。生活辅导员往往兼具多种技能，能针对学生的生活问题提供实用建议和解决方案，促进学生全面发展。

5. 价值观引领者

辅导员不仅仅是学生的支持者和指导者，还是他们的倡导者和引领者。他们为学生树立榜样，引导他们树立正确的人生观和价值观，助力他们成为自信、自主的个体。辅导员通过自身的言行和行为示范，激发学生的学习兴趣和潜力，引领他们走向成功的道路。

总之，美国辅导员在高等教育机构中发挥着至关重要的角色，他们不仅关注学生的心理与职业发展，还致力于帮助学生更好地融入社会，促进了学生的全方位发展。这种角色定位体现了美国高校辅导工作的专业性和系统性，对促进学生全面发展具有显著效果。对于我国辅导员制度的完善与发展，美国的经验能够提供有益的借鉴和启示。

(二)英国高职院校辅导员的角色定位

英国高职院校学生事务管理理念集中体现了"以学生为中心"的原则。在英国的教育体系中，辅导员扮演着学生事务管理的专家和学生个性化发展的引导者，其角色与职责明确，且专业化程度高。他们通过各种方式，帮助学生实现自我价值，使之成为社会的有用之才。其主要角色定位如下。

1. 学生事务管理的专家

在英国高等教育体系中，辅导员主导着学生支持服务中心，提供包括学术和非学术在内的全方位服务。这种服务不仅涉及学生的日常学习方面，还涉及心理健康、职业规划以及个人发展等方面。英国辅导员注重对学生的个性化服务和专业化支持，而非一般性的管理与指导。

2. 个性化发展的引导者

在英国高职院校中，辅导员通过提供定制化的服务，帮助学生实现个人成长和职业发展。这种引导不仅基于学生的实际需要，也考虑到了学生的长远发展。同时，英国辅导员还积极参与学生的决策过程，如学校理事会和校务会中学生代表席位的设立，确保学生意见得到充分的表达和尊重。

3. 学术导师和个人顾问

辅导员既是学生的学术导师，负责指导他们的学习和研究，为学生提供专业的学术辅导和支持，又是学生个人生活的顾问，为他们提供个性化的支持和建议。他们与学生建立起信任和亲近的关系，了解他们的需求和问题，及时给予他们支持和帮助，帮助他们解决学习和生活中的各种问题。

4. 学生全面发展的促进者

辅导员注重学生的全面发展，不仅关注他们的学术成绩，还重视对他们的思想品德、身心健康和实践能力等方面的培养。他们通过鼓励学生参与各种社团活动、志愿服务和实习实践，帮助学生培养多方面的技能、积累经验和养成自立、自强的品格，提升其社会责任感和公民意识，促进学生全面成长。

总之，英国高职院校辅导员的角色定位是明确的，他们不仅是学生事务管理的专家，还是学生个性化发展的引导者和全面发展的促进者。这一定位对提升学生满意度和就业率有直接影响，并有助于学生在学术领域和职业领域取得成功。

（三）日本高职院校辅导员的角色定位

日本辅导员在教育体系中扮演着复杂且重要的角色，他们不仅是学生学习和生活的指导者，还是心理问题的咨询师以及防灾教育的实施者。在日本的教育体系中，辅导员的角色是多维度的，涉及从思想政治教育到心理健康辅导、学业指导、安全教育，以及危机应对等多方面的工作。

1. 教育者与学者

日本辅导员首先是教育者，他们需要具备扎实的教育理论和实践知识。他们不仅是学科知识的传授者，更是学生学习方法和学习态度的塑造者。辅导员需要关注学生的学业进展，帮助学生制订学习计划，并提供必要的学业指导和辅导。同时，辅导员自身也要不断学习并研究新的教育理念和方法，以保持教育工作的前瞻性和创新性。

2. 学生学业和发展的促进者

辅导员需关注学生的学习生活，帮助他们制订学习计划，并在必要时提供学业上的督促和生活中的帮助。通过组织第二课堂活动和社会实践，辅导员不仅提高了学生的实践创新能力，也拓宽了学生的视野和丰富了其社会体验。辅导员需关注学生的日常生活，帮助学生解决生活中遇到的问题，如宿舍管理、人际关系处理等。此外，辅导员还需指导学生进行合理的职业规划，提供就业信息和建议，帮助学生顺利过渡到职场中。这种角色要求辅导员具备较强的社会资源整合能力和对学生个性的深刻理解，以便为每一位学生提供个性化的指导。

3. 学生健康与安全的守护者

日本辅导员承担了心理顾问的角色，他们需要接受专业的心理咨询培训，定期对学生开展心理健康教育，能够在学生出现心理问题时提供及时有效的帮助和支持。例如，面对学生的焦虑、抑郁等问题，辅导员要能够进行初步的心理疏导，并引导学生寻求更专业的帮助。他们有责任教育、引导学生学会保护自己，加强安全教育，严格规范学生管理，增强风险防控意识。在日本这样一个地震频发的国家，辅导员还肩负着防灾教育和危机管理的职责。他们需要定期组织防灾演习，确保学生掌握基本的防灾知识和逃生技能。当自然灾害或其他突发事件发生时，辅导员要迅速行动，组织学生撤离，保障学生的安全。这要求辅导员不仅要具备应急处理能力，还要有高度的责任心和冷静的判断力。

4. 学校、家庭和社会的联络者

辅导员既是教师队伍的一部分，也是管理队伍的一部分，肩负着传递学校教育理念和家庭期望的责任。日本高职院校强调学校与社会的共同参与和协同管理学生，辅导员通过与各方联系和合作，包括政府、行业、社会组织等，为学生提供更广泛的支持和资源，促进学生的全面成长。

综上所述，日本辅导员的角色定位是多维度的，他们既是教育者也是心理顾问，既是生活导师又是危机管理专家。这些角色相互交织，共同构成了辅导员在学生成长过程中不可或缺的支持系统。为了更好地履行这些职责，辅导员需要不断提升自己的专业素养和综合能力，以应对日益复杂多变的教育环境。

二、中外高职院校辅导员的角色定位对比

在全球化教育背景下，高等教育体系及其运作模式在不同国家间展现出多样性与共性。辅导员的角色定位也呈现出多样化和专业化的特点。不同国家的辅导员职责与功能根据其教育系统和文化背景有所差异。

根据以上分析，我国高职院校辅导员的角色定位更多体现在以下两个方面：一方面是更加关注学生的学习和生活。我国高职院校辅导员通常更关注学

生的学习和生活情况，关心学生的情感和心理状态，帮助学生解决学习和生活中的问题，以及提供心理咨询和支持。另一方面，更倾向于家长角色。我国高职院校辅导员通常扮演着家长的角色，对学生进行管理和教育，注重规范学生的行为和思想，以及关心学生的成长和发展。美国、英国、日本等国家的辅导员的角色定位更多体现在以下两个方面：一方面，国外高职院校辅导员或学生事务管理者在实际工作过程中扮演着学生的指导者和朋友的角色，注重以学生为中心，为学生提供学习、生活和职业方面的指导和帮助，充分尊重学生个体需求和个人选择，与学生建立密切的关系，成为学生可信赖的人，并在此基础上提供专业的指导。另一方面，在帮助学生克服困难或做出抉择时，国外辅导员更加注重引导学生发挥个人的主观能动作用，把工作的重点放在发掘学生的最大潜能上，并通过多种途径让学生参与学校学生事务管理的各个环节，从而促进学生的全面成长。总体而言，中外辅导员角色定位既有共性，又具有各自的特色，具体比较分析如下。

（一）角色功能与职责范围的对比

我国高职院校辅导员承担着学生思想政治教育的组织实施以及学生成长成才的指导等职责。他们在培养学生的政治意识、社会责任感和道德规范方面发挥作用，同时需要处理学生的日常管理事务和进行危机干预。他们承担着促进学生全面发展的责任，需要具备多种能力，如组织管理能力、沟通协调能力、科学研究和创新能力等。美国、英国、日本等国家的辅导员主要聚焦于心理辅导、职业辅导、学术辅导和生活辅导等方面，这些工作具有明显的专业化和职业化特征。他们的服务更加侧重于学生个体的成长和实际需求，较少涉及政治教育。

（二）专业化与职业化程度的对比

近年来，我国高职院校辅导员专业化和职业化程度明显提高，辅导员在上岗前需要参加专业培训，在工作过程中也要参加多种类型专业培训，但在专业化和职业化方面尚需进一步提高，辅导员的选拔和晋升制度也需要不断完善，政策支持和职业标准建设尚需加强。美国、英国、日本等国家的辅导员的职业化特点明显，在上岗前需要具备相关专业的学历和通过职业考试，部分国家需要具备相关领域的硕士或博士学位，他们还需参与定期的专业培训和职业发展活动。这种严格的职业认证体系确保了辅导员的专业能力水平。

（三）服务内容与方式的对比

我国辅导员提供全面的服务，从思想政治教育到学业指导、心理健康、生涯规划、就业指导等，服务内容较为广泛，同时具备管理和行政职能，负责学生日常事务管理，指导学生开展社团活动、参加社会实践。美国、英国、日本等国家的辅导员更注重个性化和专业化的服务，如职业规划指导、心理健康支持等，并且这些服务通常是基于学生的需求而设定的。

（四）辅导员队伍建设的对比

我国辅导员队伍建设正处于转型期，不断吸取国际经验，逐步提高选拔聘任条件，强化教育培训，以提高辅导员的专业能力和服务水平，建设一支专业化辅导员队伍。美国、英国、日本等国家的辅导员队伍建设已进入成熟阶段，通过严明的认证制度和持续的专业化发展，保持辅导员队伍的高质量和专业性。

（五）辅导员在校园治理中的作用对比

我国辅导员在校园治理中扮演着桥梁的角色，他们负责学生日常事务管理，参与危机事件处理以及校园活动的组织，是连接学校管理层与学生的重要纽带。美国、英国、日本等国家的辅导员在校园治理中更倾向于提供支持和服务，促进学生的自主发展，并在学生事务管理中发挥专业指导作用。

综上所述，中外辅导员在角色定位上存在显著差异，主要体现在服务内容、工作方式、专业发展队伍建设、在校园治理中的作用等方面。国外高校辅导员的工作模式为我国辅导员提供了重要的参考，特别是在职业认证、专业培训和个性化服务方面。我国辅导员正逐步借鉴国际先进经验，推动辅导员队伍向专业化和职业化方向发展。

第三节　中外高职院校辅导员的职业能力构成比较

一、国外高职院校辅导员职业能力构成

个人主义作为西方文化的重要组成部分，在国外辅导员核心能力研究中扮

演着重要的角色。这种价值观强调个体的独立性、自由意志以及个人的价值和利益。在国外高职院校辅导员核心能力研究中，实用主义也被视为理论前提。实用主义强调解决问题和实际行动的重要性，将理论与实践相结合。因此，国外研究更加关注高职院校辅导员如何有效地推动大学生个体层面的需求实现，如个人自由、个体价值和个人利益等方面。这种关注不仅仅是理论上的，更是实践上的，因为它直接影响高职院校辅导员核心能力的界定和培养。因此，国外的高职院校辅导员培训和发展更加强调个人主义和实用主义的结合，以期能够更好地满足学生的个体需求并促进他们的全面发展。

(一)美国高职院校辅导员职业能力构成

美国高校人事协会发布的《学生学习优先：学生事务的含义》报告，强调大学教育中学习与生活的融合。报告指出，传统上大学教育往往将学习视为一项独立的任务，而忽视了学生在日常生活中所需的各种能力。因此，报告呼吁高校应当将学习与日常事务相结合，培养学生的学术能力和综合素养，使之具备解决多方面问题的能力。在这一背景下，高职院校辅导员的工作变得至关重要。他们不仅需要具备良好的沟通能力、聆听技巧和表达能力等基本素养，更需要具备推动学生整体发展的能力。这包括协调各种资源，为学生提供学习、生活、工作等方面的支持，并针对不同学生的不同特点制定个性化的发展方案等。为了确保高职院校辅导员的专业水平，美国成立了辅导员协会，提供业务指导和培训。这些培训内容覆盖学术研究、心理咨询、管理能力等方面，旨在帮助辅导员更好地开展工作。在实际工作中，辅导员需要运用科学的测试手段和方法，准确评估学生面临的问题，并给予专业化的指导。此外，在思想工作方面，辅导员需要具备浸润式思想教育工作能力，让学生在无感、无知觉的情况下接受教育，从而更好地引导他们成长和发展。

(二)英国高职院校辅导员职业能力构成

英国的高等教育体系在对学生事务管理的要求上持续发展和改进。第一，服务效率高。辅导员需要提供高效、便捷的服务，以满足学生的需求。在实践中，英国的学生事务部门通常采取集中办公的模式，使学生能够在同一地点处理所有事务，从而确保服务的高效性和便捷性。第二，服务的专业化水平高。辅导员需要具备高水平的专业知识和能力，以应对各种复杂的现实问题。他们必须不断更新自己的知识，紧跟时代发展的步伐，以确保为学生提供高水平的专业化服务。而英国一年一合同制的管理模式则促使辅导员不断提升自身的专业素养，以适应日益复杂的学生需求和挑战。第三，服务和管理的规范化程度高。在英国的高等教育机构中，学生事务管理必须严格遵循相关章程和法律规定，确保所有行动合法、合规。这种规范化程度不仅能够保障学生权益，还能够提高学生事务管理的效率和质量，为学生提供安全、可靠的服务环境。上述"三高"要求确保了英国高职院校辅导员在服务学生和管理事务方面的专业性和高效性。通过不断提升服务效率、专业化水平和规范化程度，英国高职院校辅导员能够更好地满足学生的需求，促进他们的全面发展。此外，随着时代的变迁和社会的发展，英国高职院校辅导员还面临着新的挑战和任务。例如，随着国际化程度的提高，学校需要更加关注国际学生的特殊需求，为他们提供更加全面的支持和指导。另外，随着信息技术的不断发展，学校辅导员也需要不断更新自己的技能，以适应数字化时代的需求，为学生提供更加便捷、高效的服务。

（三）日本高职院校辅导员职业能力构成

日本的高等教育体系对辅导员能力的要求体现在多个方面。首先，辅导员需要具备广泛的专业知识和能力，以应对学生的多样化需求。尽管辅导员无法直接了解每一位学生的文化背景等，但他们必须能够在学生寻求心理咨询时，提供涵盖学习、交友、健康生活等方面的专业服务。这要求辅导员不仅要具备心理咨询技巧，还要了解教育心理学、社会学等相关领域的知识，以便全面地帮助学生解决问题。其次，日本高职院校辅导员分类较为细致，分工明确。不同类型的辅导员专注于特定领域的工作，如从事心理咨询服务的辅导员只负责心理咨询工作，而不参与其他方面的活动。这种细分的做法有助于提高辅导员的专业化水平，使他们能够更加深入地了解和解决学生所面临的问题。此外，政府和学校也通过对辅导员的培训和为其发展提供支持，以加强其专业能力。这种培训不仅包括学术知识的传授，还包括专业技能的培养和实践经验的积累。通过培训，辅导员能够不断提升自己在特定领域的专业水平，为学生提供更加优质的服务。总之，日本高职院校辅导员的核心能力要求相对较高，他们通过专业化、高水平的服务为大学生提供支持和指导。在不断细分和专业化的趋势下，每一位辅导员都有自己的专业特长，能够在特定领域内发挥重要作用，为学生的成长和发展提供有力支持。

二、中外高职院校辅导员职业能力构成对比

中外高职院校辅导员的职业能力构成体现了各自教育文化背景和社会需求的差异。总结和归纳上述信息，可以得到中外高职院校辅导员职业能力构成的共性与差异性。

（一）中外高职院校辅导员职业能力构成的共性

1. 沟通协调能力

有效的沟通有助于建立信任关系，这是进行有效辅导的前提和基础。无论是我国辅导员还是外国的辅导员都需具备良好的沟通能力。辅导员需要清晰地传达信息、表达自己想法，同时也要善于倾听学生的心声。此外，辅导员需要与学校内部的教师、管理人员和其他辅导员保持良好的沟通，共同协调推动学生管理工作的顺利进行。辅导员还需要与学生家长、社会机构等外部资源建立联系，形成良好的合作关系，共同促进学生的发展。

2. 组织管理能力

有效的班级管理和活动组织是辅导员工作的重要组成部分。无论是我国辅导员还是外国辅导员都需具备良好的组织管理能力。辅导员应能够合理规划和调配资源，高效地管理学生日常事务，组织各类教育活动和进行团体建设，指导学生在自我管理、自我完善、自我发展中逐步成长。

3. 心理辅导能力

中外辅导员都应当具备基础的心理健康知识和心理危机干预能力。辅导员需要具备一定的心理学知识，能够及时鉴别学生的心理问题并提供初步的心理辅导或引导其寻求专业帮助，为学生的健康成长提供保障。特别是在处理学生的情绪和行为问题时，这一点尤为重要。

4. 教育能力

无论是我国辅导员还是外国辅导员都应当具备一定的教育学背景，了解教育理论和方法，能够根据学生的具体情况提供个性化的教育指导和学业辅导，并能够对学生进行思想教育，引导学生树立正确的价值观和世界观，帮助学生理解和认同国家的基本法律法规以及社会主流价值。

5. 跨文化交流能力

随着教育国际化的发展，中外辅导员都需要具备一定的外语能力和跨文化交流能力。他们不仅需要理解不同文化之间的差异，还需要具备在多元文化的

环境中有效地工作和沟通的能力。这不仅有助于更好地服务来自不同文化背景的国际学生，也有助于推广本国文化，促进文化的交流。

6. 信息技术应用能力

随着科技的发展，中外辅导员都要具备信息技术应用能力和数字化工作能力。辅导员需要熟练掌握各种信息管理系统，能够高效地进行学生信息的收集、整理和分析；需要熟练应用在线交流工具，如电子邮件、社交媒体等，及时与学生保持联系，了解他们的需求和动态；需要提高举办远程教育能力，在必要时，能够利用网络平台进行远程教学和管理，确保教育活动的连续性，以提高辅导效率和质量。

7. 政策理解与执行能力

无论是我国辅导员还是外国辅导员都需要深入理解国家和学校的相关政策，确保工作的合规性和有效性。辅导员需要将政策要求落实到具体工作中，向学生宣讲政策，让学生理解并落实政策，确保政策的有效落实。辅导员还需要将工作中的实际情况反馈给政策制定者，为政策的优化提供依据。

8. 专业发展能力

中外辅导员都需要具备不断更新自己的知识和技能，以适应不断变化的教育环境和学生需求的能力，这包括参加培训、研讨会和学术交流活动。辅导员还需要具备明确的职业发展目标和规划，通过不断提升自己的职业素养和专业水平，在职业生涯中取得更大的成就。在面对新形势、新挑战时，辅导员需要具备创新思维，能够提出并实施新的工作策略和方法，确保能够胜任辅导员工作。

9. 危机应对和问题解决能力

中外辅导员都需要具备处理突发事件的能力，能够在紧急情况下保持冷静，迅速采取措施保障学生的安全和利益。面对学生的个人问题、学业问题以及心理健康等方面的挑战，辅导员需要有能力提供合适的解决方案。在团队合作过程中，辅导员需要具备解决冲突的能力，以维护团队的和谐与稳定。

总的来说，中外辅导员在能力构成上存在许多共性，这些共性主要体现在具有沟通协调、组织管理、心理辅导、跨文化交流、信息技术应用、政策理解与执行、专业发展以及危机应对和问题解决等能力方面。这些共性的能力不仅体现了辅导员职业的基本要求，也反映了现代教育环境对高职院校辅导员综合素质的高要求。

（二）中外高职院校辅导员职业能力构成的差异

1. 职业素养与知识结构存在差异

我国辅导员需要具备宽广的知识储备和较强的调查研究能力，其中知识储备包括思想政治教育、网络思想政治教育、学业指导、时事政治教育等领域的专业知识，以及管理学、教育学等方面知识，辅导员综合素养较高。而美国、英国等国家的辅导员更专注于心理辅导、社会化辅导及职业规划，通常要求辅导员具有心理学或咨询方面的学术背景，辅导员的工作重心在于教学外围的咨询服务。他们不需要进行理想信念教育和时事政治教育，知识结构相对单一，这与我国的辅导员有很大的不同。

2. 教育管理与服务能力存在差异

我国辅导员的工作内容涵盖了思想政治教育、日常事务管理、心理健康教育与咨询等多个方面，需要对学生进行全面的教育和管理，确保学生在学业和个人发展上都能得到支持，相比较而言，综合能力较强。而美国、英国等国家的辅导员职责通常更加细分，如心理辅导、职业规划辅导等，在提供专业服务的同时，也需要关注学生的个人成长和发展，专业化能力更强。

3. 语言与沟通能力存在差异

我国辅导员需要掌握一定的英语，以便更好地与留学生沟通和提供服务，这对于非英语专业的辅导员来说是一个挑战。美国、英国等国家的辅导员通常以英语为母语，这使得他们在与国际学生沟通时具有天然优势，更加有利于他们与来自不同国家的学生进行交流。

4. 国际视野与全球意识存在差异

随着教育国际化的发展，我国辅导员需要拓宽国际视野，增强全球意识和跨文化交流能力，了解不同文化背景的学生的需求，并需要了解国际教育趋势、参与国际交流活动等，以便更好地适应国际化的教育环境。美国、英国等国家的辅导员通常具备了较为开阔的国际视野和全球意识，在国际交流和多元文化理解方面具有较强的能力，能够为来自不同文化背景的学生提供有效的支持和指导。

5. 应对挑战与创新能力存在差异

我国辅导员面临的挑战包括如何有效整合资源、提升服务质量以及如何处理文化差异带来的问题，为此他们需要不断创新工作方法，以适应不断变化的教育环境，同时需要关注学生的个人发展，引导学生适应国家的发展需要，落实立德树人根本任务。外国辅导员则更多地关注如何帮助学生适应全球化的挑战，如何满足不同文化背景的学生的需求、如何利用技术手段提高工作效率等，从而促进学生的全面发展和提升终身学习能力。

6. 职业道德与责任感方面存在差异

我国辅导员具备强烈的职业道德和责任感，强调爱国守法、忠于事业、热爱学生的职业道德修养，这是他们工作的基石，使他们能够在各种情况下坚守职业道德，保护学生的利益。美国、英国等国家的辅导员也强调遵守职业道德，但更多的是强调对学生的平等对待、隐私保护和个体尊重，他们需要在工作中展现出高度的专业性和道德标准。

7. 学术研究与实践应用能力存在差异

我国辅导员的研究工作往往侧重于思想政治教育、学生管理等领域，他们需要将研究成果应用于实践，以提高工作的科学性和有效性。美国、英国等国家的辅导员的研究工作可能更加多样，涉及心理学、社会学、教育学等多个学科领域，他们需要将理论与实践相结合，以提供更优质的服务。

中外高职院校辅导员的职业能力构成在一定程度上反映了各自国家教育目标和社会文化的不同。我国高职院校辅导员更加强调政治素养、职业道德和全面发展，而外国辅导员则更侧重于个性化发展及对职业技能和国际化视野的培养。这些差异为国际教育交流和合作提供了丰富的比较基础和互补空间。

第四节　中外高职院校辅导员的职业发展比较

一、国外高职院校辅导员的职业发展

(一) 美国高职院校辅导员的职业发展

在美国高职院校中，学生事务辅导员职业的稳定性和发展性是吸引人才进入该领域的重要因素之一。首先，美国高职院校对于学生事务领域的职业准入门槛相对较高，申请进入该领域的人员通常需要具备广泛的专业知识和技能，包括心理咨询、就业指导、学生事务实践、教育行政管理、学生发展管理等方面知识，一般还要求其具有硕士、博士学位。这种门槛的设立旨在确保学生事务领域的从业人员具备必要的专业素养和能力，能够胜任复杂多样的工作任务，一旦进入该领域后，保持职业相对稳定。其次，在辅导员的职务晋升方面，美国高职院校建立了明确的职业发展路径。一位辅导员在高职院校工作的过程中，通常会逐步担任不同层次的职位，随着实践经验的积累和专业能力的提升而不断晋升。例如，从初级学生事务管理人员开始，逐步晋升为各类学生事务部门的主任或者主任助理，再到学生事务管理部门的院长或者处长，最终可能成为分管学生工作的副校长。这种逐级晋升的职业发展路径为学生事务领域的从业人员提供了清晰的目标和方向，激励他们不断提升自己的专业素养和管理能力。

此外，美国高职院校还为学生事务辅导员提供了多样化的职业发展机会。除了在学生事务领域内的职业晋升之外，一些辅导员具备相关专业资格后还可以参加本专业的职称评审，甚至成为教授。这种多元化的职业发展机会为学生事务领域的从业人员提供了更广阔的职业前景和发展空间，激励他们不断追求专业发展和个人成长。

社会职业协会和专业组织在美国学生事务领域中扮演着至关重要的角色。它们不仅为辅导员提供了职业发展的平台和资源，还推动了该领域的专业化和标准化。首先，这些协会和组织通过举办会议和研讨会等活动，为辅导员提供了与同行交流、分享经验和了解最新趋势的机会。这些活动通常涵盖了各种主题，包括领导力发展、跨文化沟通、心理健康支持、学生发展理论等，有助于拓宽辅导员的专业视野和提升其能力。其次，这些组织提供了丰富的培训计划和专业发展资源，包括在线课程、工作坊、认证项目等。这些培训计划涵盖了学生事务领域的各个方面，旨在帮助从业人员不断提升专业技能和知识水平，以适应不断变化的工作环境和需求。再次，这些协会和组织在制定职业标准和道德规范方面发挥着重要作用。它们通过倡导和推广最佳实践，加强行业内部的自律和规范，提高了辅导员的专业素养和行业声誉。最后，也是最重要的是，这些协会和组织在辅导员职业晋升方面发挥着关键作用。它们制订了相应的职业标准和评估机制，对高职院校晋升人员的资格进行考察，并为其提供必要的建议和指导。这种对辅导员职业发展的规范和指导，有助于确保晋升过程的公平性和透明度，同时提升了辅导员的专业水平和职业认可度。

为了支持辅导员的职业发展和提升，学校通常会制订并实施各种职业辅助计划，旨在帮助他们不断提高专业素质和能力，从而使其更好地完成工作任务并满足晋升条件。其中，资助辅导员参加职业协会活动是一项重要的支持措施。首先，高职院校会向辅导员提供资金支持，资助他们参加地区性或全国范围内的职业协会活动。这些活动包括但不限于学术会议、研讨会、专业培训等，为辅导员提供了与同行交流、学习最新研究成果和分享实践经验的平台。通过参加这些活动，辅导员可以拓宽专业视野、提升专业技能，并与行业内的专家学者建立联系，为自己的职业发展打下坚实的基础。其次，高职院校在资助力度上会针对不同级别的辅导员采取不同的策略。一般来说，对于初级和中级辅导员，学校倾向于资助他们参加地区性职业协会会议，这既能满足他们的专业发展需求，又能在经费上实现合理的分配。而对于高级辅导员和管理者，学校更倾向于支持他们参加全国性的专业交流活动，如全国性协会年会等，以便他们更广泛地了解行业发展趋势、拓展人脉关系，并在更高层次上影响和引领行业的发展方向。

(二) 英国高职院校辅导员的职业发展

英国高职院校对学生事务管理队伍建设的支持体现在多个方面，其中包括制定专门的发展政策和设立支持中心等。首先，许多高职院校为辅导员制定了专门的发展政策，将辅导员的个人发展置于与学生发展同等重要的位置。这些政策包括详细的培训计划、职业发展指导和评估机制，旨在帮助辅导员不断提升专业水平和业务能力，以更好地满足学生的需求和促进学生的发展。其次，英国高职院校设置了专门的支持中心，为辅导员提供资源和服务。这些支持中心通常包括人力资源部门、教育发展中心、职业发展中心等，为辅导员提供各种培训、咨询和支持服务，帮助他们解决在工作中遇到的问题和挑战，提升其工作效率和专业素养。

尽管大部分辅导员是招聘人员和兼职人员，但英国高职院校并不因此而忽视其稳定性。相反，为了维持学校学生事务的正常有序运行，学校负责人通常会严格把控入口关和培养关，确保学生事务管理队伍的素质和能力。这包括严格的选拔标准、培训机制和绩效评估，不合格的工作人员几乎不会进入这个队伍，从而保证了学生事务管理队伍的稳定性和专业性。除了制定发展政策和提供支持服务外，英国高职院校还重视对辅导员的培训。他们注重国家级培训课程的开设，特别关注对刚入职的辅导员的工作知识和技能的培训，尤其强调关于特殊学生群体的支持与服务技能培训内容，如残疾人、精神健康领域技能、心理咨询等方面的培训。这种全面的培训和发展计划有助于提升辅导员的工作水平和能力，进一步促进学生事务管理的专业化和发展。

英国高职院校学生事务领域的专业化发展不仅有具体的规范和要求，还有专业机构和协会的支持与推动。这些专业组织在制定专业规范、提供专业培训等方面发挥着重要作用，为高职院校辅导员提供了必要的指导和支持，促进了该领域的健康发展。首先，值得一提的是英国高等教育行政管理协会，作为最具影响力的专业协会之一，它在学生事务管理领域发挥着重要作用。协会将辅导员的工作职责细分为心理辅导、学习辅导、适应辅导、职业辅导、生活辅导和社会化辅导等多个部分，为辅导员提供了明确的职业方向和发展路径。此外，协会还培训其成员，提高其专业技能，满足其更好地适应工作岗位的需要。经过系统培训的协会成员能够胜任个人或团体的辅导工作，促进辅导员做好学生心理健康辅导以及求职技巧和社交能力培养等方面的工作。其次，英国高职院校学生事务领域的专业化还体现在其他专业机构和协会的发展和壮大上。这些机构和协会通过制定专业规范、提供培训课程、组织学术研讨会等方式，为辅导员提供了丰富的发展资源和机会。例如，心理学协会、教育学协会等都在学生事务领域提供相关培训和资源，帮助从业人员不断提升专业水平和能力。

(三)日本高职院校辅导员的职业发展

日本为高职院校辅导员提供了多方面培训。一是入职培训。新入职的高职院校辅导员会接受系统的入职培训。培训内容主要包括学校的历史、文化、规章制度，学生事务管理的基本理念和方法，沟通技巧，以及应急处理等方面的知识和技能。培训形式多样，包括集中授课、案例分析、实地考察、模拟演练等。入职培训的目的是帮助新任辅导员尽快熟悉工作环境和工作内容，掌握基本的工作技能，适应学生事务管理工作的要求。二是在职培训。日本高校会定期组织校内培训活动，为高职院校辅导员提供学习和交流的机会。校内培训的内容涵盖学生事务管理的各个方面，如心理健康教育的最新理论和方法、职业发展指导的实践经验、学生社团活动的组织与管理等。培训形式包括讲座、研讨会、工作坊等。通过校内培训，辅导员可以及时了解行业动态和最新研究成果，不断提升自己的专业素养和管理能力。除了校内培训外，日本高职院校还鼓励辅导员参加校外的培训活动。这些培训活动由专业的培训机构、学术团体或政府部门组织，内容更加丰富和多样化。例如，参加国际学生事务管理研讨会，了解国际上先进的学生事务管理理念和方法；参加心理咨询师培训课程，提升自己的心理咨询技能。校外培训为辅导员提供了更广阔的学习平台，有助于拓宽他们的视野，增强他们的专业竞争力。

日本为高职院校辅导员提供了较为完善的职业发展体系。日本高职院校辅导员一般按照一定的层级发展。一般来说，新入职的辅导员从基层岗位做起，如学生事务助理、宿舍管理员助理等。经过一定时间的工作积累和能力提升，其可以晋升为中级岗位人员，如心理咨询师、就业指导专员等。再进一步发展，其可以晋升为高级岗位人员，如学生事务部门主管、学生事务中心主任等。除岗位层级的晋升之外，高职院校辅导员还可以通过提升自己的专业能力来实现职业发展。例如，心理咨询师可以通过参加专业培训和考试，获得更高等级的心理咨询师资格证书，从而提高自己在专业领域的能力。就业指导专员可以通过不断学习和研究劳动力市场动态，提升自己的职业指导能力，为学生提供更优质的服务。

高职院校辅导员可以职业转型发展。一方面是内部转型发展。在日本高职院校内部，辅导员有机会进行职业转型。例如，一名心理咨询师可以转型为学生活动组织者，利用自己在心理学方面的知识和技能，更好地策划和组织学生活动，促进学生的全面发展。再如，一名就业指导专员可以转型为国际学生事务协调员，负责处理国际学生的入学、学习、生活等方面的事务。另一方面是外部转型发展。一些高职院校辅导员在积累了一定的工作经验后也会选择离开学校，进入其他领域工作。例如，他们可以进入教育行政部门，参与制定教育政策；或者进入企业，从事人力资源管理、培训与发展等工作。由于他们在学生事务管理工作中培养了良好的沟通能力、组织能力和解决问题的能力，因此其在其他领域也能够得到较好的发展。

二、我国高职院校辅导员的职业发展

我国辅导员的职业发展路径在各省（区、市）以及不同学校的政策和规定下呈现出多样化的特点。这种多样性主要体现在职业发展路径类型、职业阶梯和政策执行等方面。首先，辅导员的职业发展路径包括双通道和多通道两种类型。双通道指的是辅导员可以通过不同途径进入和晋升，如教师转型、心理咨询师转岗等。而多通道则指的是辅导员的职业发展路径可以有多种选择和方向，如专业发展、管理岗位、教育研究等。这种多样化的职业发展路径形式为有不同背景和兴趣的辅导员提供了更多的发展机会和选择空间。其次，即使在同一类型的职业发展路径下，不同学校的辅导员职业阶梯也可能存在差异。这种差异主要体现在晋升条件、职位设置和待遇水平等方面。一些学校可能会根据辅导员的工作表现和学历背景进行晋升评定，设立不同的职务级别，并提供相应的薪酬和福利待遇，而另一些学校则可能更加注重实践经验和专业能力的培养，采取更灵活的晋升机制。

尽管存在以上差异，但无论是双通道还是多通道的职业发展路径，都旨在为辅导员的职业发展提供服务。随着辅导员专业化、职业化发展趋势的加强，对辅导员职业发展路径的探索和改革也在进行。新的职业发展路径可能会随着时代和需求的变化而应运而生，以适应不断变化的教育和社会环境，为辅导员提供更广阔的发展空间和更多的职业选择。

我国高职院校辅导员职业发展路径是多元化的，具体如下：一是行政管理方面。高职院校辅导员可以转向学校或政府机关的行政管理岗位，从科员开始逐步晋升。这一路径的特点是时间紧、压力大、规矩多、要求严，需要较强的组织管理能力、政策执行力和行政经验。二是专业技术方向。辅导员可以成为心理咨询师、专职党务工作者、职业发展规划师、创业培训师等，这通常要求参与市场竞争，但道路相对较宽，适合口才卓越、思维活跃的人。这一路径强调专业知识的深度和广度，以及持续学习的能力，需要辅导员不断提升自己的专业能力和知识储备。三是职业化辅导员方向。一些辅导员选择将辅导员工作作为终身职业，专注于学生事务管理和思想政治教育，甘愿勤勤恳恳在一线工作。一些高职院校会提供正科级、正处级辅导员待遇，主管学生工作的分管副书记也算在职业化辅导员一类。这一路径与学生打交道较多，工作压力相对较小，时间相对自由，但工作杂、任务重、费心费力，需要保持对工作的热情和对学生的关爱，同时克服职业倦怠感。四是专家型辅导员方向。拥有丰富工作经验(通常10年以上)的辅导员，可以在某一专业领域(如心理健康、资助育人、党建团学、思政理论等)发展成为专家型辅导员。他们能够解决学生工作中的重难点问题。成为专家型辅导员需要研读大量资料，不断提升学习能力，及时更新专业知识，但工作压力相对较小、时间自由。五是教学科研岗位。辅导员还可以转向教学科研岗位，通过积累研究经验和成果，走学术路线。这包括参与课题研究、撰写学术论文、申请科研项目等。教学科研岗位对辅导员的学术能力有较高要求，但也是实现个人价值和职业发展的重要途径。六是其他相关岗位。辅导员还可以根据个人兴趣和职业规划选择其他相关岗位，如宣传干事、党校教师等。这些岗位通常与辅导员的工作经验和技能相契合，有助于辅导员更好地发挥自己的优势和特长。

总的来说，辅导员的职业发展路径多样，每种路径都有其独特的特点和要求。需要注意的是，辅导员的职业发展路径并非一成不变，而是受到多种因素的影响，包括个人兴趣、能力、机遇以及所在学校的政策和环境等。因此，辅导员应根据自己的兴趣、能力和职业规划，综合考虑各种因素，选择最适合自己的发展道路。

三、中外高职院校辅导员职业发展对比

我国高职院校的辅导员制度是一种具有鲜明特色的管理制度，与英美等国的高职院校学生事务管理者制度存在显著差异。这些差异主要体现在角色定位与工作职责、专业化与职业化建设、晋升机制与职业发展路径，以及职业能力等多个方面。

(一) 角色定位与工作职责方面

我国的辅导员通常被视为高职院校学生管理的重要力量，他们不仅负责学生的日常管理和思想政治教育，还承担着一定的行政职能。辅导员的角色更倾向于教育者、管理者和服务者，具有教师和管理干部的双重身份，强调对学生的思想引导和行为规范。而美国、英国等国家的辅导员的角色更为多元化，被称为学生顾问或学生事务管理者。他们不仅关注学生的学业问题，还涉及心理辅导、职业规划、生活指导等多个方面。国外辅导员更注重为学生提供个性化的服务和支持，强调与学生的平等关系和互动性。

(二) 专业化与职业化建设方面

我国辅导员的专业化、职业化建设正在逐步推进中，辅导员的培训体系正在逐步完善，教育部鼓励辅导员走"专家化"道路，并出台了相关的职业能力标准，定期组织培训以提高辅导员的专业素养，培养辅导员成为学生思想政治工作方面的专门人才。但目前辅导员队伍的稳定性和职业归属感仍面临挑战，仍需加强对辅导员专业化、职业化建设的投入，完善辅导员的职业发展路径和发展机制。英美两国的辅导员职业发展路径是在长期实践过程中不断总结和完善的，更加贴近实际工作需求，辅导员的专业化、职业化建设已经较为成熟，拥有完善的培训和认证体系以及明确的职业发展路径。美国的辅导员职业路径强调辅导员从事的具体工作领域，而英国则采用绩效考核与薪酬待遇相挂钩的方式，保障了辅导员的长远发展。英国、美国等国家还支持和鼓励辅导员通过参加专业协会、研讨会等活动来扩大自己的人际关系网络和影响力。

（三）晋升机制与职业发展路径方面

不同国家高校管理体制和职业化水平的差异，影响了辅导员职业发展的路径和机会。我国高职院校辅导员晋升与职业发展有多条路径。从纵向发展看，辅导员可以通过职称评定（如助教—讲师—副教授—教授）实现职级晋升。从横向发展看，辅导员可以在学校不同部门间流动，或进入地方行政部门，从事专职管理工作。从专业化发展道路看，辅导员可以走"专家化"道路，成为学生思想政治工作方面的专门人才。但我国辅导员在职务晋升时需与其他行政岗位的管理人员和专业教师竞争，缺乏职务晋升的排他性，这可能影响辅导员的职业发展和晋升机会。而英国、美国等国家的学生事务工作已经形成独立的系统，具有较高的职业化程度。岗位晋升竞争主要在该系统内进行，有利于形成良好的职业发展路径和机制。他们可以根据个人兴趣和专长选择不同的发展方向，如心理咨询师、职业规划师等，也可以继续深造、转入教学或研究岗位，甚至进入政府或非营利组织工作。这种多样化的发展路径为辅导员提供了更广阔的成长空间。此外，国外学生事务工作的组织结构通常更为灵活，职位设置和晋升路径更加清晰，辅导员的职业发展路径更加灵活多样。而我国高职院校的组织结构通常呈现金字塔形，行政岗位数量有限，随职务级别增长而递减，这会限制辅导员的职务晋升。

（四）职业能力方面

我国与外国在辅导员数量、入职条件和职业素养等方面存在明显差异。我国辅导员数量相对较多，究其原因除学生基数大之外，还与辅导员职业化程度低、分工不明确有关。在许多学校，辅导员的工作存在交叉现象，导致人力资源浪费，影响了工作效率和质量。同时，我国辅导员的入职条件相对较低，主要侧重于学历水平，而英国、美国等国家的辅导员入职门槛较高，要求学历和专业背景与工作相匹配。这表明我国辅导员的专业素养尚未达到国际水平，也影响了辅导员队伍的整体素质和能力。此外，我国辅导员数量众多也加剧了职业发展路径上的竞争激烈程度。由于职位相对稀缺，辅导员在职业晋升和发展上面临更大的挑战，这可能影响辅导员队伍的稳定性和发展动力。而英国、美国等国家辅导员入职条件比较高，国外很多高校招聘时要求辅导员具有博士学位，辅导员的专业化和职业化程度较高，辅导员队伍的总体素养和能力较强。因此，我国需要加强高职院校辅导员队伍的管理和培养，提高辅导员的职业素养和专业能力，明确辅导员的工作职责和分工，优化人力资源配置，以提升辅导员队伍的整体素质和工作效能。同时，也应该加强对辅导员的职业发展和晋升机制的建设，为其提供更多的发展机会和空间。

本章通过对中外高职院校辅导员职业能力培养的比较研究，揭示了中外高职院校辅导员在角色定位、职业能力构成及职业发展等方面的差异和特点。一是在角色定位方面，外国辅导员更倾向于提供专业化和个性化的服务，而我国辅导员则更加注重学生的全面发展、思想政治教育以及职业道德培养。二是在职业能力构成方面，中外高职院校辅导员在沟通协调能力、组织管理能力和心理辅导能力等方面存在共性，而在职业素养与知识结构等方面存在差异。三是在职业发展方面，外国辅导员拥有更明确的职业发展路径和晋升机制，而我国辅导员由于人数众多以及受限于专业技能等方面原因，职业发展路径相对模糊，职业晋升机会相对有限。

展望未来，为了提升我国高职院校辅导员的职业能力，促进其专业化、职业化发展，建议采取以下措施：一是加强专业培训。建立和完善辅导员的持续教育和专业培训体系，增强其专业知识和技能，尤其是在心理咨询、职业规划等领域。二是明确职业发展路径。为辅导员提供清晰的职业发展路径和晋升机制，鼓励其规划职业生涯和个人发展，增加职业激励。三是借鉴国外经验。学习和借鉴国外高职院校辅导员职业能力培养的成功经验和做法，尤其是在专业化服务、个性化指导等方面。四是加强理论与实践相结合。鼓励辅导员参与科研项目和实践活动，通过理论与实践相结合，提升其职业能力和服务质量。五是提升社会认可度。通过提高辅导员的专业地位和社会影响力，增强辅导员职业的吸引力，吸引更多优秀人才加入辅导员队伍。通过上述措施，可以有效提升我国高职院校辅导员的职业能力，进而提升高职教育的质量和效果，为学生的全面发展和社会的进步贡献力量。

第六章　新时代高职院校辅导员职业能力培养的基本方略

2019 年 1 月 24 日，国务院印发《国家职业教育改革实施方案》，提出一系列新目标、新论断、新要求，是办好新时代职业教育的顶层设计和施工蓝图。2019 年 3 月 29 日，教育部、财政部印发《关于实施中国特色高水平高职学校和专业建设计划的意见》（简称"双高"计划），重点支持一批优质高职学校和专业群率先发展，引领新时代职业教育实现高质量发展。之后，教育部等九部门印发的《职业教育提质培优行动计划（2020—2023 年）》提出，要落实立德树人根本任务，构建职业教育"三全育人"新格局，构建省校两级培训体系，建立辅导员职务、职级"双线"晋升通道，推动辅导员专业化、职业化发展。高职院校辅导员承担着学生日常思想政治教育与管理工作的重要角色。作为组织者、实施者和指导者，他们在帮助学生塑造正确的思想观念、培养良好的道德品质方面发挥着重要作用，是坚持"五育并举"、构建"三全育人"新格局的重要力量。一支高质量的辅导员队伍是培养社会主义合格建设者和可靠接班人、推进高职教育高质量发展的重要保障之一。

党和国家高度重视高职院校辅导员队伍建设，加强政策设计、完善制度安排，为进一步推动新时代高职院校学生工作队伍建设指明了方向。政府层面已经提供了有力的政策保障，以进一步推动辅导员建设专业化和职业化发展。然而，在面对新时代的挑战时，辅导员队伍建设仍然有很大的提升空间。因此，促进高职院校辅导员的职业能力培养成为新时代的一项重要任务，我们应该积极探索应对之策。

第一节　高职院校辅导员职业能力
培养的基本原则

作为大学生健康生活、成长成才的指导者和引路人，辅导员的职业能力被定义为高校思政工作者需要具备的技能和水平的总和。辅导员是高职院校学生教育、组织、管理与服务的中坚力量，必须具备职业、专业、科研以及心理健康等多方面的能力。辅导员的职业能力对大学生思想政治教育的效果至关重要，因为它体现了辅导员在开展思想政治工作方面的状态和水平。辅导员的价值追求在于促进学生的全面发展。在建设社会主义现代化强国的新征程上，要加大对辅导员的培养力度，全面提高辅导员的职业能力，提升辅导员的职业认同感，进而使其更好地指导和支持学生的发展。在高职院校辅导员职业能力培养过程中，应遵循几项基本原则，作为辅导员职业能力培养的行动指南，为培养出高质量的辅导员提供行动规范，以保证培养效果。这几项基本原则相互联系，缺一不可。

一、坚持以学生为中心

辅导员职业能力的培养要以学生为中心。高职院校辅导员应通过各种途径，如开展讲座、组织讨论和个案辅导等，向学生传递社会主义核心价值观，引导学生树立正确的世界观、人生观和价值观。通过开展主题教育活动、组织参观和举办社会实践等方式，帮助学生深入了解社会现实，培养学生形成正确的审美情操和道德观念。此外，辅导员还应关注学生的心理健康，通过心理辅导、心理咨询和心理健康教育等方式，帮助学生解决心理问题，提升心理素质。辅导员应积极参与学生的文化建设，通过组织文化活动和参与社团组织等方式，培养学生的文化兴趣，丰富学生的文化生活，提升他们的文化素养。为了做到这一点，高职院校需要始终以学生为中心，关注他们的需求和变化，并根据他们的需要来系统培养辅导员的职业能力，及时调整培养目标和内容，确保与学生需求相匹配。在职业能力培养方面，辅导员应注重提升与学生的沟通交流能力，可利用QQ、微信、短信、微博、邮件等新媒体方式与学生进行沟通，了解他们的思想、学习和生活状况。通过与学生的交流，把握学生的需求，了解学生学习、生活中存在的问题，为学生提供更有针对性的思想政治教育。

同时，辅导员还应注重提升团队合作的能力，如与其他辅导员、专任教师、班主任以及学生骨干交流协作，共同制订教育目标和计划，从而更好地服务学生群体，更好地开展思想政治教育工作，帮助学生更好地进行自我教育管理，教育引导学生提升组织能力、领导能力和协调能力，促进学生的全面发展。

二、坚持知行合一

知行合一是思想政治教育和学生管理工作的关键。辅导员作为教育者和管理者要理解和把握辩证唯物主义认识论，坚持从实践到认识，再从认识到实践，在贯彻落实立德树人这一根本任务的过程中做到知行合一。在职业生涯中，辅导员需要不断提升自己的理论知识水平和实践工作能力。2014年，教育部发布了《高等学校辅导员职业能力标准（暂行）》，更加完整地解读了辅导员需要具备的职业能力。如辅导员应具有政治强、业务精、纪律严和作风正的职业能力特征，具有宽口径的知识储备，具备较强的语言、文字表达能力，教育引导能力、调查研究能力，以及组织管理能力，这就要求辅导员不断加强学习，提高自己的思想修养和知识水平，特别是要熟练掌握与思想政治教育有关的知识，提高自己的文化知识层次，这样才能真正做到心中有数，学以致用。此外，文化知识素质还应包括教育专业基本理论、基本知识和基本方法等，包含《中华人民共和国教育法》等涉及大学生教育的法律法规和政策条文，并做到活学活用。同时，落实立德树人根本任务，不能仅仅停留在思想教育上，还要体现在更多的实际行动中，身教重于言教，辅导员要用自己的实际行动培养学生的德行，发挥榜样示范作用，带头践行社会主义核心价值观，遵守社会公德和家庭美德，做到严格自律，把新思想新理论教育融入班级的日常管理，在带领学生开展社会实践、志愿者服务、创新创业活动的过程中不断锤炼学生的德行，使其形成良好的道德品质。因此，辅导员职业能力的培养应注重理论与实践相结合，要求辅导员在职业能力培养过程中，不断汲取业务基础知识，积极参与各种实践活动，做到知行合一，提高自身的业务能力和实践能力。

三、坚持综合发展

辅导员工作的特殊性和服务对象的多样性要求其具备结构多元的职业能

力。为了提升辅导员的职业能力，需要坚持综合发展原则，即辅导员在履行岗位职责时，需要不断提升自我学习、自我发展和自我完善的能力。这些能力对于提高辅导员的专业素养和工作效果至关重要。通过自我学习、自我发展和自我完善，辅导员可以不断更新知识，掌握最新的思想政治教育理论和实践经验，提升自己的专业技能和教育能力，以更好地满足学生的需求；通过不断反思和调整自己的工作方式和方法，可提高工作的质量和效率。因此，在职业能力的培养过程中，辅导员不仅要注重提高专业知识水平和技能水平，还要注重提高思想素质和人文素养。目前，高职院校辅导员在工作中经常忙于处理各种琐事，耗费了大量的时间和精力。然而，随着社会的发展和学生需求的变化，辅导员的工作职责也在逐渐扩展和深化。为了更好地适应这一变化，辅导员需要转变自己的角色，在从事业务性工作的同时做好学习研究工作。不断学习先进的理论知识，尤其是思想政治教育方面的理论知识。通过学习，辅导员可以了解到最新的教育理念、方法和技巧，从而更好地完成学生的思想政治教育工作。此外，辅导员还应该深入研究思想政治教育的系统性和知识性，探索其中的规律和特点，深化对思想政治教育的理解，提高自己的专业素养和能力，并在实践中不断完善。只有坚持全面发展，真正成为思想政治教育实践领域的专家，才能进一步推动大学生的健康成长和全面发展。

以学生为中心、坚持知行合一、坚持综合发展，这三项基本原则为辅导员职业能力培养提供了明确的方向和路径，能有效提高高职院校辅导员职业能力培养效率，同时也为辅导员提供了合理的行动规范，使辅导员在职业能力培养过程中避免进入误区，有效保障了培养质量，也为辅导员提供了准确的评价标准，使辅导员在培养过程中能够准确评价和反思自己的培养效果，有效促进高职院校辅导员职业能力的全面提升。

第二节　高职院校辅导员职业能力培养的目标

一、辅导员职业能力培养的基本目标

(一)掌握辅导员的基本职责和任务，具备基本的教育教学能力

辅导员承担着学生学业指导、思想政治教育、心理健康辅导以及学生事务

管理等多重职责。要提升工作质量和效果，辅导员需要不断提升自身的教育教学能力。这包括以下几个方面：一是掌握基本的专业知识。辅导员需要有一定的专业知识储备，这不仅包括本专业的知识，还包括教育学、心理学等专业的相关知识，以便更好地理解学生的特点和需求，为其提供专业的指导和帮助。二是掌握基本的教学方法。辅导员在指导学生的过程中，需要掌握一定的教学技巧，如如何有效地组织讨论、讨论、案例分析等，以激发学生的学习兴趣和参与热情。三是具备一定的创新和研究能力。辅导员应具备一定的创新能力，鼓励和指导学生参与创新创业活动，同时也需要具备一定的研究能力，以设计和实施有效的教育计划和活动。四是持续学习和反思。辅导员需要不断地更新自己的知识结构，通过学习新的教育理念、教学方法和管理技能来提高自身的教育教学能力。总之，辅导员的工作不仅要求其具备扎实的专业知识和全面的教育理念，还要求其不断提升自己的教育教学能力，以更好地推动学生的全面发展。通过不断学习、实践和反思，辅导员可以有效地提升其履行职责和完成任务的能力，实现自身的职业成长和个人发展。

（二）具备良好的沟通能力、组织能力和协调能力，能够有效地与学生、家长和其他教师进行沟通

辅导员不仅要承担起学生的日常管理和思想政治教育的责任，还要在学生的学习、生活中扮演着指导者和引导者的角色。因此，辅导员必须具备良好的沟通能力、组织能力和协调能力，以有效地与学生、家长和其他教师进行沟通，确保教育管理和思想政治教育工作的顺利开展。一是要具备良好的沟通能力。辅导员需要与学生进行有效的沟通，了解他们的思想动态、情感需求和生活状态，帮助他们解决遇到的困难和问题。这不仅需要辅导员具备较强的语言表达能力和听说能力，还要求其能够倾听学生的声音，理解他们的想法，并给予合理而有效的反馈。二是具备较强的组织能力。辅导员要负责组织多种多样的教育活动和集体活动，这不仅包括学习、比赛等正式活动的组织，也包括班级活动、党团组织活动等非正式但同样重要的团队活动。辅导员需要有良好的活动组织和安排能力，才能确保活动的顺利进行，同时也要有处理应急突发事件的能力。三是具备较强的协调能力。辅导员要协调好学生与学校内部各个部门如学生工作部（处）、团委、组织部、宣传部等部门的关系。此外，辅导员还需要协调好学生与任课教师之间的关系，以及在有学生家长访问时，能够妥善处理沟通和接待工作。综上所述，辅导员在培养学生全方位发展的过程中，必

须重视和不断提升自己的沟通能力、组织能力和协调能力。这不仅有利于构建和谐的教育环境，促进学生的全面发展，而且有利于辅导员提升自身的职业素养。因此，高职院校和教育管理部门应该为辅导员提供更多的培训和发展机会，帮助他们不断提高这些关键能力，以更好地服务学生的成长和发展。

(三)具备一定的心理学知识，能够帮助学生解决心理问题，促进学生健康成长

辅导员工作不仅仅局限于学术指导，还包括学生的思想政治教育、心理健康指导等多方面的职责。其中，具备一定的心理学知识，并能应用这些知识帮助学生解决心理问题，促进学生健康成长，是辅导员职业能力培养的重要目标之一。首先，辅导员需要认识到心理健康教育的重要性。随着社会的快速发展和竞争的加剧，学生群体面临着来自学业、就业、人际关系等多方面的压力，这些都可能对他们的心理健康构成威胁。辅导员如果能够掌握心理学的基础知识，就可以更加深入地了解学生所面临的心理挑战，从而提供更专业、更有针对性的支持与帮助。其次，辅导员需要具备基本的心理学知识和技能。这意味着辅导员应该了解心理学的常见理论，熟悉学生心理问题的分级和分类，以及掌握一些基础的心理咨询技巧。例如，辅导员可以通过心理教育帮助学生认识到自己的情绪管理问题，并通过适当的方法来提升他们的情绪调节能力。再次，辅导员需要能够准确识别存在心理问题的学生，并进行有效的干预。这不仅包括对学生的情绪和行为进行观察，还包括与学生进行有效沟通，建立起信任关系，并鼓励他们主动寻求帮助。此外，辅导员还需要具备一定的危机干预能力，以防止学生心理问题恶化。辅导员应该通过自己的专业知识和人格魅力去感染和影响学生，帮助他们建立积极向上的世界观、人生观和价值观。通过这样的方式，辅导员不仅解决了学生的即时心理问题，还帮助他们为应对未来的挑战做好准备。最后，辅导员需要不断地学习和自我成长，以适应不断变化的社会现实和学生需求。这意味着辅导员要不断地更新自己的心理学知识，掌握新的教育方法和技术，以及不断地反思和优化自己的工作方式，从而更好地服务学生，帮助他们健康成长。总之，具备一定的心理学知识并能应用这些知识帮助学生解决心理问题，是辅导员工作的重要组成部分。通过不断的学习和实践，辅导员可以帮助学生克服心理难关，促进他们的健康成长，从而促进学生的全面发展。

二、辅导员职业能力培养的根本目标

（一）深入理解党的教育方针和政策，全面把握新时代教育发展的新要求和新任务

在新时代背景下，为了更好地适应新时代教育发展的新要求和新任务，辅导员需要深入理解党的教育方针和政策，全面把握新时代教育的发展趋势和要求，以促进学生的全面发展。首先，辅导员要深入学习贯彻习近平新时代中国特色社会主义思想，坚定不移地贯彻党的基本理论、基本路线、基本方略，深刻领会党的教育方针，深刻把握立德树人教育的核心要义，准确理解新时代对人才培养的新要求，着力培养德才兼备、全面发展的社会主义建设者和接班人。其次，辅导员要主动适应新时代教育发展的新趋势，积极探索创新型人才培养的新路径。当前，国家正加快建设创新型国家，对高职教育特别是人才培养提出了新的更高要求。辅导员需要深刻理解这些新要求，通过创新教育理念、改革教育方式、完善教育体系，不断提升人才培养质量，为国家的创新发展培养出更多有用之才。再次，辅导员应全面把握新时代对学生个性化发展的要求，注重学生个性化发展与全面发展的有机结合。在新时代，人民群众对教育提出了更高要求，不再满足于单一的"填鸭式"教育，更加重视学生的个性化发展。辅导员要深刻理解这一转变，关注每一位学生的特点和需求，为学生提供个性化的教育方案，促使学生实现全面发展。最后，辅导员要不断更新教育观念，提高自身素质，成为新时代高质量人才培养的积极推动者。辅导员要不断提升思想政治教育的理论水平和实践能力，加强对新时代教育政策的学习研究，不断优化教育管理与服务，努力构建和谐校园，为学生的健康成长和全面发展提供有力保障。总之，辅导员职业能力培养是一个不断学习、不断进步的过程。只有深入理解党的教育方针和政策，全面把握新时代教育发展的新要求和新任务，辅导员才能更好地适应新时代的教育工作，更好地服务学生，为培养新时代的优秀人才做出积极的贡献。

（二）深入研究学生的特点和需求，为学生提供个性化的教育服务

辅导员承担着引导和支持学生发展的职责。在实施学业指导的过程中，深入研究学生的特点和需求是提升辅导员能力的关键一环。因为只有深入了解学

生的个性、兴趣、学习习惯以及未来发展的方向，辅导员才能为学生提供个性化的教育服务。首先，辅导员需要通过与学生的密切互动来了解学生的个性和需求。这包括通过一对一的谈话、组织讨论会、开展调查问卷等多种方式，收集和分析学生的反馈信息。这种信息的收集不仅限于学生的学习成绩和学术成就，更应包括他们的职业兴趣、生涯规划、心理状态和社交需求等多方面的内容。其次，辅导员应将所获得的信息和认知运用到个性化的教育服务设计中。这意味着辅导员需要结合学生的个性和需求，设计符合其特点的学习计划和职业规划。例如，对于学术追求较强的学生，辅导员可以提供相应的学术研究指导；对于对特定行业或职业感兴趣的学生，辅导员可以协助他们进行职业规划，甚至是联系行业导师进行额外指导。此外，辅导员还需关注学生的心理健康状态和压力管理状态，这关乎学生的学习效果和未来发展。辅导员可以通过开设工作坊、提供心理咨询支持等服务，帮助学生建立良好的压力应对机制，提升其心理调适能力。最后，辅导员应不断提升自身的职业能力，以便更好地服务于不断变化的学生需求。这包括但不限于对教育学、心理学、职业规划等领域的知识的深入学习，以及对新教育技术的熟练掌握。通过不断的学习与实践，辅导员可以更准确地把握学生的发展脉络，从而为他们提供更专业、更有针对性的指导和支持。总之，深入研究学生的特点和需求，并据此提供个性化的教育服务，是辅导员职业能力培养的重要目标之一。通过这种方式，辅导员不仅能帮助学生在学业上取得成功，还能促进其全面发展，为其以后的职业生涯奠定坚实的基础。

(三)具备较高的思想政治素质和职业道德素养，能够引导学生树立正确的世界观、人生观、价值观

辅导员不仅是学生日常学习和生活的引导者，更是其世界观、人生观、价值观塑造的重要影响者。因此，辅导员的思想政治素质和职业道德素养的提高，对引导学生树立正确的世界观、人生观、价值观具有决定性的作用。首先，辅导员要具备坚定的政治立场和高水平的政治理论水平。这意味着辅导员必须深刻理解党和国家的教育方针，以及国家的路线、方针、政策，并能将这些理论融入到对学生的日常教育和管理工作中。这种对政治理论的掌握，可以使辅导员在面对各种复杂情况时，能够正确引导学生，帮助其树立正确的世界观、人生观、价值观。其次，辅导员要有良好的职业道德。这包括对工作的热爱、对学生的尊重以及对工作中的奖惩原则的坚持。辅导员在任何时候都应以

身作则，做学生的楷模。通过自己的行为举止，传递正确的世界观、人生观、价值观，使学生在日常生活中能不断学习和模仿。再次，辅导员要具备较强的政治敏锐性和识别力，这对于及时识别和解决学生中出现的各种思想问题至关重要。辅导员需要不断地更新知识，提升个人的思想政治素质，以确保能够有效地引导学生正确处理个人价值取向、学业选择、就业选择、人际关系等问题。最后，辅导员在培养学生的过程中还应不断提升自己的思想政治教育能力，不断增强"四个意识"、坚定"四个自信"、做到"两个维护"，帮助学生树立正确的世界观、人生观、价值观，为学生的健康成长和全面发展提供有力的精神指引。总之，辅导员的思想政治素质和职业道德素养不仅关系到自身的专业成长，更直接影响着学生的未来发展。因此，辅导员必须不断地自我完善、自我提高，才能更好地服务学生，引导他们树立正确的世界观、人生观、价值观，为社会培养出全面发展的社会主义建设者和接班人。

三、辅导员职业能力培养的关键目标

（一）掌握辅导员工作的基本理论和方法，具备较强的教育教学能力

辅导员承担着培养学生树立正确的世界观、人生观和价值观的重要使命。为了更好地履行这一职责，辅导员需要具备全面且专业的知识体系和高超的教育教学能力。首先，辅导员必须掌握丰富的思想政治工作基本理论，这是做好学生工作的理论基础。这包括对马克思主义基本原理的深入理解，对中国特色社会主义理论体系的系统掌握，以及对党的建设和社会主义核心价值体系的全面了解。辅导员需要通过不断的学习和研究，将这些理论知识内化于心、外化于行，并在此基础上进行创新性的思考和实践。其次，辅导员要具备扎实的教育教学能力。这不仅包括对学生进行思想政治教育的能力，还包括心理健康辅导、职业生涯规划指导等多方面的专业能力。辅导员应能够运用教育学、心理学等多学科知识，设计并实施符合学生发展需要的教育教学活动，引导学生健康成长、全面发展。最后，辅导员还应具备较强的沟通协调能力和组织管理能力。通过有效沟通，辅导员能够了解并解决学生在不同阶段、不同领域遇到的问题，协调各方资源，为学生的成长提供有力保障。同时，辅导员还需要具有一定的研究能力和反思能力，能够通过研究和总结工作经验，不断优化和完善

教育教学的实践活动。为了实现上述职业能力培养目标，高职院校需要建立和完善辅导员的培训体系。通过国家、省(区、市)、高校三级培训，确保每一位辅导员都能系统地接受政治理论教育、教育教学技能提升和心理健康知识方面的培训。总之，辅导员的职业能力培养需从理论到实践，从知识到技能，全方位进行。通过不断的学习和实践，辅导员不仅要有深厚的理论功底，还要有解决实际问题的能力，从而更好地服务于新时期大学生的成长成才工作。

(二)具备较强的组织协调能力和沟通能力，能够有效地组织和引导学生参与各种教育活动

辅导员作为高职院校学生工作的组织者和指导者，其组织协调能力和沟通能力对于有效地组织和引导学生参与各种教育活动至关重要。组织协调能力是指辅导员能够统筹安排、合理配置各种资源，高效率地组织和执行教育活动的能力。这要求辅导员具有清晰的目标意识，能准确把握每一次活动的目的和预期成果，并科学规划活动的具体实施方案。辅导员需要合理分工，明确每一位学生的职责和任务，同时协调好各个部门之间的工作，确保活动的顺利进行。沟通能力则是指辅导员与学生、其他教师乃至其他教育工作者之间进行有效沟通和信息交流的能力。这不仅包括口头和书面的交流，还包括非语言沟通，如肢体语言、表情等。辅导员需要营造开放、平等的沟通环境，让学生敢于表达、愿意分享，并通过有效的沟通建立起信任和理解。要有效地组织和引导学生参与教育活动，辅导员必须做到以下几点：首先，辅导员要有创新意识，不断探索和尝试新的活动形式和内容，以吸引学生的兴趣，提高活动的参与度和有效性。其次，辅导员要做好活动前的宣传和动员工作，让学生了解活动的意义、内容、方式和可能带来的收获，从而增强学生的参与意愿。再次，辅导员要充分利用现代信息技术手段，比如建立学生社交平台、使用电子邮件、构建微信工作群等，提高沟通的效率和活动的透明度。最后，辅导员需要具备一定的危机处理能力，在活动中出现意外和问题时，能够冷静分析、快速反应，有效地解决问题，保证活动的顺利进行。综上所述，辅导员的组织协调能力和沟通能力是提高学生参与教育活动的有效性和质量的关键。辅导员应当通过不断学习和实践，提高这两方面的能力，以更好地服务学生，促进学生的全面发展。

（三）具备一定的心理学知识和技能，能够有效地帮助学生解决心理问题，促进学生的健康成长

辅导员不仅要管理好学生的学习和生活，还要关心学生的心理健康，帮助他们解决心理问题，促进学生的健康成长。在这一过程中，辅导员必须具备一定的心理学知识和技能。首先，辅导员需要熟练掌握心理学知识，以便能够认识到学生心理问题的严重性和复杂性。通过学习心理学的基础理论，如普通心理学、发展心理学、社会心理学等，辅导员可以更好地理解学生心理发展的规律，从而在工作中更加有的放矢。其次，辅导员应该掌握一定的心理辅导基本技能，包括心理咨询的基础操作技巧、开展有效的心理咨询和辅导的方法，掌握一定的心理测量工具的使用和进行心理问题初步筛查与分析的方法。具备这些技能，辅导员可以更有效地识别和评估学生的心理状态，为其提供合适的指导和帮助。最后，辅导员还需要能够运用心理学知识和技能，帮助学生解决具体的心理问题。这要求辅导员不仅要有理论知识，还要有足够的同理心、耐心和责任心，以便能够真正理解学生的心理困扰，并提供科学有效的解决方案。例如，对于焦虑、抑郁等情绪问题，辅导员可以运用认知行为疗法等方法来帮助学生认识并改变不利于心理健康的认知和行为模式。同时，辅导员在工作中也应注重自我成长和学习，不断地更新和丰富自己的心理学知识，以适应不断变化的学生心理健康需求。通过参与专业培训、学术研讨、案例分析等方式，辅导员可以不断提升自己的心理辅导能力，进而更有效地帮助学生。总之，辅导员的心理学知识和技能是其工作的重要组成部分，不仅有助于提升其专业素养，而且是有效帮助学生解决心理问题、促进学生健康成长的重要保障。通过不断学习和实践，辅导员可以更好地服务于学生的心理健康和成长需求。

四、辅导员职业能力培养的重要目标

（一）具备较高的教育科研能力，能够不断更新教育理念，提高教育教学水平

在当前高职教育环境中，为了适应教育教学的发展和学生工作的新要求，辅导员必须具备较高的教育科研能力。首先，辅导员需要具备的是发现问题和解决问题的能力。这要求辅导员不仅仅是问题的发现者，更是问题的解决者。

这需要辅导员在日常工作中不断地积累经验，通过观察、记录、分析学生发展中的现象和问题，形成自己的专业知识体系和解决策略。例如，辅导员可以通过定期进行学生需求调查，了解学生在学习、生活和心理等方面的实际需求，为改进工作提供第一手的实际数据。其次，辅导员要有强烈的学习和研究精神。教育科研不仅是完成任务的有效方法，更是提升自己专业素养的重要途径。辅导员应该通过阅读专业书籍、学术论文，参加学术会议，甚至是开展自己的课题研究，来不断更新自己的教育理念，掌握教育领域的前沿动态和科学方法，从而提高教育教学水平。再次，辅导员应该具备理论联系实际的能力。在进行教学科研的过程中，辅导员需要将抽象的理论和具体的教学、管理实际相结合，形成具有操作性的教学策略和工作方案。这要求辅导员不仅要有扎实的理论功底，还要有丰富的实践经验，这样才能确保科研成果能够有效地转化为工作实践的动力和方向。最后，辅导员应具备将科研成果转化为工作指导的能力。这意味着辅导员在进行科研的同时，应当能够将研究成果应用到具体的教育教学工作中，不断优化和调整自己的工作策略，提高工作的科学性和有效性。总之，辅导员的教育科研能力是其专业发展的重要组成部分，也是提高教育教学水平的关键。辅导员需要通过不断的学习和实践，不断地提高自己的科研水平，以实现自己的工作目标，为学生的全面发展提供更加科学和系统的指导和帮助。

(二)具备较强的团队协作能力，能够有效地与其他教师、家长和社会各界进行合作，共同为学生的发展提供支持。

辅导员需要与其他教师、家长以及社会各界建立良好的合作关系，共同推动学生的全面发展。因此，具备较强的团队协作能力是辅导员职业能力培养的重要目标之一。首先，辅导员需要具备开放的心态和积极的沟通姿态，以建立起与其他教师的良好合作关系。教师是教学过程的直接参与者，辅导员要通过定期的教学检查、协调教学资源分配、参与教学改革等方式，为教师提供支持，并及时反馈学生在学习过程中的困难和建议，帮助教师优化教学方案。其次，辅导员还需要与学生家长建立良好的沟通渠道，共同关注学生的成长。家长作为学生学习生活的第一责任人，对学生的影响无处不在。辅导员要定期组织家长会、开展家访活动，与家长分享学生在校的表现，共同分析学生的发展需求，制订支持学生成长的计划，形成家校联合的教育共同体。再次，辅导员还应积极拓展与社会资源的联系，如与企业、行业协会等建立合作机制，为学生提供实习实训、社会实践的机会，帮助学生更好地了解社会需求，培养学生的实践能力和职业素养。同时，辅导员也需要与政府部门、非政府组织等建立联系，获取有关学生发展的最新信息，争取更多的支持和资源。有效的团队协作能力还体现在辅导员团队的内部协作上，辅导员要具备组织和协调的能力，搭建团队间的沟通平台，协调团队成员的工作分配，确保团队工作的高效运转。通过团队建设活动，强化团队凝聚力，共同解决工作中的难题，提升团队的整体工作效能。总之，辅导员的团队协作能力的培养是构建良好教育生态的关键。通过与其他教师、家长和社会各界的合作，辅导员可以整合更多的教育资源，形成教育的合力，共同支持学生的全面成长和发展。这不仅要求辅导员具备良好的沟通能力、组织能力和协调能力，还要求他们拥有开放的心态、积极的工作态度和持续学习的精神，以适应快速变化的教育环境和不断发展的学生需求。

（三）具备较强的自我提升能力，能够不断学习和提高自己的综合素质，以更好地为学生服务。

辅导员自我提升能力的培养是提高教育质量和工作效率的关键。自我提升能力是指辅导员在职业发展过程中，通过持续学习、实践和反思来提高个人专业素养和工作技能的能力。首先，辅导员需要具备强烈的自我提升意识。这种意识源于对工作的热爱和对专业成长的追求。辅导员应明白，自我提升不仅是个人职业发展的需要，也是提高教育教学工作质量的重要途径。在快速变化的高职教育环境中，辅导员需要不断地更新知识、改进方法、提升技能，以应对新挑战。其次，辅导员要注重理论与实践相结合的学习方式。通过参与继续教育、在线课程、研讨会等途径，辅导员可以系统地提升自己的理论知识水平。同时，辅导员要注重将理论学习与工作实践结合起来，运用所学知识去分析和解决工作中的实际问题，以实现知识向能力的转化。再次，辅导员应该培养自我反思的习惯。通过定期的自我反思，辅导员可以总结工作中的成功经验和不足之处，分析问题发生的原因，并制定改进措施。反思的过程有助于提升辅导员的自我认知能力和问题解决能力，从而在工作中取得更好的效果。此外，辅导员还应加强科研能力的培养。科研不仅能够提升辅导员的学术水平，还能够锻炼其独立思考和研究的能力。通过参与科研项目，辅导员可以深入探索教育领域的新问题、新规律，不断优化和完善自己的工作方式和方法。最后，辅导员要注重沟通能力的提升。无论是在与学生的交流中，还是在与同事及学校管理层的沟通中，都需要有良好的沟通能力。总之，自我提升能力的培养是辅导员职业发展的重要组成部分。通过不断学习、实践和反思，辅导员可以不断提高自己的专业素养和工作能力，从而更好地服务于高职院校的教育管理工作。

第三节　高职院校辅导员职业能力培养的基本要求

随着高职教育的快速发展，我国高职院校辅导员队伍建设取得了显著的成绩，但依然存在一些问题，这对高职院校辅导员职业能力培养提出了更高要求。中共中央、国务院印发的《关于进一步加强和改进大学生思想政治教育的意见》指出，按照政治强、业务精、纪律严、作风正的要求，坚持专兼结合的原则，研究和制定加强高校思想政治教育工作队伍建设的具体意见，吸引更多的优秀教师从事学生思想政治教育工作。因此，政治强、业务精、纪律严、作风正是辅导员职业能力培养应当坚持的首要原则。

一、政治强是高职院校辅导员的首要素质

(一) 坚定的政治信仰

辅导员作为高职教育中学生思想政治教育的引导者和实践者，其政治素养和政治信仰的坚定程度直接关系到能否正确引导学生，能否帮助他们形成正确的世界观、人生观和价值观。因此，要培养辅导员具备坚定的政治立场和政治信仰。第一，辅导员职业能力培养要坚持正确的政治方向。这要求辅导员培养工作在政治上与党中央保持高度一致，要让辅导员深刻认识到自己肩负的责任和使命，清晰认识"为谁育人""育什么样的人"的问题，并在大是大非面前保持头脑清醒。要培养辅导员增强"四个意识"、坚定"四个自信"、做到"两个维护"，这也是新时代背景下辅导员培养工作的基本要求。第二，培养辅导员确立坚定的政治信仰。坚定的政治信仰是辅导员职业素养的核心和基石。辅导员必须对共产主义事业有坚定不移的信念，这种信念不仅体现在理论认知上，更重要的是要转化为实际的行动。辅导员要将全面建成社会主义现代化强国的努力与实现共产主义的伟大理想紧密联系起来，用自己对马克思主义科学理论的深刻理解和对社会主义的必胜信念，去正面引导学生，帮助他们建立起对改革

开放和现代化建设的信心，以及对党和政府的信任。第三，提升辅导员政治理论水平。只有政治理论水平越高，辅导员分析问题、解决问题的能力才会越强，其在思想政治工作中的效果也才会越好。辅导员要深入学习和理解党的基本理论、路线、方针和政策，不断提高自身政治素养，以更好地服务于学生的成长和发展，真正成为学生政治信念的"传道授业者"。

（二）较高的政治觉悟

在高职院校中，辅导员作为学生思想政治教育的直接负责人，其政治觉悟的高低直接关系到学生的成长和发展。因此，辅导员必须具备较高的政治觉悟和政治敏锐性、政治鉴别力，这是其做好学生政治思想教育工作的基本要求。第一，辅导员必须深刻理解和掌握党的理论和路线，这是政治觉悟的核心。辅导员要系统地学习贯彻习近平新时代中国特色社会主义思想，坚持不懈地用这一创新思想武装头脑、指导实践、推动工作。第二，辅导员还应具备良好的政治敏锐性和政治鉴别力，能够及时发现和解决学生中出现的各种政治问题。这不仅需要辅导员有较强的政治理论水平，还要求其有敏锐的观察力和分析判断能力。第三，辅导员要具有强烈的责任感和使命感，始终站在为学生服务的立场上，这是政治觉悟的表现。辅导员要关心学生的成长，帮助他们解决生活和学习中的困难，引导他们正确处理个人与集体、小我与大我之间的关系，培育出具有集体荣誉感和社会责任感的社会主义建设者和接班人。第四，辅导员的政治觉悟还体现在其个人品质和道德修养上。辅导员要以身作则，具有良好的职业道德，严于律己，清正廉洁，这样才能以正面的人格魅力去影响和激励学生，使其树立正确的世界观、人生观和价值观。

（三）较强的规矩意识

严守党的政治纪律和政治规矩是对辅导员的基本要求之一，它关系到辅导员在工作中的立场、方向和方法，是辅导员职业行为的根本准则。第一，辅导员要始终保持政治上的清醒和坚定，始终与党中央保持高度一致。在大是大非面前，要有明确的立场和态度，不能有任何模糊和动摇。这要求辅导员不仅要有正确的政治方向，而且要始终如一地贯彻落实党的基本理论、基本路线和基本方略，确保在政治立场、政治方向、政治原则、政治道路上坚定不移。第二，辅导员要在具体的工作中贯彻执行党的政治纪律和政治规矩。这意味着辅导员在教学、科研、管理等各个环节中，都要严格遵守并执行党的相关政策和规定，做到公私分明，不越纪律红线，维护党中央的权威和党的团结统一。第三，辅导员要通过自己的言行对学生进行正确的政治引导，起到模范带头作用。在教育和管理学生的过程中，辅导员要严于律己，公正无私，公正公开地对待每一位学生，用自己的实际行动引导学生树立正确的世界观、人生观、价值观，形成正确的行为准则。

二、业务精是高职院校辅导员开展业务的基础

(一)研究掌握学生的成长规律

辅导员作为大学生思想政治教育工作的第一线实施者，要了解把握学生的成长规律，以提高思想政治教育的针对性和实效性。第一，辅导员需要对学生的成长规律进行深入研究，这包括学生的心理发展规律、认知发展规律以及价值观和世界观的形成规律等。辅导员应通过观察、调查、访谈等多种方式，了解不同类型学生的特点和需求，从而为学生提供个性化的指导和帮助。第二，辅导员要将学生的成长规律与思想政治教育的内容和方式方法相结合。例如，针对"00后"大学生个性鲜明、自我意识较强且对网络有依赖的特点，辅导员可以运用网络平台进行思想政治教育，通过对网络教育资源的整合与创新，使思想政治教育的内容更加吸引学生，形式更加多样化，提高学生的参与度和教育的有效性。第三，辅导员要通过实践来提高学生思想政治教育的实效性。辅导员应引导学生将所学知识与实际生活相结合，通过社会实践、志愿服务等活动，让学生在实践中学习和成长，同时也让思想政治教育的内容得到应用与检验，增强教育的说服力和感染力。在实施思想政治教育的过程中，辅导员应建立起与学生沟通的有效渠道，倾听学生的声音，对学生的思想动态进行跟踪，及时调整教育内容和方法，确保教育的针对性和实效性。

(二)熟悉国家教育政策和法律法规

辅导员主要负责大学生的思想政治教育和日常事务管理等多方面的工作。因此，辅导员的职业能力培养要包括熟悉国家教育政策和法律法规及掌握与辅导员工作相关的知识和技能。第一，辅导员需要深入了解国家教育政策和法律法规，这是做好本职工作的前提。国家教育政策和法律法规是开展教育工作的

依据，对于确保教育活动的规范性、合法性至关重要。辅导员应定期参加教育法律法规的培训，通过学习最新的法律法规来规范自己的工作行为，确保教育管理工作的合法性。第二，辅导员必须熟悉国家的教育方针政策，以及教育部门的相关政策、指导意见。这样可以帮助辅导员更好地理解国家对高职教育的总体要求，以及自身职责在其中扮演的角色。例如，了解国家的创新创业教育指导思想，可以帮助辅导员在指导学生进行职业生涯规划时，更好地结合兴趣和社会需求，引导学生合理规划未来发展方向。第三，辅导员还需要掌握与工作相关的专业知识和技能。这包括但不限于人才培养方案的实施、学生心理咨询与辅导、职业生涯规划等。同时，辅导员还需具备一定的行政管理能力，如办公自动化软件的使用、文档的撰写和整理、项目管理等。这些技能的掌握有助于辅导员提高工作效率，从而更好地服务于学生的成长需求。

（三）不断更新知识结构

辅导员的专业素养直接影响学生思想政治教育的质量与效果。在快速变化的现代社会中，辅导员的知识结构必须与时俱进、不断更新，以适应新的挑战和要求。因此，在对辅导员职业能力培养的过程中，要促进辅导员不断更新知识结构，提高辅导员的专业素养。第一，辅导员需要系统地学习和掌握与时代发展相符的政治理论知识。辅导员要学习理解马克思主义基本理论和习近平新时代中国特色社会主义思想以及时事政策等相关知识，这些理论知识是辅导员工作的理论基础，有助于他们准确把握学生的思想动态，引导学生健康成长。第二，辅导员应不断丰富和更新自己的业务知识。这意味着辅导员不仅要深入理解教育学、心理学等基本理论，还要掌握沟通技巧、心理咨询方法、职业规划方法等实务知识。辅导员的业务能力直接影响其工作效果，因此需要通过不断的学习和实践来增强。第三，辅导员应具备开放的心态和强烈的终身学习意识。在信息爆炸的时代，知识更新速度的加快要求辅导员不能停滞不前，而应不断地学习新知识、新技能，以适应不断变化的教育环境和学生需求。辅导员可以通过参加继续教育课程、在线学习、研讨会和工作坊等方式提升自己的专业知识水平；可以通过参与实际的学生工作、案例研究来提高解决问题的能力；也可以通过定期自我反思和总结工作经验来不断优化工作方法。通过不断地更新知识结构，辅导员能够更好地服务学生，促进学生的全面发展，同时也促进了辅导员自身的专业成长。

三、纪律严是高职院校辅导员工作的保障

(一)严格遵守国家法律法规

辅导员作为学生与学校之间沟通的桥梁，其行为不仅影响学生对法律的认知，更对学生的法律意识有潜移默化的影响。作为一名合格的辅导员，不仅要有高度的事业心和责任感，而且必须熟悉并严格遵守与学生工作相关的各项法律法规，确保所提供的教育、管理和服务工作符合国家的教育方针和政策。这不仅是对辅导员角色的基本要求，也是其职业素养的重要体现。首先，辅导员应从增强法治意识和法律素养做起。辅导员需要通过不断的学习和培训，提高自己的法律知识水平，特别是要关注教育领域的相关法律法规的变化，及时更新自己的知识结构，以保持工作的专业性和规范性。其次，辅导员应以高标准要求自己，在工作中严格按照法律法规来行事，不仅要在执行纪律上做到公正无私，而且在处理问题的过程中也要保持高度的原则性和专业性。例如，在处理学生纪律问题时，辅导员要根据学校的纪律条例和相关法律，公正地对待每一位学生，确保处理结果的合法性和公正性。辅导员在工作中还要注重培养学生的法律意识，借助课堂教育、主题班会、案例分析等多种形式，使学生在理解和掌握专业知识的同时，也能够增强遵法守法的自觉性。最后，高职院校要建立一套有效的监督和反馈机制，对辅导员的工作进行定期的检查和评估，确保所有工作的合法性和合规性；同时，也要鼓励学生参与到监督中来，形成良好的互动与沟通，确保工作的透明度和公正性。

(二)严格保守工作秘密

辅导员作为学生的指导者和管理者，经常会接触到学生的个人信息、学习成绩、心理状态等敏感信息。这些信息的安全直接关系到每一位学生的隐私权益，以及学校的声誉和信誉。因此，在对辅导员进行培养的过程中，要教育引导辅导员严守工作秘密，尊重学生的隐私权，确保学生信息安全。第一，辅导员必须树立正确的保密意识。认识到保护学生个人信息的重要性，并将其视为工作中的一项基本原则。在日常的学生管理、思想政治教育、心理健康辅导等活动中，辅导员应时刻保持警惕，避免将学生的私人信息泄露给无关人员，确保信息只在授权的范围内使用。第二，辅导员应该严格遵守学校制定的相关规定和程序，对学生的信息进行管理。这包括但不限于学生的个人信息、成绩、

奖惩记录、心理咨询记录等。在信息收集、存储、使用及销毁的每一个环节，辅导员都要严格按照规定操作，确保每一位接触到这些信息的工作人员都能够明白自己的权限范围，并进行严格的权限管理。第三，辅导员还需具备一定的信息安全知识和意识，能够识别潜在的信息安全风险，并采取有效的预防措施。这意味着辅导员在日常工作中要能够及时更新自己的信息安全知识，关注最新的信息安全动态，并为团队的其他成员提供相应的培训和指导，增强团队成员的信息安全意识和能力。同时，辅导员还需要建立并维护良好的信息安全文化。这意味着其在工作中不仅要自觉遵守保密规定，还要积极宣传这些规定，让学生了解到保护个人信息的重要性，并鼓励他们也为保护个人信息做出贡献。

（三）增强自律意识

辅导员作为高职教育中学生思想教育工作的实施者，需要有高度的自律意识和强烈的责任感。首先，自律意识是辅导员必须具备的基本素质之一。自律不仅仅是个人行为的规范，更是一种职业素养的体现。辅导员的自律意识直接影响其工作质量和学生的学习成长环境。一个具有自律意识的辅导员能更好地管理时间，合理平衡工作与个人学习，同时也能通过自身的榜样作用，激励学生养成良好的学习习惯和自我管理能力。其次，辅导员的自律意识还表现在自觉接受组织监督和指导上。辅导员工作的系统性和连续性要求其必须严格遵守学校的工作规范和纪律，自觉地接受来自学校、社会和家长的监督。这种监督是对辅导员工作进行规范和引导的重要手段，有助于提高工作效率，保证工作质量。最后，辅导员要保持廉洁自律，严格遵守纪律，不得利用职务之便牟取私利。此外，辅导员应与学生保持适当的距离，与学生保持适当的关系，避免过于亲密或疏远。总之，辅导员要有自律意识，严于律己，为学生树立良好的榜样，为学生的成长和发展创造一个良好的环境，同时也为自身职业发展打下坚实的基础。

四、作风正是高职院校辅导员工作的无形力量

（一）树立正确的世界观、人生观、价值观，强化道德修养

树立正确的世界观、人生观、价值观和具有高尚的道德修养，是辅导员做好工作的基本前提条件。因此在辅导员职业能力培养过程中，要注重对世界

观、人生观、价值观和道德修养的培养。首先，培养辅导员树立正确的世界观、人生观和价值观。辅导员作为学生的引路人，他们的世界观、人生观和价值观不仅会影响他们如何看待世界和处理问题，还会直接影响学生对世界的认知和价值判断。因此，要培养辅导员树立正确的价值理念，并通过他们的实际行动来影响和教育学生，传播积极的价值观念。其次，增强辅导员自身道德修养。道德修养是辅导员职业素养中的重要部分。辅导员的道德修养直接关系到他们的言谈举止、工作态度以及与学生的关系建立。辅导员的道德水准不仅体现在对工作的敬业精神上，还包括他们的责任心、公正性、诚信度以及对待学生的尊重和关怀。良好的品质会对学生产生积极的影响，并通过日常互动和行为榜样的作用，潜移默化地影响学生的道德观念的形成。因此，在辅导员职业能力培养过程中，要加强对辅导员道德修养的教育，使其成长为具备优良道德情操的社会人。辅导员的道德修养还包括对教育伦理的坚守，以及在工作过程中对学生全面发展的关注。辅导员应该成为学生的良师益友，不仅在学业上给予支持，在学生的个人成长、情感管理、社交能力等方面也能给予指导和帮助。辅导员的道德修养还意味着要能够处理各种利益冲突，避免利用职权进行不正当的个人获利，应保持职业操守和个人品德。

（二）弘扬中华民族优秀传统文化，传播正能量

在当前社会多元化的背景下，辅导员作为学生思想政治教育的主要承担者，在传播优秀传统文化、塑造学生健全人格以及提升学生的思辨能力等方面具有不可替代的作用。在辅导员职业能力培养中，要教育引导辅导员大力弘扬中华民族优秀传统文化和传播正能量。首先，辅导员需积极引导学生认识和了解中华民族的优秀传统文化，这不仅有助于学生树立正确的世界观、人生观和价值观，也是塑造学生健全人格的基石。通过深入浅出的教育方式，辅导员可以让学生更好地理解"仁义礼智信"等核心价值观念，从而在他们的成长道路上建立起正确的价值导向。其次，辅导员要积极传播正能量。辅导员要多宣传那些富有时代气息、代表社会主流、具有广泛认同的人和事，多用通俗易懂、群众喜闻乐见的方式讲故事、讲道理，充分发挥正能量鼓舞人、激励人的作用。辅导员在传播正能量的过程中，要以身作则，充分发挥"以德育人"的作用。最后，辅导员要鼓励学生参与到文化建设中，如组织传统文化知识竞赛、书法比赛、诗词大会等活动，鼓励学生积极撰写博客、拍微电影、推送公众号，让学生在实践中学习传统文化，从而全面提升学生的综合素养，为国家和社会培养

出更多有责任、有担当的时代新人。

(三)增强宗旨意识，密切联系学生

辅导员要增强宗旨意识，密切联系学生，关心、关爱学生，促进学生健康成长。第一，辅导员要有强烈的宗旨意识。所谓宗旨意识，是指辅导员要将学生的利益放在首位，把学生的需求作为自己工作的出发点和落脚点，始终以一种服务者的姿态去关心和帮助学生。这要求辅导员必须放下高高在上的架子，以平等、亲切的态度对待学生，用一颗平常心去倾听学生的声音，感受学生的需求和期待，真正做到"一切为了学生，为了一切的学生，为了学生的一切"。第二，践行群众路线是辅导员工作的根本方法。群众路线的核心在于"从群众中来，到群众中去"，这就要求辅导员要深入学生群体，倾听学生声音，了解他们的思想动态、学习和生活情况，帮助学生解决困难。最后，密切联系学生对于辅导员来说至关重要。辅导员应定期与学生进行面对面的交流，通过个别谈话、座谈会、心理咨询等多种形式，深入了解学生的个人想法、学业进展、人际关系、生活状况以及心理健康等方面的情况。在这样的基础上，辅导员可以更有针对性地为学生提供帮助和引导，让学生感受到真正的关心和关怀。

第七章　新时代高职院校辅导员职业能力培养的有效路径

　　高职教育作为培养高素质技术技能型人才的重要途径，其地位和作用越来越突出。作为高职院校思想政治教育的主要力量，辅导员队伍建设不仅对学生的成长、学校的发展、社会的稳定和谐有着直接的影响，而且对职业教育的质量和效果有着重要的作用。党的十八大以来，党和国家出台了一系列政策，有力地促进了高职院校辅导员队伍建设的稳定发展和职业能力的提高，也促进了高职院校辅导员的专业化、职业化、专家化发展。但步入新时代，高职院校辅导员面临着学生管理理念变革、学生需求多样化、职业发展不确定性等诸多新挑战，这些对辅导员的职业能力要求更高。

　　辅导员是高职院校中与学生接触最密切、影响最直接的教育工作者。当前在我国高职院校辅导员队伍中，一些辅导员的职业能力不强，无法满足新时代对高职教育的需求，主要表现在以下几个方面：一是教育教学理念不够前沿，不能适应现代教育的发展；二是欠缺专业知识和技能，无法满足学生的需求；三是心理咨询和辅导能力不足，解决不了日益复杂的当代大学生的心理问题；四是团队协作能力不强，没有形成有效的工作合力。

　　因此，如何有效地提升高职院校辅导员的职业能力，是当前高职教育改革和发展的重要课题。从理论和实践两个层面探讨新时代高职院校辅导员职业能力培养的有效路径，对加强高职院校辅导员队伍建设、培养又红又专的社会主义建设者和接班人具有重要作用。

第一节　高职院校辅导员职业能力培养的基本理念及导向

　　高职院校辅导员不仅要处理当代学生日常生活中的各种事务性工作和对学生进行思想政治教育，还要善于发现教育环境中的规律和变化，并通过不断学习提高个人的学生管理综合能力，成为大学生思想政治教育方面的引导者。这就需要高职院校在辅导员职业能力培养中坚持科学的理念，并且要提高辅导员的知识水平和职业能力，要明确辅导员职业能力培养的基本方向。

一、辅导员职业能力培养坚持的基本理念

高职院校辅导员不仅要管理和指导学生的学习，还要关心学生的全面发展，保障学生的切身利益，满足学生的合理要求。在这一过程中，辅导员必须坚持科学理念，确保能够科学地进行工作，提升工作效果和效率。

(一)树立立德树人理念

习近平总书记在党的二十大报告中指出："全面贯彻党的教育方针，落实立德树人根本任务，培养德智体美劳全面发展的社会主义建设者和接班人。"立德树人作为教育工作的根本任务，其重要性不言而喻。高职院校辅导员要全面贯彻党的教育方针，切实落实立德树人根本任务，立德修身，讲师德、铸师魂、正师风，争做师者表率、德行典范，当好学生成长的引路人。辅导员要树立这一理念，其职业能力培养必须有一系列的基本要求。一是需要具备高尚的思想政治素质。作为高职教育的参与者和学生的日常引导者，辅导员必须具备坚实的政治理论知识和较高的政治觉悟。二是具有丰富的专业知识和专业技能。这包括但不限于思想政治教育、学生事务管理、心理咨询等方面的知识。辅导员要能够熟练运用这些知识，指导学生的学习和生活，处理各种突发事件，并能通过专业的学业指导、职业规划指导等帮助学生规划未来。三是具备良好的心理素质和情绪管理能力。在与学生的日常互动中，辅导员需要处理各种复杂的人际关系和情绪冲突，这要求辅导员具备同理心、耐心和高度的情绪调节能力，以保证能够在压力和挑战面前保持专业和冷静的态度。四是应具备创新意识和创新能力。随着社会的快速变化和科技的不断进步，辅导员应能够不断探索新的教育方法，创新工作方式，以适应不断变化的教育需求和环境。五是要有强烈的责任心和职业道德。辅导员的工作不仅关乎学生的现在，更影响国家的未来。因此，辅导员要有强烈的事业心和责任感，能够以高度的责任心对待每一个学生，关注学生的全面发展和成长。总之，辅导员在树立立德树人理念的过程中，必须满足以上基本要求。这些要求不仅是对辅导员个人职业素养的要求，也是对其工作成效的基本保证。

(二)遵循以生为本理念

以生为本理念是马克思"人的全面发展"理论的重要体现。将这一理念用于学生工作中,就是要确认学生在高职院校中的主体地位,围绕"一切为了学生,为了一切的学生,为了学生的一切"开展工作,为此,辅导员在实际工作中应遵循以生为本的教育理念。第一,辅导员在工作中必须深刻理解"以生为本"的真正内涵,即把学生的发展放在首位,关心学生的生活、学习和心理健康,关注他们的个性发展和潜能开发。辅导员应通过多种途径了解学生的实际情况,包括他们的生活状态、学习成绩、兴趣特长、心理健康状况等,从而为其提供个性化的指导与帮助。第二,辅导员要积极发掘学生的特长和优势,为学生创造更多的舞台和机会,让他们在实践中学习成长。第三,辅导员要注重对学生综合能力的培养,而不仅仅是智育成绩的提高。在关注学生学业的同时,辅导员也应关注学生的沟通能力、社交能力、团队协作能力和创新思维能力的培养,帮助学生形成全面发展的能力结构。第四,辅导员在工作中应体现出对学生主体性的尊重,鼓励学生自主学习、自我管理,而不是对其进行简单的命令和管理。辅导员应成为学生的人生导师和学习伙伴,引导学生进行自我探索,支持他们在正确方向上做出选择,并对自己的选择负责。第五,辅导员要不断提升自身的综合素质,包括思想政治素质、教育心理学知识水平和专业知识水平等,以便更好地适应以生为本教育理念下的工作需求。辅导员要有创新意识,不断探索和实践新的工作方法,以提升工作的有效性和学生的获得感。总之,以生为本的教育理念是辅导员工作的核心,它要求辅导员在工作中始终坚持以学生为本、关注个体差异、尊重学生的主体地位,并为学生的全面发展提供全方位的支持与服务。

(三)形成协同育人理念

协同育人就是借助学校、社会、家庭等多方力量共同培养人才。高职院校辅导员要形成协同育人理念,整合多方资源,使多方力量共同参与学生管理和思想政治教育,推动形成"三全育人""大思政""大学工"工作格局。首先,辅导员需要认识到自己的工作不是孤立的,而是"大思政"的大背景中的有机组成部分。辅导员要与专业教师以及其他教育工作者形成广泛的协同,共同致力于学生的全面发展。其次,辅导员要主动加强与其他教师的沟通与交流,促进彼此之间的信任与合作。这包括了解专业教师的教学理念、课程内容以及如何将思政教育融入专业学习。辅导员应该积极倡导建立多学科交叉的协同育人模式，通过定期举办研讨会、交流活动等方式，与其他教师一起探讨和解决学生在学习和发展过程中遇到的实际问题。再次，辅导员需要在工作中不断提升自己的组织管理能力，以适应协同育人的需要。这包括建立高效的工作团队，制订详细的工作计划，以及在执行过程中不断进行自我反思和总结，确保各项工作的有效推进。此外，辅导员还应该不断提升自己的表达能力，这对于构建和加强与其他教师之间的沟通非常重要。良好的沟通能够使辅导员的管理理念和实施的策略得到其他教师的理解和支持，从而形成教育合力。最后，辅导员需要把握时代发展的脉搏，不断地在工作中创新。这意味着辅导员要利用现代信息技术，建立起包括网络思想政治教育在内的新的教育模式，使思想政治教育工作不再局限于传统的面对面交流，而是能够利用网络空间进行更广泛的交流和教育。总之，形成协同育人理念需要辅导员不断地学习新知识、新理念，并将其应用于自身工作的各个方面。通过与其他教育工作者的合作，可以更好地实现全员、全程、全方位的育人目标，共同为学生的全面发展提供有力支撑。

（四）坚持与时俱进理念

高职院校辅导员的职业能力培养需要与时俱进，要体现时代性，要符合新时期下高职教育发展的需求和学生的实际特点。在这一过程中，辅导员不仅要具备适应新时代的思维方式和工作方法，还要具备与新时代密切相关的专业知识和技能，从而更好地完成教育和引导学生的任务。第一，辅导员需要具备强烈的时代意识和敏锐的时代感。这不仅意味着他们要理解和适应时代的发展趋势，还要能预见未来发展的方向，并以此作为工作的导向。新时代的学生更具国际视野和创新精神，因此，辅导员的能力培养也应强调国际视野的拓展和创新思维的培养。第二，辅导员的专业知识和专业技能需要与时俱进。随着信息技术的快速发展，网络已成为学生学习和交流的重要平台。因此，辅导员需要具备一定的网络技术知识，能够适应和利用新媒体工具进行思想政治教育。同时，辅导员还应不断学习心理学、教育学、社会学等多学科知识，以更全面地理解学生，更科学地进行教育引导。第三，辅导员应具备良好的心理素质和应变能力，以应对快速变化的社会环境和复杂多变的学生问题。辅导员应该能够准确识别学生的心理问题，并提供有效的心理辅导和危机干预。第四，辅导员的工作能力也应不断提升，包括但不限于沟通能力、组织管理能力、研究能力等。辅导员应能够组织并实施多样化的教育活动，引导学生全面发展，同时具备创新能力，不断探索和实践新的教育方法。第五，辅导员的敬业精神和责任心也应体现时代性。在快速变化的时代背景下，辅导员应保持对工作的热情和对学生的责任心，并应保持不断学习的热情和进取的精神状态。总之，辅导员的职业能力培养要充分体现时代性，只有这样，辅导员才能更好地适应时代的要求，有效地进行思想政治教育和学生管理，促进学生的全面发展

二、辅导员职业能力培养坚持的基本导向

当前高职院校辅导员队伍建设已经进入了一个新的历史阶段，并取得了明显的阶段性成果，但同时也暴露出许多不容忽视的问题。而究其本质，最根本的症结就是辅导员队伍的非职业化、非专业化的问题普遍存在。因此，高职院校辅导员职业能力培养要全面贯彻党的教育方针，落实立德树人根本任务，以促进辅导员专业化、职业化和可持续发展为导向。

(一)坚持职业能力培养的专业化导向

所谓高职院校辅导员专业化是指通过系统性的专业培训以及自身工作经验的积累，实现自我能力的提升，达到高职院校辅导员岗位要求。当前，高职院校辅导员的来源和专业背景多样化。随着经济社会的发展，高职院校学生工作的实际情况也发生了广泛而深刻的变化。作为高职院校辅导员，应具备多方面的能力，如组织能力、管理能力和表达能力等，同时还应具备通用的职业能力，如运用现代信息技术能力、数字化教学能力等，以提高工作水平。为了高质量地完成工作任务，辅导员需要不断学习和提升自己的专业知识水平和技能水平。辅导员的专业能力应涵盖思想政治教育、职业规划、心理健康和就业指导等多个方面。只有通过不断学习和实践，辅导员才能形成一个完整的专业化体系，为学生提供全方位的指导和支持。辅导员需要改变工作模式。传统上，辅导员的工作主要集中在处理各种烦琐的事务性工作上，如填写报送表格、组织安排活动等。这种事务性工作往往占据了辅导员大量的时间和精力，导致他们无法专注于学生的个性化指导和专业发展。因此，辅导员需要将工作模式从繁杂实务型转变为专项业务型，应将更多的时间用于学习和研究，拓展、丰富自己在专业领域的知识，提高自己的专业素养和能力。

与此同时，辅导员还需要转变教育管理模式。传统的教育管理模式注重规章制度和纪律管理，辅导员的角色主要是执行者和监督者。然而，在当今快速变化的社会环境下，传统的管理模式已经不再适应学生的需求和发展。辅导员

应该积极探索和创新教育管理模式，将学生的发展和成长放在首位，注重个性化的指导和关怀，真正成为学生思想上的领航人和行为上的指路人，为学生提供正确的引导和支持，为高职院校的学生工作带来新的活力，促进人才培养质量提升和学校的整体发展。

鉴于我国高职教育的特点和辅导员工作的实际需求，辅导员职业能力提升的专业化导向应关注以下几个方面。

1. 提高专业化水平，定位专业化角色

在新时期的学生工作要求下，辅导员的角色已经发生了变化，不再仅仅是管理学生日常事务，更重要的是引导学生在学业和就业方面进行自我规划，并在个人成长和发展方面起到良师益友的作用。为了确保辅导员队伍的稳定和发展，学校应该给予更多关注和制度上的支持，制定相关制度来促进辅导员的成长和发展。

工作环境和社会环境对辅导员能力培养具有重要作用。辅导员被认同和接受的工作环境和社会环境对于其心理发展和工作表现至关重要。为了创造这样的条件，高职院校和社会需要营造一种"环境认同、全员认同"的氛围。这意味着辅导员需要得到来自外部环境的支持和认可，以促使他们在心理上产生认同感，这就需要改变传统上高职院校和社会对辅导员定位的看法，提高辅导员的专业化水平。

第一，辅导员不应被视为学校最基层的"打杂员"或仅仅是管理学生事务的"维稳员"。社会和学校对辅导员的重视和尊重是非常重要的，这会让辅导员感受到自己所付出的劳动得到认可。辅导员在学生工作中扮演着重要的角色，他们不仅需要处理学生的日常事务，还需要提供学生发展和成长所需的指导和支持。因此，社会和学校应该给予辅导员更多的支持和认可，让他们感受到自己的工作对学校和社会的重要性。

第二，辅导员应该改变对自己所从事职业的认识，理解辅导员工作的重要性，并对该职业的可塑性和发展性产生认同感。辅导员的工作不仅仅是处理学生的问题和事务，更是为学生的成长和发展提供指导和支持，需要具备丰富的专业知识和实践能力，需要不断提高自己的科技创新能力，以满足学生的需求和社会的变化。辅导员应该将自己定位为专业型辅导员，是开展思想政治教育工作的专门人才。辅导员的专业化发展是高职院校辅导员队伍建设的重要组成部分，是高职院校辅导员职业发展的方向和目标。高职院校辅导员应通过参加校内外培训学习专业知识，脱产或在职学习提升学历，积极参与学术交流，并通过参与课题研究、发表论文等方式提高科研能力。辅导员应通过学习和实践，不断丰富自身知识储备，提升自身理论素养和实践能力，努力成为学者型、专家型辅导员，成为学生工作的中坚力量，为学生的成长和发展提供更好的支持，并推动高职院校学生工作的开展。

2. 顺应时代发展，明确专业化分工

2014 年，教育部印发了《高等学校辅导员职业能力标准（暂行）》，对辅导员的职责和身份做出明确规定：辅导员是开展大学生思想政治教育的骨干力量，是高校日常思想政治教育和管理工作的组织者、实施者和指导者，具有教师和干部双重身份，是高校教师队伍和管理队伍的重要组成部分，这为辅导员专业化分工明确了方向。辅导员应将爱国守法、敬业爱生、育人为本、终身学习、为人师表作为职业守则，不断丰富知识储备，在提高自身职业素养和业务能力上狠下功夫。随着市场经济和现代社会的快速发展，社会分工越来越细化，对辅导员的要求也越来越高。传统意义上的辅导员已经无法满足现代社会的需求，因此必须在符合时代特征的前提下，推进辅导员专业化发展进程，培养一批专门从事教育管理工作的辅导员队伍，明确其岗位职责和工作任务，以满足新时代高职院校技术技能型人才培养的需要，这就要求辅导员具备广泛的知识和技能，能够熟练运用各种辅导技术和方法，为学生提供全方位的支持和指导。辅导员需要不断提升自己的专业素养，通过学习和培训，不断更新自己的知识和技能，以适应社会的变化和学生的需求。

在很长一段时间内，学生管理工作往往只注重规范和纪律教育，忽视了学生的个体差异和多元化发展需求。然而，现代社会对学生的要求越来越高，他们需要具备创新思维、实践能力、跨文化交流能力和心理健康辅导能力等多方面的素养。因此，高职院校辅导员要提供更专业的教育、指导和服务，遵循学生的成长规律和特点，具备与学生多元化发展相适应的服务能力，以适应时代的发展。

第一，辅导员需要具备通用的职业能力，包括学生日常事务管理和服务等能力。他们需要解答学生的各种问题、回应学生的各种诉求，提供必要的帮助和支持。第二，辅导员还需要具备专业能力，如心理健康辅导、职业规划和就业指导、文体活动和社团辅导、突发危机应对和法律咨询等能力。这些专业能力可以根据辅导员的职责进一步细化，以满足不同方面的需求。为了提高辅导员队伍的专业化水平，需要构建辅导员培养制度、运行机制和考评标准。培养制度应该注重理论与实践相结合，为辅导员提供系统的培训和学习机会。运行机制应该明确辅导员的职责和工作流程，确保工作的高效性和专业性。考评标准应该根据辅导员的职责和能力要求进行制定，以激励和评价辅导员的工作表现。

总之，辅导员工作需要转变观念，实现专业化分工，以满足教育、管理和服务等方面的建设需求，建立培养制度和制定考评标准，提高专业化水平。通过不断提升自己的能力和水平，辅导员可以更好地为学生的成长和发展提供支持和指导。

3. 完善高职院校辅导员培训工作，提升辅导员专业素质

当前高职院校辅导员队伍存在年轻化和缺乏实践经验的问题，缺乏系统的学习和培训。辅导员对教育学、管理学、心理学和思想教育等领域的知识了解匮乏，尤其是在学生心理健康教育、生涯规划和职业指导方面存在不足。这些问题对辅导员队伍的专业化水平提出了挑战。为了解决这些问题，加强辅导员的专业培训成为推进辅导员队伍专业化建设和提升辅导员专业素质的迫切需求。为此，高职院校需要建立科学、常态和规范的业务知识培训体系，根据辅导员职业化和专业化的特点和要求进行培训。培训内容应涵盖教育学、管理学、心理学和思想教育等领域，以提升辅导员的业务能力和专业水平为目标。在培训形式上，可以分为三个方面：首先是辅导员岗前培训，重点培养通用能力，如心理学、教育学和岗位知识。这样可以让新手辅导员在熟悉工作业务的同时提升职业能力，为其未来的工作打下坚实的基础。其次是定期针对新时代大学生的特点对辅导员进行培训。随着社会的发展和学生的需求变化，辅导员需要不断调整工作方式和方法，做到因时制宜、因材施教。最后是针对辅导员的专题培训，主要增强其专业知识和实践技能。同时，高职院校应采用多样化的培训方式，如最直接、最有效的课堂教学方式，让辅导员强化理论知识学习；为使参训人员在业务知识上得到锻炼，有针对性地举办专家学者培训班；在校内进行讨论，让辅导员通过经验分享来增强自己的专业能力；大力运用"互联网+"等新媒体平台，使辅导员在网站、论坛的辅助下提升职业能力水平，增强工作的主观能动性。

总之，只有通过系统化、多样化和实效化的培训，辅导员才能适应学生的需求和社会的发展，为学生的成长和发展提供更好的支持和指导。同时，高职院校也应采取多种措施促进辅导员的业务能力和个人修养全面提升，将辅导员培养成专门人才，打造出优秀的专业化辅导员队伍。

（二）坚持职业能力培养的职业化导向

所谓高职院校辅导员的职业化是指根据相关准则和岗位要求长期从事辅导员这个职业，甚至将其作为终身职业。长期以来，我国高职院校学生工作虽然取得了长足的进展，逐步形成了具有我国学生工作特色的工作理念、工作方式、工作方法、管理模式、组织机构等，但随着我国高等教育进入大众化，学生数量不断增加，学生呈现出成分、需求多样化态势，学生问题不断涌现，学生工作面临着前所未有的挑战。特别是科技、信息网络时代的到来，跨国办学、教育输入、教育输出等新观念的形成，给高职院校学生工作带来了更多的冲击。我国的辅导员制度在不断完善和发展，辅导员的角色逐渐由单纯的教育向教育、管理转变，再向教育、管理、服务转变。辅导员的工作模式逐渐由兼职向专兼职，再向专职过渡；辅导员的工作性质由学生的政治引路人逐渐向学生健康成长的指导者和人生导师转变；辅导员工作内容逐渐由政治工作转向现代教育活动，融思想教育、学习指导、发展服务于一体。这些转变，都要求辅导员在政治思想教育上要与时俱进，在学生管理上要精益求精，在服务学生发展上要周到细致。

当前，部分人选择辅导员工作只是将其作为职业的中转站，满足短期就业需要，而不是把辅导员工作作为职业进行长期规划，这使得辅导员队伍整体缺乏稳定性，人员流失严重，也给辅导员的职业化培养造成了一定的阻碍。从辅导员业务能力上看，部分辅导员缺乏理论修养和政治素质，对大学生进行思想政治教育的能力相对较弱，对学生工作中出现的新问题缺乏洞察力和敏锐性，缺乏开拓创新、勇于挑战的精神，在工作上缺乏耐心和细心，缺乏积极性、主动性和创造性，工作方式方法有待于进一步改进。从心理素质上看，辅导员的工作对象较为复杂；工作任务较为烦琐，薪酬待遇和水平较低，无形中加大了辅导员的心理压力。若辅导员心理素质不强，不能及时调节，会导致辅导员心理失衡。总体而言，当前辅导员队伍的整体素质在逐步提高，但在大学生思想政治教育面临新挑战、新机遇的情况下，坚持辅导员队伍能力培养的职业化导向，应从以下几个重点方面着手。

1. 以知识体系为理论支撑

随着社会的变革，职业化成为一种趋势。这要求从业人员必须有一定的科学理论知识作为支撑。辅导员职业亦是如此。除了要有较广泛的知识储备外，高职院校辅导员还应掌握一定的思想政治教育的基本理论和基本知识，主要包括马克思主义中国化理论体系、中国特色社会主义理论体系、社会主义核心价值观等。辅导员需要学习掌握大学生思想政治教育工作实务等相关知识，包括学生日常事务管理知识，校园文化建设、社会实践等方面的知识，如党的创新理论教育相关知识、大学生党团和班级建设相关知识、职业规划与就业指导相关技能，以及困难补助、奖罚管理等相关知识；需要学习突发事件中的危机应对、突发事件的处理与控制等方面相关知识；需要学习法律法规知识，如《普通高等学校学生管理规定》《国家教育考试违规处理办法》《学生伤害事故处理办法》《中华人民共和国高等教育法》《中华人民共和国精神卫生法》等法律法规知识，以及《普通高等学校招生考试违规处理办法》等相关知识。上述知识共同构建了辅导员职业的知识体系，是辅导员职业化发展的理论支撑。

2. 以能力体系为实践标准

在辅导员职业化发展进程中，从业人员的年龄、学历、经历等各不相同，因此达到相应的职业等级所需的职业能力也不相同。高职院校辅导员职业能力体系主要涵盖以下方面：思想政治教育能力、党团和班级建设能力、学业指导能力、日常事务管理能力、心理健康教育与指导能力、网络思想政治教育能力、校园危机事件应对能力、职业规划与就业指导能力、理论与实践研究能力等。其一，思想政治教育能力，主要体现在辅导员对学生的家庭情况有深入了解，对学生的基本情况心中有数。通过日常观察、谈心谈话、调查问卷等形式，辅导员要掌握学生的思想特点及其动态发展，及时开展教育引导，使学生养成良好的道德情操。此外，针对教学需要和学生特点，辅导员要组织协调班主任、思想政治理论课教师等共同做好经常性的思想政治教育工作，采取灵活多样的教学方式，提高思想政治教育成效。其二，党团和班级建设能力，是指辅导员要通过党团活动和谈心谈话、社会实践活动等方式，让学生深入了解国情、民情、社情，对学生进行世界观、人生观、价值观教育，使大学生思想政治教育的针对性、实效性得到提高。辅导员要加强班集体和党支部建设，选优配强学生干部，指导学生开展活动，认真做好学生入党积极分子的培养教育工作，利用各种教育载体，为学生党员发展服务，为学生教育管理服务，激发学生党员的积极性和主动性。其三，学业指导能力，包括开展学风建设，引导学生养成良好的学习习惯和行之有效的学习方式等。辅导员要有针对性地开展学习分类指导，培养学生的创新思维和创造能力；鼓励学生主动参与课外学术实践，培养学生的学术爱好和研究能力，分析学生的学习状态和学习成绩，有针对性地对学生的学习能力、创新能力等进行深入研究。其四，日常事务管理能力，包括要对新生进行良好的入学教育，帮助他们熟悉大学生活、接纳大学生活、适应大学生活。辅导员要组织好学生的军训工作，指导学生积极投入到军训中去。辅导员还应通过多种形式，做好毕业生离校教育、管理、服务等工作。此外，辅导员要能运用法律知识、社会学知识、心理学知识对学生日常遇到的各种复杂问题进行全方位、深层次的分析，并在思想上、方法上积极创新学生事务管理方法。其五，心理健康教育与指导能力，是指辅导员要了解学生的心理状况，能够对学生进行初步的心理问题调查和辅导，帮助他们调节情绪。辅导员要能够进行心理危机评估，并实施心理干预，能够在事前和事后的跟踪回访中妥善处置相关情况，在深入研究和把握心理健康教育规律中总结实践工作经验。其六，网络思想政治教育能力，是指辅导员要熟悉网络语言的特点和规律，熟练运用新媒体技术，及时掌握学生的网络舆情，密切关注学生的网络动态，围绕学生关注的重点、热点、难点问题，引导学生在网上进行自我教育、自我管理、自我服务、自我保护，掌握网络舆论的话语权和主导权，在学生的网络思想政治教育中把思想政治教育这一重要阵地建设在互联网上。其七，校园危机事件应对能力，是指辅导员应掌握基本安全教育方法，具备开展以下活动的能力：组织学生安全教育活动、初步处理危机事件、及时了解事件相关信息并逐级上报、及时稳定相关人员情绪、持续关注并跟踪事件发展及其影响、消除事件影响、进行心理疏导等。辅导员要了解事件发生的过程，分析原因，总结经验，把握规律，改进工作，完善预警和应对机制。其八，职业规划和就业指导能力，是指辅导员要帮助学生正确分析自己的职业倾向，全面客观地分析创业的环境、政策、行业前景，帮助学生树立正确的就业观、创业观，并帮助他们尽快适应社会、融入社会。其九，理论与实践研究能力，是指辅导员要能掌握思想政治教育的基本理论观点与研究方法，积极主持和参与思想政治教育课题或项目研究，并把理论研究成果应用到工作实践中。

3. 以从业人员的多元结构为主体

高职院校辅导员从业人员的多元结构主要从人口统计学变量上体现辅导员职业化状况。其具体表现为：从年龄构成上看，辅导员队伍中老中青不同年龄段的人都要占有一定的比例，避免出现老年化趋势，形成合理年龄结构，确保辅导员队伍可持续发展。从学历结构上看，高职院校可通过各种政策吸引更多拥有博士学历的人从事辅导员工作，建立本科、硕士、博士不同学历层次的辅导员学历结构，改变辅导员在校内学历偏低的趋势。从职称上看，高职院校要努力推行辅导员职称评聘工作，建立助教、讲师、副教授、教授比例适当的辅导员职称结构。从职务上看，高职院校要努力做好辅导员职业规划，建立副科级、正科级、副处级、正处级比例适当的辅导员职务系列。从从业年限上看，短期、中期、长期从事辅导员职业的人员都要占有一定比例，但要以长期甚至终身从事辅导员职业人员为主，推动辅导员职业化发展。从从业人员背景上看，既要有硕士、博士学历人员经过专门学习培训后从事专职辅导员工作，也要有社会人员在实际生活中利用专业特长帮助学生解决各种困难。具有一定的专业背景并具有一定的专业特长的专兼职辅导员共同发力，促进学生的健康发展，使学生的综合素质和能力得到全面提高。

4. 以完善组织条件为保障

辅导员队伍作为大学生思想政治教育的中坚力量，是大学生教育中必不可少的重要组成部分。其发展离不开国家政策的支持，也离不开社会大环境的支持。自 2004 年中央 16 号文件出台以来，中共中央、国务院、教育部等部门就高校辅导员队伍建设、职业培训、职业能力标准等出台多个配套文件，不断推进辅导员队伍建设，为辅导员职业化发展提供政策保障。中国高等教育学生工作分会、全国高校辅导员工作研究会等全国性机构的成立，不仅为辅导员提供了学术和工作交流的平台，也极大地促进了高校学生工作的繁荣与发展，服务于进一步加强和改进大学生思想政治教育工作。《高校辅导员学刊》《高校辅导员》等学术期刊的建立，为辅导员搭建了理论探讨和学术交流的平台，有利于辅导员业务素质的提高，推动其向职业化方向发展。高校辅导员核心价值取向与辅导员誓词的凝练，不仅促进了辅导员的职业价值认同，而且成为植根于辅导员内在、引领辅导员职业生涯的强大精神支柱。可见，无论是国家政策层面的顶层设计、各种辅导员组织的成立，还是学术层面的研究，以及精神层面的追求，都为辅导员职业化发展提供了多方面的保障。因此，未来高职院校辅导员职业化发展需要继续完善组织结构，健全制度和机制，以作为辅导员职业能力提升的有力举措和重要保障。

第二节 高职院校辅导员职业能力 培养的支持体系

一、健全制度保障体系

新时代，党和国家高度重视职业教育，召开了全国职业教育大会，出台了一系列政策文件，加快推进职业教育发展，如国务院印发的《关于加快发展现代职业教育的决定》，教育部、财政部发布的《关于实施中国特色高水平高职学校和专业建设计划的意见》等，大力推动了职业教育的发展。特别是"双高"建设，成为新时期高职院校发展的重要机遇，高职院校的办学质量显著提高，办学规模明显扩大，对学生管理教育人才的需求门槛逐渐提高。高职院校的辅导员岗位，是硕士及博士研究生毕业后进行职业选择的重要目标之一。然而，从选聘辅导员的情况来看，部分高职院校存在选聘具有盲目性和应聘者对职业能力认识不足的问题。许多应聘者只看重工作的稳定性和舒适度，缺乏对辅导员职业能力的深入了解。针对这一问题，高职院校需要明确辅导员的职业角色和岗位职责，使应聘者对辅导员职业有清晰的认识。高职院校要完善选拔机制，吸引并培养出专业化水平高、素质优秀的辅导员队伍。只有这样，辅导员队伍才能真正成为高职教育事业的中坚力量，为学生的成长和发展助力。

(一)建立辅导员职业能力培养制度

《高等学校辅导员职业能力标准(暂行)》的出台，为辅导员职业人才培养奠定了政策基础，是高校思想政治教育工作专业化发展的一条重要路径，是辅导员专业人才选拔培养的一项重要机制。高职院校要科学建立职业准入机制，确保选拔和培养出具备高水平职业能力的辅导员。可以采取多种评估方法，如面试、考核等，全面了解应聘者的能力和潜力，选拔素质水平高、技术能力强、品德高尚的高层次人才充实到辅导员队伍中。

构建辅导员职业能力培养体系极其重要，高校可以采用多学科交叉培养的模式，建立辅导员专业培养制度，在硕士层面开设辅导员专业学位。东北师范大学通过鼓励研究生担任兼职辅导员并攻读思想政治教育专业，提升了辅导员队伍的稳定性，推动了学生工作的进一步发展。国家层面也进行了多项探索来加大辅导员培养力度，如进行辅导员年度人物评选、开展思想政治教育专项课题研究等。然而，目前在辅导员培养方面仍存在一些问题需要解决。

首先，缺乏辅导员专业的人才培养计划。辅导员这个职业的特殊性和复杂性需要专门的培养计划，但目前在国内还缺乏相关专业的学位课程和培训项目。其次，对于那些本科和硕士阶段是理工科相关专业的辅导员来说，从事思想政治教育或攻读思想政治教育专业的博士学位成为巨大的挑战。这些辅导员在专业知识和理论素养上可能存在一定的不足，需要通过相关培训和学习来弥补。此外，还存在一些问题需要引起教育部门的高度关注。例如，一些辅导员实际上成了攻读马克思主义原理的博士，导致专项培养计划"专项不专"。在这种情况下，辅导员的专业能力和实践经验可能无法得到充分的培养和提升，从而影响他们在学生工作中的表现和效果。

为了解决这些问题，需要建立辅导员职业能力培养专项制度，可以考虑在相关高校的马克思主义学院或国家辅导员培训基地招收部分硕士研究生，专门从事高校辅导员工作的研究和学习职业技能。这样的培养模式可以更加有针对性地培养专职辅导员，提高他们的专业素养和实践能力。因此，可以考虑在硕士阶段开设高校辅导员工作研究专业，并聘任长期从事辅导员工作且具有高级职称的辅导员和思想政治教育专家担任导师，专门从事辅导员人才培养和理论研究工作。通过这样的运行机制，可以将辅导员职业能力培养提前到职前阶段，既能够培养高职院校辅导员队伍的后备人才，又能避免辅导员从业人员产生不必要的困惑和压力，促进辅导员队伍稳定有序地发展。

辅导员的职业发展是一个不断调整和提升个体职业能力的过程。辅导员从最初的职业无意识状态逐渐发展为具有职业认同，并在此过程中不断提升职业能力，有些人甚至主动申请攻读思想政治专业的辅导员专项博士学位。这些经历使辅导员获得了较强的职业归属感，坚定了辅导员个人走职业化发展道路的决心。在高职院校内部治理中，将合适的人才安置到合适的岗位上并使其发挥最大的教育作用是非常重要的。高职院校需要重点考虑辅导员的职业效能感，这也是学校内部治理体系的重要内容。一支能够充分发挥个人专长和专业特长的高水平辅导员工作队伍对高职院校而言是宝贵的财富。高职院校可以进一步推广经实践检验可行的辅导员培养体系，这不仅可以帮助高职院校选拔更适合的辅导员，还为职业主体提供了更多的选择空间，形成了良性的双向互动。同时，在辅导员参加工作之后，高职院校要定期开展专项培训，提升其职业能力和专业化水平。专业化是一个过程概念，具有过程性，需要一定的专业性知识和技术，如心理学理论、职业规划知识、社会调查技术等。高职院校通过构建辅导员入职前人才培养体系，使辅导员在上岗前具备一定的理论知识和实践技能，可以帮助提升辅导员的职业能力，这是一个重大突破；健全辅导员誓词制度，让辅导员明白最基本的职业道德要求，如不接受学生礼金、不与学生过度交往等；完善辅导员职业能力标准，让辅导员明白开展工作需要具备的最基本的知识和技能。在这个行业中，辅导员需要基于专业知识，根据学生的各类情况做出科学准确的评估和判断，而不能基于经验主义开展工作。高职院校应进一步完善辅导员专项培养制度，推动构建辅导员相应的资历认证制度，逐步提升辅导员的职业能力和自身素养。

（二）健全辅导员准入制度

高职院校在选聘辅导员时，采用选拔制度来评估其职业能力。这个过程是公开、公平、公正的，旨在选聘那些有志于从事辅导员工作、热爱这个职业并且具备胜任辅导员岗位能力的应聘者。经过长期的探索，多数高职院校已经建立了辅导员单独选拔的招聘制度。在设定应聘条件时，大多数高职院校要求应聘者具有硕士或博士学位，并对应聘者所学专业有一定的要求，心理学、思想政治教育和教育学是高职院校招聘中最受欢迎的三个专业。这些都是招聘的基本门槛。在优先条件方面，学生干部经历和竞赛获奖经历通常会在招聘公告中直接提及。同时，大多数高职院校还采取心理测试、行政能力测试和结构化面试等选拔过程。建立健全准入制度对辅导员队伍的素质提升和职业能力培养起着重要的推动作用。

为了保障辅导员的职业能力培养，有必要尽快健全科学的选拔机制。当前，辅导员准入制度的建立需要进行充分的论证，要从国家、地方和高校三个层面进行谋划。在国家层面上，应完善现有的制度体系，以确保辅导员队伍建设的质量。辅导员的职业能力培养是一个循序渐进、逐步发展的过程，涉及人的适应性培养、经验总结和技能提升。因此，在选拔新进人员时，应科学评估其能力水平和素质，以确保他们能够适应辅导员工作的内外部环境变化和工作对象的独特性。地方政府和高职院校应制定指导性文件，以选拔优秀人才担任高职院校辅导员。近年来，尽管部分地方政府和高职院校已经出台了本土化的政策，但缺乏指导性的文件。在新时代背景下全国高校思想政治工作会议精神得到全面贯彻落实。2016 年，中共中央、国务院印发了《关于加强和改进新形势下高校思想政治工作的意见》，要加强思想政治教育教师队伍和专门力量建设，进一步规范辅导员的工作环境。这一举措为政府部门出台必要的制度和政策文件、选拔优秀人才担任高职院校辅导员提供了良好的机遇，确保他们不仅真正愿意担任辅导员，而且适合担任辅导员，并能将个人能力和素质转化为育人行为，真正成为校园师生的榜样。2017 年，教育部印发了《普通高等学校辅导员队伍建设规定》，对辅导员队伍建设进行了规范，明确了辅导员队伍建设的目标、内容和方式，并对辅导员职业能力需求进行了调整和拓展。该规定对辅导员职业发展提出了新的要求，因此辅导员也需要进行相应的提升和改变，以适应新的工作要求。同时，该规定要求提高辅导员职业能力的专业化水平，但具体如何提高还需要相应的制度支持。

为了解决这些问题，高职院校需要对辅导员的选拔机制进行改革，确立严格的选拔标准，选拔出真正适合并愿意担任辅导员的人员。同时，高职院校也需要对辅导员进行专业化的培养，提高他们的职业能力，以满足新时代对辅导员队伍建设的新要求。

当前，我国高职院校辅导员选拔评价体系还不够完善，主要表现在辅导员的工作质量难以评估、教育效果难以体现等方面，这主要是由于选拔评价体系的标准不明确、评价方式过于单一。此外，还存在一批不以专职辅导员为职业发展目标的"临时工式"聘任人员，这些人员的专业素质和职业能力无法得到保证，很难确保思想政治教育工作能够达到学校预期效果和满足学生的实际需求。

因此，为了保障辅导员的职业能力培养，有必要尽快健全科学的选拔机制。这将有效补充辅导员队伍，缩短辅导员基本素质培养和能力建设的周期，减少辅导员队伍内部人员的流失，降低培养成本。具体来说，科学的选拔机制应当包括明确的选拔标准、多元化的选拔方式，以及完善的选拔流程。通过这样的选拔机制，可以选拔出真正适合并愿意担任辅导员的人员，从而提高辅导员队伍的整体素质和能力。

（三）完善辅导员职业责任制度

从社会角色的产生和社会期望来看，对于高职院校辅导员需要明确其真正实践意义上的角色和职责。作者进行了大量访谈，结果显示，超过 80% 的辅导员认为当前工作中存在职责不明确和效率不高的问题。他们长期处于随时待命的状态，这使得很多辅导员对很多工作产生恐惧，特别是在处理大量繁杂的事务或遇到突发事件时，明显感觉无所适从、能力不足、责任不明。有一位教师评价说："很多人认为辅导员是'打杂工'的角色，是可有可无的角色。"这导致学校的领导和学院的教师对辅导员的认知不一致。此外，辅导员大多年轻，很难得到认可。还有一位教师说："从整个学校来看，辅导员这个角色被定位得有些奇怪，职能部门和其他院（系）都认为只要是与学生有关的事情，找辅导员就可以了。"辅导员的工作界限不清楚。高职院校应当明确辅导员的职责范围，根据工作职责来安排辅导员的工作，避免辅导员成为"打杂工"。辅导员最初是"政治辅导员"，但现在其工作的事务性被无限扩大。部分高职院校没有严格执行教育部辅导员工作制度，忽视了辅导员的角色和职责。此外，一旦学生发生突发事件，辅导员永远是冲在第一线去处理问题和应对风险。虽然高职院校一般有学生突发事件应急方案和负责机构，但由于存在职责界定不清等问题，辅导员工作缺乏规范性。

在当前的教育环境中，部分高职院校要求辅导员必须住在宿舍，并要求其24小时待命。这样的安排虽然便于辅导员随时处理学生工作中的问题，但也使得辅导员的工作与生活无法分割，严重影响辅导员的个人生活质量。辅导员也需要拥有自己的个人生活，去培养兴趣爱好、维护社交关系、照顾家庭和亲人。然而，因为每时每刻的工作需要，他们往往难以享受正常的个人生活，工作充斥着他们生活的每一个角落。这种现象不仅影响辅导员的工作效率和质量，还可能对他们的身心健康产生不利影响。高职院校需要重新审视和调整辅导员的工作模式和工作要求，让他们能够在满足工作要求的同时，拥有正常的个人生活。同时，高职院校也需要明确辅导员的工作职责，避免出现工作要求与职责错位的问题，真正提高辅导员的工作效率和质量，保障辅导员的身心健康。

高职院校辅导员在工作中扮演着多重角色，他们既是教师，又是行政管理人员，同时还是学生的服务者。这使得辅导员在实际工作中面临着角色定位的困惑，影响了他们的职业发展和职业认同。教育部的文件明确规定，高等院校的辅导员属于教师编制，这意味着他们应该承担起教育和教学的职责。然而在实际工作中，辅导员却更多地从事行政管理和服务工作，参与教学的机会较少，实践教育环节也难以量化。这种现状使得辅导员在职业角色认知上产生了困惑，他们不清楚自己到底是教师、行政管理人员，还是服务人员。同时，辅导员的职称评定和待遇与其他教师和管理人员不同，这使得他们在职业发展上面临着困难。部分高职院校的政策也存在差异，这使得辅导员在职业发展上缺乏统一的标准和方向，进一步加剧了辅导员对职业角色认知的混乱。此外，许多高职院校辅导员普遍在职称评定或晋升方面存在困惑，这在很大程度上影响了他们对职业的认同。他们对自己的职业价值产生了质疑，这对他们的职业发展和职业满意度产生了负面影响。因此，高职院校需要对辅导员的职业角色进行明确，并为他们提供明确的职业发展路径和晋升机制，以为他们解决职业角色认知混乱问题和消除职业发展困惑，提高他们的职业满意度和职业认同度。

在新时期全面贯彻落实全国教育工作会议和全国思想政治工作会议精神的大背景下，高职院校辅导员作为高职院校思想政治教育的主要负责人，他们的职业认同度仍有待提升，在实际工作中仍存在一些问题，直接影响辅导员的工作质量和效果。从职业角色定位来看，辅导员既是思想政治教师又是学校管理干部。从教育职能的发挥和标准来看，辅导员的职责复杂程度高于一些教师或管理干部。然而，从对辅导员的社会地位的认知来看，学校内部和外部的观点之间存在较大差异。因此，教育管理部门和高职院校需要高度重视辅导员的职业角色定位问题。

辅导员职业能力培养的先决条件是明确角色定位。为解决辅导员角色模糊、职责不明、定位不准的问题，高职院校需要在内部形成合理的共识，进一步明确辅导员岗位职责和角色定位。辅导员制度的建立旨在维护青年学生的思想稳定。政治工作是其首要职责。核心能力是较高的思想政治工作能力。辅导员必须具备又红又专的特性，这是开展工作的基础，也是胜任该职务的基本要求。辅导员的工作以政治工作、思想工作和灵魂塑造为基本出发点。然而，现实中辅导员所从事的实际工作与这种理念有较大偏差。许多高职院校普遍存在将学生问题视为辅导员的工作问题、将学生事务视为辅导员的事务等认知偏差。错误的岗位认知可能导致辅导员产生心理创伤，无法形成认同、接纳和归属等良性关系。辅导员在承担大量事务性工作和超出职责范围的工作的同时，由于时间被占用，很难提升个人的职业能力和水平。

专任教师肩负教书育人使命。高校教师职责的精细化发展衍生出"辅导员"这一职业，目的是更好地开展思想政治教育工作。然而，随着高等教育大众化、大学生群体年轻化以及家庭教育缺失等问题的出现，高职院校不得不承担日益繁重的管理与服务任务。这导致大多数高职院校辅导员几乎成了学生的"服务员"和"管理员"，他们几乎把全部时间和精力都用于处理学生事务和提供日常服务，而忽视了思想政治教育这一核心职责。为了进一步强化辅导员的核心功能，国家不断加强辅导员队伍的建设，并明确了他们的职责范围。然而，目前辅导员经常被多个部门频繁调用，这给辅导员队伍建设带来了很大的冲击。核心职责未能较好完成、职业地位未得到应有的认可、缺乏职业认同感和归属感，必然会加剧辅导员队伍的不稳定性。

因此，为了加强高职院校辅导员职业能力培养，从制度层面来说应先明确高职院校辅导员的角色定位和岗位职责。应切实改变一旦学生出现问题就归咎于辅导员的错误观念。这样一来，辅导员可以减轻承担的职责范围之外的责任和压力。为实现这一目标，高职院校需要完善并严格贯彻落实辅导员职责制度，促进在高职院校领导、职能部门负责人和教学科研岗教师之间形成共识。高职院校应该根据教育部关于辅导员队伍建设的相关规定和文件要求，指导学生工作部门认真落实文件精神，从实践层面明确辅导员的岗位设定、职责范围、权利和义务等相关内容，以确保权责匹配。为此，高职院校需要构建多层次的制度体系。首先，要正确认识"辅导员"一职和合理分工，由学校分管领导牵头，完善相关制度体系，建立健全监督机制。其次，行政主管部门和培养单位党政主要负责人应该在具体工作分工上，认真落实教育部及学校关于辅导员的角色定位和职责定位的文件，以更好地协调各方关系。最后，学生工作部、学院副书记要真正以制度为先导，发挥好指导作用，确保将制度落实到具体工作中。

(四)构建高职院校辅导员工作协同制度

大学生是辅导员的主要工作对象，他们之间的关系亦师亦友，通过互相理解、信任以及支持来实现共同进步。辅导员应对现代大学生的思维和行为特性有深入的了解，通过开展各类活动，如调查研究、心理咨询以及校园活动等，认真探究大学生的成长规律；通过分析学生的优势和劣势，引导他们健康发展。作为学生最亲近的伙伴，辅导员对他们的发展起着重要的引导作用。因此，辅导员不仅是一项技术性工作，更是一份需要投入热情的职业。

辅导员在学生工作中发挥的作用需要恰到好处，既不能替学生包揽所有事务，也不能完全放任学生自我发展。需要在师生关系中划定规则和界限，以促进双方建立互相认可的关系。师生间的良好互动，可以提升辅导员的职业满意度和对自身职业的认同感。

辅导员与学生协同工作的机制是辅导员职业能力构建的内在机制，也是他们在工作实践中运作的机制。这个机制是动态演变的。虽然不同辅导员职业能力水平间存在差异，但是熟练掌握组织、实施活动和指导学生的技巧，参与必要的活动环节，建立起辅导员与学生共同成长的机制，是辅导员必须具备的关键能力。

辅导员的职责范围广泛，每一项都需要他们认真对待。辅导员需要对大学生进行思想政治教育和价值引导，完成职责规定的各项任务，以提升从业人员对这一职业的认同感。在高职院校辅导员的工作中，思想政治教育和价值引领是首要任务。其中，思想政治教育是基础工作，而价值引领是重点关注的内容，其核心更多的是在于思想层面，而不仅仅是政治层面。

价值引领是思想引领的关键，这也使得辅导员的职责具有鲜明的政治色彩。辅导员必须坚持正确的政治立场和价值取向，对于重大原则性问题，需要有坚定的信念和敏锐的判断力。此外，他们也要有强烈的责任感。在实际工作中，高职院校应注重落实党中央相关文件的精神，明确并细化辅导员的工作职责，确保辅导员专注于职责，履行责任，发挥思想政治教育和价值引领的显著作用，为落实高职院校的根本任务——立德树人做出贡献。同时，高职院校需要改进体制，增强辅导员的职业认同感，通过培训等多种方式让他们始终记住高职院校辅导员工作的重要性和历史任务，为辅导员的职业化、专业化发展奠定基础，增强他们的政治敏锐性、大局观念和专业素质。

辅导员需要与其他团队形成合作关系，以提高工作质量和职业能力。例如，与教师团队的合作可以通过召开主题班会、制定学风建设方案和组织学生活动来发挥教育作用。同时，辅导员可以借助教师团队来弥补自身在思想政治教育和学科专业教育方面的不足。利用学校教师团队的资源和优势是提升辅导员职业能力的主要途径。搭建合作平台、建立合作关系以及构建合作体系都是实现这一目标的重要措施。

具体来说，学生事务管理部门应搭建辅导员职业能力提升的合作平台，将传统的上下级关系转变为团队关系，推动辅导员队伍的科学化发展。辅导员应致力于建立合作关系，挑选研究方向相同和主要专业特长一致的辅导员组建团队，以便更广泛地开展工作实践和理论研究。同一单位的辅导员应建立合作体系，采用"专项工作专人负责"的模式来减少公共事务的重复劳动，提高团队的工作效率。此外，高职院校还应构建辅导员与非学工科室的合作体系，解决多头领导的问题，理顺工作关系，以提升辅导员的职业认同感。

通过与教师团队、管理团队以及服务团队的合作，辅导员可以充分发挥自身的专业优势，提高工作质量和职业能力水平。这种合作关系不仅可以促进辅导员的个人成长，还可以为学生提供更全面的教育和服务，从而培养出更优秀的技术技能型人才。因此，建立和加强辅导员与其他团队的合作关系是提升辅导员工作质量的重要途径。

辅导员的工作职责应该明确具体，并应符合国家设定的职业能力标准。为了实现这一目标，高职院校应在其内部治理体系中明确各部门的职责，进而优化工作对接流程，形成有效的工作协作机制，避免辅导员直接承担行政任务。同时，高职院校还应完善学生管理和服务的体制，增强学生的规则意识，并建立学生与职能部门的直接联系。例如，可以构建线下的学生事务服务大厅和线上的一站式在线服务平台，以减轻辅导员的事务性工作负担。

高职院校应增强对规章制度的尊重意识。尽管高职院校都有完善的学生管理制度，但在实际执行过程中，有时会出现忽视制度或越界的情况。这主要是由于部分高职院校未能严格执行制度，制度形同虚设，以及学生对制度的认同度不高，对制度的理解不足或模糊，因此学生常常按个人认知行事，导致秩序混乱。为了解决这个问题，高职院校应对制度的应用提出明确要求，对所有教职工进行制度培训并对执行情况进行监督，使其按章工作。此外，高职院校还应在新生入校时对其进行学校规章制度的培训，增强其遵章意识。公正公平的制度体系有利于提高辅导员的工作效率，使辅导员能更专注于核心职责。

高职院校应建立良好的个人绩效与团队绩效共享融合的机制。辅导员工作的长效性、复杂性、艰巨性和不确定性常常导致辅导员与职业角色脱节，表现为缺乏合理定位和规划、无法专注于工作，进而导致频繁出现"寻找更好的工作"的现象，这必然会影响其对职业的认同感。为了解决这个问题，高职院校应鼓励辅导员参与团队合作，建立绩效考核机制，将个人绩效与团队绩效相结合，激励辅导员积极投入工作，提高其工作质量和职业满意度。

辅导员应将自己的工作经验转化为研究成果，并对学生成长过程中的成功实践经验进行总结，将其转化为工作案例进行推广。这不仅可以提升辅导员的职业水平，还可以作为研究青年学生成长的学术成果参与考核和职称评定。此外，辅导员还应执行"理论和实践研究"的职责，将青年学生成长的每个阶段作为一个研究课题，从多个角度和维度推动研究工作。

高职院校辅导员应成为一位"一专多能"的高级思想政治工作者。他们需要全面履行岗位职责的各个方面，不能选择只专注于某些职责或忽视不擅长的职责。辅导员应按照职业能力素质的要求进行全面的职业训练，以满足学生的发展需求。辅导员与学生之间要建立互信的良好合作关系。辅导员应在互相支持中学习和发展，构建畅通的沟通渠道，使学生能够公开地表达自己的感受和意见。通过建立互信的合作关系，辅导员可以更好地理解学生的需求，并为他们提供更有效的支持和指导。构建辅导员与学生的协作体系需要辅导员深刻理解学生的思想行为习惯和成长模式，设立规则和界限，建立互相认可的关系，以增强对辅导员职业的认同感。

（五）改进辅导员考核评价制度

考核评价对辅导员职业能力提升具有导向作用、激励作用和监督作用，是促进辅导员实现职业目标的积极因素。通过结合对辅导员显性职业能力的量化评估和难以量化的隐性职业能力评估，可以梳理清楚影响辅导员工作效果的职业能力因素，形成内外共识，实现考评与发展的共赢。科学的考核评价体系能够帮助辅导员平衡过程行为和目标行为，激励和促进其发展以及能力提升。辅导员个人能力的提升也能促进组织工作产生绩效，实现组织绩效和个人发展的双赢效果。辅导员职业能力考核评价的作用主要是引导辅导员朝着正确的方向发展，帮助高职院校辅导员管理部门建立科学的选拔、培养、发展体系，同时在评价、导向和激励之间相互促进，激励团队和个人追求更高的目标，不断提升个人职业能力。

辅导员的职业发展模式通常被称为"两条腿走路"，包括行政管理通道和专业技术通道。辅导员需要正确评估自己并做出选择。行政管理通道是高职院校管理干部的发展通道，体系相对完善，每个层次都有明确的选拔制度。然而，行政管理通道存在评价标准不明确、考核内容难以量化等问题。专业技术通道是基于专业职称的发展模式，大部分高职院校实行了辅导员职称单独评聘的办法。但是，其评聘标准多数是在教师评聘标准的基础上降低了要求，并加入了对学生工作的要求，这些硬指标对选择这个通道的辅导员有明确的指导作用。高职院校要改进对辅导员的考核评价制度，充分考虑辅导员工作的实际情况，科学设定考核内容，既注重结果考核又注重过程考核，既注重定性考核又注重定量考核。高职院校应有效运用考核机制，对表现优秀的员工重点培养，并给予物质和精神奖励，充分发挥考核评价的导向、检查和监督等功能，以考核促进辅导员不断改进工作。

二、完善辅导员职业生涯规划体系

辅导员的职业生涯规划是一个复杂的过程，它要求辅导员对自己的性格特征、能力水平和外部因素进行反复的评估，并根据这些因素进行适当的调整，以便在学校工作岗位上长期工作并逐步提升职业能力。这个过程包括内职业生涯规划和外职业生涯规划两个方面，前者主要涉及对自身的反思和规划，后者则涉及对外部环境的分析和应对。根据访谈发现，许多辅导员对职业生涯规划的意识相当淡薄，他们往往依赖于学校的整体组织规划，对自己的职业发展规划缺乏主动性和积极性，随波逐流。这种现象很可能是由于他们缺乏对职业生涯规划的深入理解，以及对自身能力和职业发展的认识不足。尽管国家、地方政府和高职院校出台了一系列关于辅导员职业认知和规划的文件，但辅导员自身的主体意识仍然不强，对职业生涯规划的意识淡薄，缺乏对自己职业的深入思考和设计。他们刚入职就对未来感到迷茫，对自己的职业发展没有明确的规划和目标。这种情况必然会降低辅导员的职业认同感，从而影响队伍的稳定性和持续发展。因此，高职院校和相关部门应该重视辅导员的职业生涯规划教育，提供必要的培训和指导，帮助他们明确自己的职业目标和发展路径，提高他们的职业自信心和职业满意度，从而提高队伍的稳定性和持续发展能力。

在我国高等教育普及化和高职教育快速发展的新形势下，建立科学的高职院校辅导员职业规划理论已成为当前高等教育改革发展面临的重要课题之一。这一理论应能够促进辅导员个人的全面发展，以满足社会发展需求，并能够提高辅导员的综合素质。同时，该理论应不断明确高职院校辅导员的角色定位和岗位定位。

（一）全面提升高职院校辅导员职业意识

辅导员职业生涯规划对提升辅导员的职业意识至关重要。随着高职教育的快速发展和辅导员岗位职责的扩展，对辅导员职业的科学认知需要不断升级，以增强个人职业能力，从而提升辅导员的职业意识。当前，高职院校辅导员需要处理的事务和解决的问题日益增多，同时，伴随经济社会发展，新的教育理念、教育技术和教育模式对他们的职业能力提出了更高的要求。这就要求辅导员对自己的职业有一个科学、全面而深入的认识，不断提升自己的知识水平和技能水平，以满足不断变化的工作要求。他们需要反思自己的工作，了解自己的优点和不足，调整自己的工作态度和方法，以促进自己的职业发展，进而更加热爱自己的工作，更有动力去提升自己的工作效率和质量。

辅导员职业认知是指辅导员对所从事学生教育、管理和服务等工作的价值、功能、任务，以及自身权利与义务、职业行为规范等的认识和自觉。这涉及个体与组织之间的关系，包括辅导员对职业价值、职业地位、社会声望、职业经历、职业精神等多个方面的认知。建立一个内外互促的正向职业认知体系，构建情感基础，是职业规划的基础。

积极的辅导员职业意识对辅导员进行职业生涯规划的自觉性产生重要影响。辅导员只有明确职业理想、坚定职业信念并将辅导员工作的价值视为个人最大价值，才能积极、主动、全身心地投入工作，成为一名优秀的辅导员。因此，高职院校可以通过职业培训来增强辅导员个人职业意识，通过职业能力竞赛和年度评选活动来增强辅导员队伍的集体职业意识，提升辅导员队伍的凝聚力，完善辅导员制度体系中的制度意识，加强辅导员发展体系的制度化运作，形成辅导员的职业自觉。这样的良性循环一旦形成，将为辅导员提供更多提升个人职业能力的内生动力。

(二)科学开展辅导员个人职业能力评估

辅导员在规划自己的职业生涯时，需要了解自己的职业能力和职业心态等，这就需要开展职业能力评估。辅导员个人职业能力评估是一个全面而深入的过程，涵盖了个人性格特征、职业技能、职业心态与信念等多个方面。这种评估不仅可以帮助辅导员了解自己的职业能力水平，还可以帮助他们明确自己的职业发展需求，制订出有针对性的职业能力培养计划。在评估个人性格特征方面，辅导员可以通过自我陈述的方式，总结和反思自己在性格、气质、亲和力、爱心、合作、民主、热情等方面的特点，以及符合高职院校辅导员职业所需的协作性、民主性和积极性。同时，他们还可以使用一些常规的量表，如明尼苏达多项人格测验、艾森克人格调查问卷、霍兰德职业兴趣测评等，帮助自己更准确地了解自己的人格特征。在评估职业技能方面，辅导员可以运用通用的管理能力、应变能力、人际关系等测试问卷，清楚地了解自己在这些方面的能力水平。通过这种方式，他们可以明确自己能力的强项和弱项，了解自己在职业发展中需要提升的技能和学习的知识。此外，评估也包括职业心态和职业信念，这是形成个人职业发展方向和职业满足感的关键。通过评估，辅导员可以了解自己的职业信念是否与自己的职业发展目标相符，自己是否具有积极的职业心态，是否对自己的职业有足够的热情和信心。总之，辅导员个人职业能力评估是一个自我认知和自我提升的过程。通过评估，辅导员可以不断提高自己的职业能力，以更好地适应岗位需求，实现自己的职业发展目标。

此外，辅导员需要对外部环境进行评估，以保障自身职业能力培养。他们要了解学校的制度体系、管理要求和待遇政策等方面内容，尤其是要了解学校对辅导员队伍建设的长远规划。高职院校对辅导员工作进行定期考核，通过制定考核指标体系对辅导员工作进行评价，并确定考核等级。这些考核与辅导员的待遇直接相关，是对辅导员的激励和关怀。一般的考核主要以辅导员的关键业务能力为主要依据，评价辅导员的常规工作。大多数高职院校的考核体系包括辅导员个人总结、学生评价、学院评价和学校管理部门评价。辅导员会根据考核指标体系不断提升个人职业能力。然而，这些考核不能全面评估辅导员工作的实效，这是高职院校辅导员管理部门面临的重大难题。这需要建立包含以辅导员的职业态度、职业信念和职业信仰为主要内容的考核体系，需要政府部门和高职院校付出更大的努力，以真正发挥能力导向作用。目前的考核结果与待遇相关，是一种物质激励机制。然而，对于辅导员的职业意识和职业精神的激励体系构建较为困难。高职院校都非常重视辅导员工作的考核。从物质激励的实效和社会经济环境的发展来看，只有通过强化考核评估体系的精神和物质双重激励，才能不断提高辅导员的认同感和效能感，帮助辅导员坚定职业信仰，将辅导员工作作为为社会发展贡献力量的重要载体，无怨无悔奉献终身。

（三）明确辅导员个人职业发展方向

辅导员职业规划是一项重要的工作，需要根据现实条件和个人发展状况，确立明确的职业发展方向和目标。这不仅有助于辅导员更清楚地认识自己的职业行为对职业目标的积极作用，也有助于辅导员科学设计自己的职业规划，实现个人职业价值与辅导员队伍建设的有机统一。

辅导员的职业发展方向因人而异，可以大致分为四种类型。第一种是目标取向型的辅导员。他们通过对自己性格、价值观等方面的分析，选择并坚持终身从事辅导员工作。这种类型的辅导员通常对教育工作有深厚的热爱，愿意为学生的成长和发展付出长期的努力。第二种是作为党政后备干部的辅导员。他们的主要发展方向是转为管理干部。这种类型的辅导员通常有较强的组织能力和领导能力，在辅导员工作中积累了丰富的管理经验，有可能在未来成为学校或教育系统的领导者。第三种是经过实践锻炼后，转向教学、科研、实验等岗位的辅导员。这种类型的辅导员通常对学术研究有浓厚的兴趣，可能会选择进一步深造，获取更高的学位，从而在教学或科研领域进一步发展。第四种是现代无边界职业生涯的一种现象，即根据个人的兴趣和能力，选择离开辅导员职业，从事更适合自己的职业。这种类型的辅导员通常有较强的适应能力和变革意识，愿意接受新的挑战，寻找更适合自己的职业道路。

本节主要针对长期从事辅导员职业，并全身心投入其中的个人，探讨其职业目标，帮助他们更好地规划自己的职业生涯，实现自我价值。辅导员通过专门的学习和培训，在学生心理健康教育、心理辅导、职业咨询、学生价值观教育、思想政治教育、大数据研究等方面形成了个人的职业发展特色和方向，并形成他们的专长和优势。如果辅导员的职业发展方向不明确，缺乏职业目标支持，那么辅导员职业可能会成为其转向其他岗位的跳板。因此，职业发展方向和职业目标对职业生涯的导向、调节和激励作用至关重要，是职业生涯规划的核心。职业生涯规划是对未来职业发展方向的整体规划。在确定方向后，关键是适时采取行动。设定职业目标是职业生涯规划的核心，实现职业目标则需要采取具体的措施和策略。辅导员要不断优化个人职业方向和职业目标，通过职业实践适时进行调整。除了做好本职工作，辅导员还应主动承担更多重要责任，并高质量完成工作任务。

三、完善高职院校辅导员的职业认同体系

(一)营造良好的高职院校辅导员职业的社会认同环境

辅导员作为社会职业环境中的重要角色，其职业角色认同、职业价值和职业发展受到职业意识和人际环境等因素的影响，从而形成一定的社会文化心理。特里斯曼将社会性格分为传统导向、自我导向和他人导向。对辅导员来说，这三种社会性格特征都具有较大的作用力，其中他人导向的作用更为显著。教育的核心是以学生为本，辅导员通过教育、服务和管理学生来展现个人价值，从学生的满意度和社会的认同中提升对职业的认同和肯定，这种认同源自社会的认同。辅导员要融入这个陌生而多变的社会环境，从中获得提升职业能力素质的动力。在整个社会中，社会认同度高的行业享有更高的职业声誉，在这类行业里就业有利于促进从业者的积极职业态度和职业信仰的发展，并形成良好的循环互动关系。因此，辅导员需要全方位努力，充分实现自身的价值，得到社会各方面的充分认同。为此，高职院校要着力做到三点：一是加大宣传力度，宣传辅导员中的典型人物和榜样；二是畅通辅导员职业发展的通道，提高辅导员的职业选择和选拔的专业性；三是发挥专家的引领作用，组建专家团队，研究辅导员队伍建设规律，并指导辅导员队伍建设。这三点都是促使更多人关注辅导员的重要途径，是推动辅导员职业能力提升的重要动力。

（二）完善高职院校辅导员职业的学校内部认同

为了增强辅导员对职业的认同和创造良好的工作环境，高职院校可以进一步明确岗位职责、拓展成长通道。首先，可以营造良好的职业氛围，让辅导员的岗位职责在学校内部得到充分宣传，并在各职能部门内得到充分解读，以改变过去对辅导员工作过度安排的情况。其次，开辟辅导员成长通道，创造科学的竞争环境。目前，辅导员职业化发展面临的一个重要问题是缺乏畅通的成长通道。对于那些缺乏学术研究成果的辅导员来说，他们很难评上高级职称，而研究成果丰硕、被评为高级职称的辅导员大部分会离开一线的学生工作，转向专门从事教学工作。

在当前的教育环境下，部分高职院校内部对辅导员的认同度不高。为了解决这个问题，国家已经采取了一系列激励措施。例如，对在思想政治教育领域有突出贡献的人才，授予"思想政治教育杰出人才"称号。同时，对在道德教育方面有突出表现的辅导员授予"道德模范"称号，如大连海事大学的曲建武老师，被授予"全国道德模范"等荣誉称号。这表明，国家高度重视培养一线思想政治工作者，为他们的职业发展提供了强大的支持和激励。然而，单纯依赖国家的激励措施是远远不够的。地方教育部门和高职院校也应提高对辅导员的认同度，畅通并完善符合高职院校辅导员实际情况的职称评聘和职位晋升渠道，为辅导员的职业发展提供更多的可能性和空间。这不仅可以吸引更多的优秀人才投身于辅导员工作，也能激发在职辅导员工作的积极性、主动性和创新性。此外，通过不断提升辅导员工作的评价和考核机制，可以彰显辅导员工作的价值，提升辅导员的职业归属感和认同感。完善辅导员的考核评价机制，应从职业功能和职业定位的角度出发，合理规划参照体系，并明确量化考核的核心内容，使辅导员在开展职业内部规划的过程中有章可循、有所参考。这样，辅导员就能在实践中不断提升个人的职业意识，形成职业信仰，极大增强对职业的归属感和认同感，从而更好地投入到工作中，为学生的成长和发展做出更大的贡献。

（三）促进辅导员的主体认同

辅导员作为从事思想政治教育和学生管理工作的专业人员，应坚持实事求是的务实精神，客观认识自我。只有这样，才能为自己设定合理的职业目标，并逐步实现，增加对自己行为的认同，提升对自我价值的认同。通过职业能力测评等工具，辅导员可以不断认识和完善自己。

辅导员还应注重心理调适，避免消极的心理应对方式。为养成和谐健康的心态，辅导员可以采取以下方法。首先，运用积极的心理暗示。合理安排工作与休息，劳逸结合，可以事半功倍。辅导员常常感到工作任务重而无法完成，产生压力和厌倦心理。适时休息并不意味着停滞不前，而是通过构建个人的管理系统，实践适合自己职业发展的方式，更好地胜任工作。其次，培养个人的职业兴趣点，将兴趣融入职业生活，建立兴趣发展平台，发展良好的职业人际关系。辅导员可通过参加沙龙、茶话会等交流活动，在提升职业技能的同时转移注意力，解决生活和工作中的困难。此外，辅导员也可坚持体育锻炼，增强自信和勇气等。只有在身心愉悦的工作环境下，实现精神与物质的协调，个人价值才会逐步提升并得到认可。借助上述方法可以帮助辅导员增强职业获得感，提升个人对职业的满意度，并形成较高的职业认同感。

第三节　高职院校辅导员职业能力培养的路径分析

一、构建辅导员职业能力培训体系

辅导员的职业能力需要在巩固基础、传承优良传统的基础上不断学习并加强，以应对新问题和新挑战。这是一个不断成长的过程，需要辅导员自身的不懈努力，也需要外部因素支持。这些外部因素包括国家的顶层设计、政府的科学指导、高职院校系统的贯彻落实等。为了提升个人职业能力，辅导员需要建立完整的学习培训体系，并使其规范化、科学化、有效化。通过丰富培训内容、创新学习方式和改进学习方法，辅导员可以提升自己的职业能力，真正实现理论与实践的有效结合。

（一）建立岗前培训制度

在辅导员正式上岗之前，高职院校需要集中发力，抓住关键起步点，集中对其进行培训。在岗前培训阶段，辅导员需要系统地了解职业知识，全面掌握职业内容和技能，并将个人职业规划与工作需求相匹配。这样做的根本目的是提高辅导员开展工作的能力素质，使其能够更有效地进入工作状态。通过系统学习所需的职业知识，锻炼所需的职业技能，并进行必要的重复训练，可以确保辅导员顺利适应新工作。特别是对于那些背景是理工科的新入职辅导员来说，由于其缺乏系统的职业知识和训练基础，因此入职前的集中学习培训尤为重要。通过全面培训，涵盖辅导员职业发展设计、职业知识、岗位职责、学生工作规章制度、团体心理辅导等内容，可以帮助辅导员对今后的工作有清晰的认识，为提升辅导员的职业能力打下基础。

（二）建立定期专业培训制度

在辅导员入职后，高职院校需要定期开展专业培训，帮助辅导员及时更新知识。高职院校应根据经济社会发展趋势和大学生成长成才需要，有针对性地对辅导员进行业务培训。通过精准实施培训，可提升辅导员专业技能和综合素养，为辅导员将来的职业发展奠定基础。而且通过集中培训，不仅可以减轻辅导员的工作压力，还能提高其工作效率，节约校内资源。

（三）建立交流学习制度

高职院校应在学校范围内，构建阶段化成长帮扶团队，建立辅导员基地或辅导员沙龙，为各个院（系）的辅导员提供定期学习、培训、交流的平台，定期组织团队工作论坛，研讨交流阶段性工作问题，以促进其能力提升。兄弟学校之间可建立高职院校辅导员俱乐部，定期组织团体活动，为辅导员提供职业生涯发展讲座和技能培训。同时，高职院校可以通过在线学习、专家报告、团体辅导、课题研究、学术论坛等多种形式来加强辅导员的理论学习和业务能力。通过挂职锻炼、走访调研、观摩考察等方式，辅导员可以学习先进的实践经验，从而提升个人能力。

二、健全辅导员职业制度体系

（一）健全辅导员职业准入制度

规范辅导员职业准入制度是提高高职院校辅导员队伍素质的重要手段，对提升辅导员的专业化水平、保证其能够胜任学生思想政治教育和管理工作具有至关重要的作用。第一，制定出台辅导员准入标准。高职院校需要建立一套科学的辅导员职业准入标准，这些标准应包括但不限于辅导员的必备知识、专业经验和专业技能。专业技能是职业资格的核心，是衡量一个人是否达到某个专业级别的最主要指标。辅导员的准入资格应强调学历要求，但更重要的是专业背景和相关经验。高职院校在招聘时应优先考虑思想政治教育、管理学、教育学、心理学、法学等相关专业毕业的应聘者，同时，应将是否具有与辅导员工作相近的既往经验作为选拔的重要参考标准。第二，建立选聘任用制度。高职院校在选拔辅导员时应建立严格的考核流程，通过多种方式综合评估应聘者的综合素质和专业能力。例如，可以采用笔试、面试、心理测试等多种方法来全面了解应聘者的专业知识水平、沟通能力、组织管理能力以及政治素质等。第三，完善岗位培训制度。高职院校还需建立完善的岗前教育和培训制度，确保辅导员在正式入职前能够获得充分的专业知识和实务操作的培训，快速适应岗位角色。同时，岗位培训应贯穿于辅导员的职业生涯，通过持续的在职培训和继续教育来不断提升辅导员的职业素养和工作能力。第四，建立健全激励保障制度。高职院校还应建立健全促进辅导员职业发展的长期机制，包括职业晋升通道、职业技能提升机制以及激励保障措施等，以吸引有才能、有热情的人才加入辅导员队伍。第五，建立反馈机制。高职院校需定期评估和动态调整辅导员职业准入标准，以适应新时期学生工作的新要求，保证辅导员队伍的活力和战斗力。总之，健全辅导员职业准入制度是提升辅导员队伍专业化水平的基础工作，也是确保辅导员能够胜任其职责的前提条件。通过科学设置职业准入标准，严格选拔和培训机制，以及建立完善的职业发展支持体系，可以有效提升辅导员的整体素质，使其更好地服务于高职院校的教育管理工作。

（二）健全辅导员晋升和退出制度

健全辅导员的晋升和退出制度是提升高校辅导员队伍质量的关键措施，这不仅有助于确保辅导员能够充分发挥在大学生思想政治教育和日常管理服务工作中的作用，还能激励辅导员个人的专业成长与自我提升。第一，建立辅导员晋升制度。为了充分调动辅导员的积极性和创造性，应畅通辅导员成长通道。晋升制度的建立应该基于辅导员的专业水平和工作业绩，晋升的评价体系应当科学、合理，考量辅导员的政治素质、业务能力、工作实绩和学生满意度等多方面的因素。在晋升过程中，除了对工作业绩的严格考核，还应重视辅导员在职期间的培训学习和个人发展，鼓励辅导员持续学习、不断提升自身的理论水平和实践能力。第二，建立辅导员退出制度。对于不能适应工作要求、工作表现不佳或违反职业行为规范的辅导员，应明确具体的退出机制，包括辞退、转岗等，以保障学校工作的正常运行和学生的根本利益。退出制度的建立应确保公正、透明，并与辅导员的职责使命和职业发展规划相结合。第三，明确辅导员晋升和退出的标准和程序。例如，对辅导员的晋升可以设定必要的教育背景、工作年限、专业培训等基本条件，同时，也应该有针对性地根据辅导员的工作特点制定晋升的具体标准，如在思想政治教育、学生管理、心理健康服务等方面的具体要求。第四，辅导员晋升和退出制度的建立还应充分考虑辅导员队伍的可持续发展和人才梯队建设的需要。通过建立科学的晋升渠道和退出机制，可以激励辅导员队伍内部的良性竞争，促进优秀人才的快速成长和优秀辅导员的不断涌现。同时，晋升和退出的决定应与辅导员充分沟通，尊重其意愿和发展需求，避免"一刀切"的做法。应该建立申诉和评估的机制，确保每一位辅导员的权益在晋升和退出过程中都得到合理保护。总之，健全辅导员晋升和退出制度，不仅能够提高辅导员队伍的整体素质和工作水平，还能促进辅导员个人的职业成长，对于建设一支专业、高效、充满活力的高校辅导员队伍具有重要的意义。

(三)健全辅导员培训制度

健全辅导员培训制度是提高辅导员素质、提高高职教育质量的重要措施。一个完善的辅导员培训制度应该涵盖以下几个方面：第一，系统的培训体系。高职院校应该根据辅导员的职责和学生工作的需求，设计涵盖政治理论、业务能力、心理健康、学生管理等多方面的培训课程，并定期组织实施这些课程的培训，以确保辅导员的知识和技能与时俱进。第二，明确的培训目标和内容。在设计培训计划时，要明确培训目标，即提高辅导员的政治素养、业务能力和心理咨询能力。培训内容应覆盖思想政治教育、学生事务管理、心理健康教育、职业生涯规划等领域，以培养辅导员的综合素质。第三，理论与实践的结合。培训不应仅限于理论学习，而应注重实践操作的训练。高职院校应通过模拟训练、案例分析、角色扮演等形式，加强辅导员的实际操作能力，让他们在仿真的工作场景中掌握处理实际问题的技能。第四，有监督和评价机制。高职院校应通过建立一套科学的评估体系，对辅导员的培训效果进行定期的检查与评价，并将评价结果作为辅导员晋升和奖励的重要依据之一。同时，高职院校也应为辅导员的个人发展和职业规划提供反馈与指导。第五，关注辅导员的个人成长。除了提升其业务能力，高职院校还应关注辅导员的个人发展和职业规划，为其提供继续教育和进一步学习的机会，鼓励他们参加学术会议、研讨会等，以拓宽视野、更新观念。总之，健全辅导员培训制度，不仅有助于提升辅导员的专业素养和工作能力，也是推进高职教育质量提升、培养社会主义建设者和接班人的重要保障。通过不断优化和完善辅导员培训体系，高职院校可以培养出一支政治坚定、业务精湛、结构合理、结构优化的优秀辅导员队伍。

三、构建辅导员协同育人体系

（一）构建辅导员团队内部协同机制

构建辅导员团队内部协同机制是提升高职院校思想政治教育工作质量的重要环节，也是强化学生工作系统功能和提高教育实效的关键所在。要构建一个协同工作的辅导员团队，主要做到以下五个方面。第一，明确辅导员的工作职责与角色定位。辅导员的核心职责在于思想政治教育和学生日常事务管理。为了使辅导员能更有效地发挥作用，必须对辅导员的职责进行准确界定，使之与其他教职工如班主任、学生导师的职责相区分，形成各司其职、各尽其责的工作格局。第二，建立系统的协作与沟通机制。辅导员团队内部要建立起定期的信息沟通与交流渠道，通过例会、工作坊、研讨会等形式，加强彼此之间的信息共享和问题讨论。这样可以确保在处理学生事务时能够形成合力，提高工作效率和决策质量。第三，强化业务培训和继续教育。辅导员应定期参加业务培训，提升政治理论水平、业务能力和创新技能。同时，通过建立终身学习的理念，促进辅导员的个人成长和专业进步。第四，建立辅导员评价和激励机制。通过设定合理的评价指标和激励措施，激发辅导员的工作热情和创新能力，同时对工作中表现突出的辅导员给予物质和精神上的奖励，以保证辅导员队伍的活力和积极性。第五，关注辅导员的职业倦怠并提供支持。完善辅导员的倦怠干预机制，通过提供心理咨询、职业规划咨询等支持服务，帮助辅导员应对工作压力，保障其工作热情和工作质量。总之，构建辅导员团队内部的协同机制需要从职责明确、沟通协作、业务培训、激励评价以及关心支持等多方面入手，通过这样的协同努力，可以有效地提升辅导员的工作质量，促进学生的全面发展，并为培养新时代中国特色社会主义的建设者和接班人提供有力保障。

（二）搭建班主任参与协同育人平台

辅导员与班主任的协同工作对于学生的全面发展具有深远影响。为了更好地实现协同育人的目标，搭建一个让班主任参与的协同育人平台是非常必要的。一个有效的平台可以促进信息共享、经验交流和资源整合，从而提高工作效率和教育质量。第一，搭建信息交流平台。建立微信群、QQ群以及时进行沟通和交流，定期召开研讨会、座谈会等形式，传达学校、学院以及教育部门的最新政策和相关工作安排。建立定期的信息反馈和工作汇报交流机制，确保信息及时更新和问题得到解决。同时，这也为班主任提供了一个表达自己在具体工作中遇到的问题和个人见解的机会，使得辅导员能更好地了解一线的实际情况，为制定相关政策提供参考。第二，搭建资源共享平台。高职院校通过这个平台，可以更好地实现资源共享。例如，辅导员在组织思想政治教育活动时，可以邀请在特定领域有专长的班主任提供咨询或共同参与，从而使活动更加贴合学生实际需求，提升活动的专业性和有效性。第三，搭建协同创新平台。在这个平台上，辅导员和班主任可以共同探讨新的工作方法和教育模式，比如如何利用现代信息技术手段来创新思想政治教育的内容与形式，或者如何结合专业特点和市场需求来指导学生的职业规划等。第四，搭建服务保障平台。利用这个平台，班主任和辅导员的合作不仅能给学生提供更加全面和具体的服务，而且能在一定程度上提升学生对教育过程的满意度和获得感。总之，搭建一个由班主任参与的协同育人平台对于提高高职院校思想政治教育工作的质量、促进学生的全面发展具有重要意义。通过这个平台，可以使辅导员和班主任的合作更加紧密，工作更加高效，最终实现培养德才兼备的人才的教育目标。

(三)构建思政课教师参与协同育人系统

思政课教师不仅是学生进行思想政治教育的传授者，也是学生思想道德建设的引导者。为了使思政课教师积极参与到协同育人系统中，并发挥其应有的作用，必须从以下几个方面着手：第一，建立完善的协同育人机制。高职院校应该设立专门的协调机构或者建立固定的沟通平台，确保思政课教师能与辅导员保持紧密且有效的沟通与协作。这样的机构或平台可以及时传达学校的教育政策，协调解决在协同育人过程中出现的问题，并提供必要的支持和服务。第二，对思政课教师进行系统的培训和能力提升。思政课教师需要有足够的理论水平和实践指导能力，才能有效地参与到学生的日常思想政治教育中去。通过组织各类培训班、研讨会和工作坊，不仅可以提高思政课教师的业务能力，高职院校还可以增强他们的服务意识和团队协作能力。第三，建立合理的激励机制。高职院校通过制定相关政策，对在协同育人工作中做出突出贡献的思政课教师给予物质和精神上的奖励，如提供科研启动费、职业晋升加分以及授予各类荣誉称号等，可显著提高思政课教师的积极性和参与度。第四，确保思政课教师有足够的时间和精力投入到协同育人工作中。高职院校应该合理调整教学、科研与行政工作的关系，为思政课教师创造一个无后顾之忧的工作环境，使其能更专注于协同育人工作的推进和学生工作的具体实施。第五，建立有效的监督和评价体系。高职院校应通过建立科学的评价标准和严格的考核机制，对思政课教师的协同育人工作进行定期的监督和评估。既要考核教师的工作量和工作成效，也要听取学生的意见和建议，从而形成全方位的考核评价体系。总之，通过上述措施的实施，可以有效激励思政课教师积极参与到协同育人系统中，充分发挥其在思想政治教育工作中的专业优势，共同为培养德才兼备的社会主义建设者和接班人而努力。

四、创新辅导员能力培养模式

(一)改进辅导员学习培训方法

采用科学的方法能够事半功倍，辅导员应在学习培训中，根据地区、时间和个人的差异化需求进行差异化设计。辅导员的专业能力体系由多个能力要素组成，形成了一种金字塔式的能力发展格局。在这个格局中，一般基础素养水平的能力是基础，职业技能水平的能力是中层，特殊职业水平的能力是顶层。这些能力是辅导员在职业发展过程中必须掌握的。一般基础素养水平的能力主要包括语言表达能力、逻辑思维能力、人际交往能力等。这些能力是辅导员进行日常工作的基础。辅导员可以开展自学，通过阅读、思考、沟通等方式不断提升这些能力。职业技能水平的能力主要包括辅导员履行职责所需的知识和技能，如心理辅导能力、生涯发展与就业指导能力、党团干部培养能力等。这些能力是辅导员在某一领域纵深发展的需要，可以通过培训学习、实践学习和经验总结等方式不断巩固和提升。特殊职业水平的能力是辅导员在某一领域具有的特殊知识和技能。这些能力需要辅导员在具体的工作实践中，根据工作对象的特点和需求，进行有针对性的学习和培训。为了确保工作的持久性和特色性，辅导员需要不断强化和反复训练这些能力，以充分发挥自己在某一领域的职业特长，增强自信心。同时，这些能力的范围也在不断变化，难度也随着工作对象的变化而变化。总体来说，专业技能层次的能力水平要求越来越高，与教育对象的时代特征的复杂性呈正相关关系。因此，辅导员必须不断学习和进步，以适应教育工作的发展需求。

培训方法是培训效果的催化剂。只有培训方法与培训内容、实际工作直接结合起来，才能最大限度地实现培训目标。高职院校要改变过去以讲授为主的培训方法，创新形式、丰富载体，采用多种方法对辅导员进行培训。一是行为示范法，是指给辅导员演示一个关键行为，然后为他们提供实践这些关键行为的场景并让其进行模拟，为辅导员提供实践的机会以增强培训效果。通过示范方法，可以让辅导员较快较好地掌握处理具体工作方法和技能。行为示范法适用于思想政治教育、学生事务日常管理、网络思想政治教育、职业生涯规划以及就业指导等技能的培训。二是案例分析法，是指为培训的辅导员提供如何处理棘手问题的书面描述，让辅导员分析和评价具体案例。如处理学生宿舍矛盾、大学生就业等问题时，可用案例分析法，让辅导员经过研讨挑选出最理想、最合适的策略和办法，培养其分析问题、解决问题的能力。三是参观考察法，是指组织辅导员有针对性地对某一典型事件、现实环境和具体场所进行观察，翔实了解情况，从而获得信息、分析问题、拓展思路、开阔视野。辅导员可借鉴先进经验推动解决实际问题，提升自身素养和技术能力。四是情景模拟法，是指在模拟具体工作情景条件下，通过对被测对象的行为加以观察与评估，从而鉴别、预测受训者的各项能力与潜力。辅导员通过学习培训，学懂、弄通、悟透，不断将理论与实践紧密结合，逐步实现个人职业能力的提升。

(二)拓展高职院校辅导员职业能力培养途径

一是将集体培训和个人学习相结合。开展辅导员的集中培训是提升职业能力的必要步骤，也是解决当前高职院校辅导员培训难题的关键。集体培训是组织行为的一部分，对于现代高职院校辅导员成长为合格优秀辅导员来说至关重要。这种培训主要包括专业化培训和日常培训两个方面。专业化培训是根据组织或个人职业需求，为不同职业阶段的辅导员开展的集体学习过程。教育主管部门和高职院校要定期开展集体培训，全面提升辅导员基础知识和基本技能。但由于个人的职业兴趣、能力素质水平、具体工作需要等因素的差异，在工作中难免会遇到新问题和新挑战，辅导员还需要通过自学来提升自身能力水平和综合素养，辅导员根据自己所带学生的性格特点和专业学习需求，主要针对某一时期或某项具体工作，有计划地学习一些知识和技能，帮助和指导学生分析解决学习生活中遇到的困难和问题，确保工作有序进行。

二是将理论学习与技能训练相结合。辅导员工作的实践性深入人心，因此将学习的理论知识应用到实践中需要辅导员不断进行职业技能的训练。例如，指导学生党支部工作需要掌握党的基础知识和党支部工作条例等理论知识和制度政策，但在实际应用中，部分辅导员在这方面的知识和能力欠缺。辅导员需要不断学习理论知识，增加知识储备，提高自身知识水平。同时，辅导员需要在实践锻炼中提升工作技能。例如，辅导员可以通过书写学生支部工作案例、录制微党课、组织学生赴爱国主义教育基地学习等实践技能来提升工作能力，这些实践技能的应用需要扎实的理论基础。此外，辅导员还应加强实操培训，提高工作实践水平。例如，召开学生班团会议、做好学生大会演讲、组织各项活动、参加辅导技能大赛等。辅导员通过使用学生喜欢且具有教育意义的手段和方法开展工作，不仅提高了工作效率，还减少了矛盾和冲突。高职院校可以通过开展专题工作坊、团体项目训练、主题沙龙及专家辅导等多种方式来解决理论与实践脱节的问题，确保辅导员工作能力提升的有效性。

三是将线上学习和线下工作相结合。新时代的高职院校辅导员，需要将工作与现代化的网络工具相结合，以促进大学生身心素质的发展和提高。辅导员需要了解网络发展的现状，及时利用网络做好思想政治教育工作。此外，通过学习、研究和运用网络技术和工具，不仅可以积极与学生进行沟通和交流，同时熟练掌握互联网工具对辅导员自身的理论知识学习有积极的促进作用。辅导员可以通过网络平台及时学习专业知识理论，学习党和国家的最新政策文件，提高自身的理论素养。一名合格的新时代高职院校辅导员，仅仅依靠网上的集体培训和个人学习是远远不够的。辅导员需要主动将线上学习与线下工作结合起来，不断提高自身的业务能力和素养，为工作注入更多活力，推动工作的顺利开展。

(三)健全高职院校辅导员职业能力培养机制

高职院校辅导员职业能力培养机制是一个完善的工作体系，亦是一项系统工程。健全辅导员职业能力培养机制，需要做好以下几方面工作：一是建立健全激励辅导员参与培训机制。培训学习需要付出较多的时间和精力，有些辅导员没有把培训看成提升自身知识和能力水平的有利机会，而是当成一种负担，参加培训的积极性、主动性不高。因此高职院校要建立激励机制，转变辅导员的观念，从"要我培训"到"我要培训"，积极提高辅导员参加培训的热情；要建立完善短期、中期、长期辅导员培训计划，并将辅导员培训计划纳入高职院校总体规划，定期开展培训。二是建立辅导员选任和上岗制度，选聘优秀人员充实到辅导员队伍中，并且经过岗前培训，考核合格的辅导员才能上岗工作，否则一律不得上岗。三是建立科学的考核机制。所谓辅导员考核机制是指高职院校通过定量测评和定性评价来考核辅导员的职业素质、工作任务和工作职责履行情况以及专业发展情况。高职院校通过考核，对表现优秀的员工重点培养，并给予物质和精神奖励，对辅导员工作中存在的问题进行整改，以考核促进辅导员不断改进工作方法。四是健全职业发展机制。辅导员的职业发展问题关系到辅导员队伍的稳定，也是辅导员自身非常关心的问题。高职院校要创造条件，搭建人才交流渠道，建立灵活的、多途径的辅导员职称、职务晋升制度，强化辅导员的双重身份，实现"双线"晋升；支持和鼓励辅导员获得更高学历，并给予相应的政策和资金支持，为实现辅导员的职业化和专业化提供可靠保障。五是建立培训经费保障制度，将辅导员人均培训经费列入学校预算，并制定培训经费使用规定，真正做到应保尽保。

五、营造辅导员能力建设文化氛围

（一）加强辅导员组织文化建设

组织文化是在长期生存和发展过程中形成的具有一定凝聚性、导向性、可塑性、长期性的特有文化，但同时也可能潜藏着某种消极效应。辅导员虽然是高职院校教师和管理人员的重要组成部分，但其工作的特殊性决定其有别于其他群体，具有自己独特的组织文化。为了更好地推动辅导员专业化、职业化发展，更好地激发辅导员的工作热情，提高其工作的积极性和主动性，高职院校要高度重视辅导员组织文化建设，积极塑造辅导员的价值观念和精神文化。一是加强高职院校辅导员核心价值观建设。强化社会主义核心价值观教育，增强辅导员核心价值认同，让其真正成为辅导员队伍发展之魂，成为植根于辅导员内心，引领辅导员专业化、职业化发展的精神支柱。二是大力抓好高职院校辅导员工作作风建设。辅导员作为大学生的人生导师和知心朋友，其作风可以形成一种无形的精神力量，在潜移默化中影响大学生的思想和行为。为了更好地开展学生工作和提高思想政治教育效果，辅导员要适应社会发展和大学生的成长实际，不断贴近学生学习和生活，深入实际、竭诚服务、真抓实干，及时准确地为学生多办实事、多办好事，不断改进工作作风。三是建立良好的组织文化，这对于辅导员队伍的发展与稳定非常重要。高职院校要在工作上支持辅导员，在生活上关心辅导员，在人格上尊重辅导员，在政治上爱护辅导员，增加辅导员对学校的归属感和认同感，努力营造一个宽松、自由、平等、公正、公平、互助、互信的文化氛围。

(二)营造协同育人环境

在"三全育人"视角下，辅导员的角色不仅仅局限于课堂教学和日常管理，还包括对学生全面发展的促进和引导。要实现这一目标，辅导员需要有效整合行政资源，营造一个协同育人的环境。这要求辅导员不仅要有深厚的专业知识和较高的人文素养，还要有组织管理能力和良好的沟通协调能力。首先，辅导员需要与学校的行政机构建立良好的沟通，包括教务处、学生事务中心、心理健康中心等，通过定期的会议、工作汇报、信息共享等形式，了解学生在不同阶段的需求和问题。辅导员还可以与心理健康中心合作，共同开展心理健康教育活动，帮助学生建立健全心理调适机制。其次，辅导员应该充分利用行政资源，整合各方力量，形成教育教学合力。例如，辅导员可以组织跨学科、跨专业的学生活动，促进不同领域学生间的交流与合作，拓宽学生的视野，培养其跨学科的思维能力。同时，辅导员还可以借助教务部门的支持，为学生提供学业规划、职业发展等方面的咨询和服务。再次，辅导员在工作中应该建立和维护与其他教职工的良好关系，包括任课教师、实验室管理员、图书馆工作人员等，形成跨学科、跨部门的协同育人网络。通过定期的联席会议、经验分享、共同参与学生活动等方式，形成教育资源共享和优势互补的局面。最后，辅导员应该积极探索和实践"三全育人"的有效路径，制订具体的工作计划和实施方案。比如，辅导员可以制订包含学业、心理、职业规划等多个方面的综合发展计划，并根据学生的个性化需求进行个性化指导。同时，辅导员还应建立学生发展的长期跟踪机制，不断完善和更新育人方案，确保教育活动的有效性和持续性。总之，辅导员在"三全育人"视角下应发挥自身的桥梁和纽带作用，有效地整合行政资源，营造并维护一个全方位的协同育人环境。这不仅有助于学生的全面发展，也能为辅导员自身的职业成长创造良好的条件。

(三)创设良好的工作环境

如果辅导员处在一种积极向上、团结一致、相互信任的环境中，就会促使辅导员在工作中更加积极主动，激发辅导员的工作热情，这不仅可以提高效率，还有利于辅导员的身体健康。反之，如果工作环境氛围散漫、不思进取、不团结，就会造成辅导员思想懒散、工作热情不高等不良现象，导致辅导员工作效率下降。可以说，工作环境对辅导员的工作状态和工作效率、工作业绩等有着重要影响作用。可见，创设良好的工作环境，以良好的工作环境激发辅导员的工作热情和创造性，是提高工作效率、改进工作作风的重要手段。辅导员作为高职院校教师的重要组成部分，其工作性质决定其需要每天坐班，因此工作环境对辅导员来说尤为重要。通过对辅导员离职倾向的调查可知，"工作中办公硬件条件和环境不好，不能安心工作""工作中上级不关心辅导员的工作与生活，缺少归属感""工作中上下级、同事之间没有一致的工作目标"等都是导致辅导员离职的重要原因。这主要是由于部分高职院校对辅导员的工作环境建设重视不足，辅导员在学校中认可度较低、职业技能要求低等。由此可见，学校要营造良好的工作氛围，关心辅导员的工作环境、生活环境和辅导员的身心健康等，并将关爱辅导员工作纳入日程计划。这些方法既能为学校留住辅导员，吸引更多人才从事辅导员工作创造条件，又能增强在职辅导员工作的积极性和创造性。具体方法如下：一是优化辅导员的工作硬件条件。辅导员的工作对象是学生，与学生谈心及处理日常事务工作需要一个独立的办公环境，但是事实恰恰相反，很少有辅导员有自己独立的办公环境。很多辅导员挤在一个大办公室中，工作环境比较嘈杂，影响辅导员的身心健康，因此高职院校要尽力为辅导员创设独立的办公环境，积极营造宽松、雅致、有效的工作氛围。二是创设良好的人际关系。大学生思想政治教育是一项系统工程，全校教职工都负有思想政治教育职责，高职院校要支持辅导员与同事建立和谐的人际关系，积极创设互爱、互助的同事关系，使多方形成合力，共同开展思想政治教育。做好思想政治教育需要经常与学生进行沟通交流，高职院校要积极教育引导辅导员关心、关爱学生，教育引导学生理解、支持辅导员工作，建立互动、和谐的师生关系。

参 考 文 献

[1] 中共中央马克思恩格斯列宁斯大林著作编译局. 马克思恩格斯选集:第一卷 [M]. 2版. 北京:人民出版社,1995.

[2] 中共中央马克思恩格斯列宁斯大林著作编译局. 马克思恩格斯选集:第二卷 [M]. 2版. 北京:人民出版社,1995.

[3] 中共中央马克思恩格斯列宁斯大林著作编译局. 马克思恩格斯选集:第三卷 [M]. 2版. 北京:人民出版社,1995.

[4] 中共中央马克思恩格斯列宁斯大林著作编译局. 马克思恩格斯选集:第四卷 [M]. 2版. 北京:人民出版社,1995.

[5] 中共中央文献研究室. 毛泽东文集:第1卷[M]. 北京:人民出版社,1993.

[6] 中共中央文献研究室. 毛泽东文集:第2卷[M]. 北京:人民出版社,1993.

[7] 中共中央文献研究室. 毛泽东文集:第3卷[M]. 北京:人民出版社,1996.

[8] 中共中央文献研究室. 毛泽东文集:第4卷[M]. 北京:人民出版社,1996.

[9] 中共中央文献研究室. 毛泽东文集:第5卷[M]. 北京:人民出版社,1996.

[10] 中共中央文献研究室. 毛泽东文集:第6卷[M]. 北京:人民出版社,1999.

[11] 中共中央文献研究室. 毛泽东文集:第7卷[M]. 北京:人民出版社,1999.

[12] 中共中央文献研究室. 毛泽东文集:第8卷[M]. 北京:人民出版社,1999.

[13] 邓小平. 邓小平文选:第一卷[M]. 2版. 北京:人民出版社,1994.

[14] 邓小平. 邓小平文选:第二卷[M]. 2版. 北京:人民出版社,1994.

[15] 邓小平. 邓小平文选:第三卷[M]. 2版. 北京:人民出版社,1993.

[16] 习近平. 习近平谈治国理政:第一卷[M]. 北京:外文出版社,2014.

[17] 习近平. 习近平谈治国理政:第二卷[M]. 北京:外文出版社,2017.

[18] 习近平. 习近平谈治国理政:第三卷[M]. 北京:外文出版社,2020.

[19] 习近平. 习近平谈治国理政:第四卷[M]. 北京:外文出版社,2022.

[20] 中共中央宣传部. 毛泽东邓小平江泽民论思想政治工作[M]. 北京:学习出版社,2000.

[21] 胡锦涛. 坚定不移沿着中国特色社会主义道路前进 为全面建成小康社会而

奋斗:在中国共产党第十八次全国代表大会上的报告(2012 年 11 月 8 日)
[M].北京:人民出版社,2012.

[22] 中共中央文献研究室.建国以来重要文献选编:1～20[M].北京:中央文献
出版社,2011.

[23] 中央教育科学研究所.中华人民共和国教育大事记:1949—1982[M].北京:
教育科学出版社,1984.

[24] 中共中央文献研究室.十七大以来重要文献选编:上[M].北京:中央文献
出版社,2009.

[25] 中共中央文献研究室.十七大以来重要文献选编:中[M].北京:中央文献
出版社,2011.

[26] 中共中央文献研究室.十七大以来重要文献选编:下[M].北京:中央文献
出版社,2013.

[27] 中共中央马恩列斯著作编译局马列部,教育部社会科学研究与思想政治工
作司.马克思主义经典著作选读[M].北京:人民出版社,1999.

[28] 中共教育部直属机关委员会,中国教育科学研究院.重大教育政策要点
2014[M].北京:教育科学出版社,2015.

[29] 教育部思想政治工作司.加强和改进大学生思想政治教育重要文献选编:
1978—2014[M].北京:知识产权出版社,2015.

[30] 教育部思想政治工作司.高校辅导员职业生涯规划[M].北京:高等教育出
版社,2011.

[31] 张耀灿,陈万柏.思想政治教育学原理[M].北京:高等教育出版社,2001.

[32] 中央教育科学研究所,陈元晖,璩鑫圭,等.老解放区教育资料(一)[M].北
京:教育科学出版社,1981.

[33] 李才栋,谭佛佑,张如珍,等.中国教育管理制度史[M].南昌:江西教育出
版社,1996.

[34] 陈学飞.美国高等教育发展史[M].成都:四川大学出版社,1989.

[35] 周南照,杨典求.简明国际教育百科全书:教育管理[M].北京:教育科学出
版社,1992.

[36] 赵平.由经验到科学:美国高校学生工作的理论与案例研究[M].北京:北
京航空航天大学出版社,2000.

[37] 陈立思.当代世界的思想政治教育[M].北京:中国人民大学出版社,1999.

[38] 彭剑锋.人力资源管理概论[M].上海:复旦大学出版社,2003.

[39] 陈立民.高校辅导员理论与实务[M].北京:中国言实出版社,2006.

[40] 胡金波.高校辅导员职业化发展研究[M].苏州:苏州大学出版社,2010.

[41] 张耀灿.思想政治教育学前沿[M].北京:人民出版社,2006.

[42] 沈壮海.思想政治教育有效性研究[M].2版.武汉:武汉大学出版社,2008.

[43] 苏振芳.当代国外思想政治教育比较[M].北京:社会科学文献出版社,2009.

[44] 王永贵.马克思主义意识形态理论与当代中国实践研究[M].北京:人民出版社,2012.

[45] 邹礼玉.高校思想政治理论课教师队伍建设的新思路[M].北京:光明日报出版社,2013.

[46] 朱正昌.高校辅导员队伍建设研究[M].北京:人民出版社,2010.

[47] 张再兴.高校辅导员队伍建设理论与实践[M].北京:人民出版社,2010.

[48] 李莉.高校辅导员专业化发展研究[M].南京:东南大学出版社,2011.

[49] 翁铁慧.高校辅导员职业生涯规划[M].北京:高等教育出版社,2011.

[50] 樊富珉,陈启芳、何镜炜.香港高校学生辅导[M].北京:清华大学出版社,2001.

[51] 张建国,窦世宏、彭青峰.职业化进程设计[M].北京:北京工业大学出版社,2003.

[52] 张彦,陈晓强.劳动与就业[M].北京:社会科学文献出版社,2002.

[53] GCDF中国培训中心.全球职业规划师(GCDF)资格培训教程[M].北京:中国财政经济出版社,2006.

[54] 王小红.高校辅导员工作的理论与实践[M].北京:北京大学出版社,2010.

[55] 周家伦.高校辅导员:理论、实务与开拓[M].上海:同济大学出版社,2011.

[56] 袁俊平,卜建华,胡玉宁.人的全面发展理论与高校思想政治教育创新发展研究[M].成都:西南交通大学出版社,2017.

[57] 袁俊平,卜建华,胡玉宁.人的全面发展理论与高校思想政治教育创新发展研究[M].成都:西南交通大学出版社,2017.

[58] 乐志强.实践唯物主义体系探寻[M].广州:广东高等教育出版社,2000.

[59] 陈雪斌.高校思想政治理论课青年教师队伍研究[M].桂林:广西师范大学出版社,2014.

[60] 李鹏.立德树人之道:大学生思想政治教育理论与实践发展探究[M].北京:中国水利水电出版社,2016.

[61] 张耀灿.现代思想政治教育学[M].北京:人民出版社,2001.

[62] 伍揆祁.思想政治教育人文关怀论[M].北京:中国社会出版社,2007.

[63] 赖雄麟.马克思主义思想政治教育理论时代化研究[M].北京:人民出版社,2012.

[64] 王学俭.现代思想政治教育前沿问题研究[M].北京:人民出版社,2008.

[65] 陈德第,李轴,库桂生.国防经济大辞典[M].北京:军事科学出版社,2001.

[66] 陈万柏,张耀灿.思想政治教育学原理[M].2版.北京:高等教育出版社,2007.

[67] 陈正桂.现代思想政治工作者的角色塑造[M].上海:学林出版社,2010.

[68] 杨振斌.双肩挑50年:清华大学辅导员制度五十周年回顾与展望[M].北京:清华大学出版社,2003.

[69] 朱正昌.高校辅导员队伍建设研究[M].北京:人民出版社,2010.

[70] 滕云.高校辅导员职业化研究[M].上海:上海交通大学出版社,2013.

[71] 李忠军.高校辅导员主体论[M].北京:光明日报出版社,2011.

[72] 赵睿.高校辅导员职业生涯管理研究[M].北京:中国书籍出版社,2012.

[73] 杨建义.高校辅导员专业成长研究:基于思想政治教育学科的视野[M].北京:社会科学文献出版社,2014.

[74] 教育部思想政治工作司.走进美国高校学生事务管理[M].北京:中国人民大学出版社,2011.

[75] 王平.马克思主义思想政治教育主要方法论[M].2版.长春:东北师范大学出版社,2015.

[76] 余亚平.思想政治教育学新探[M].上海:上海人民出版社,2004.

[77] 张文双,辛全洲,王全文.大学生职业生涯与发展规划教程[M].北京:中国传媒大学出版社,2010.

[78] 贝静红.高校辅导员队伍专业化发展研究[M].武汉:武汉大学出版社,2016.

[79] 黄天中.生涯规划:理论与实践[M].北京:高等教育出版社,2017.

[80] 周良书,朱平,俞小和,等.中国高校辅导员工作史论[M].北京:人民出版社,2016.

[81] 冯刚.改革开放以来高校思想政治教育发展史[M].北京:人民出版社,2018.

[82] 申继亮.教师人力资源开发与管理:教师发展之源[M].北京:北京师范大

学出版社,2006.

[83] 乐国安.社会心理学[M].北京:中国人民大学出版社,2009.

[84] 陈章龙,周莉.价值观研究[M].南京:南京师范大学出版社,2004.

[85] 罗勇."三化"高校辅导员队伍建设研究与实践[M].成都:西南财经大学出版社,2017.

[86] 沈壮海,王培刚,段立国,等.中国大学生思想政治教育发展报告2015[M].北京:北京师范大学出版社,2016.

[87] 张晶娟.高校辅导员职业化发展研究[M].北京:对外经济贸易大学出版社,2017.

[88] 侯玉新.新常态下的高校学生工作思考[M].成都:电子科技大学出版社,2015.

[89] 陈虹.高校辅导员工作理论与实务[M].天津:天津科学技术出版社,2011.

[90] 邓达,古城.地方高校辅导员专业化与理论实践研究[M].北京:中央文献出版社,2009.

[91] 张文强.高校政治辅导员职业化研究[M].开封:河南大学出版社,2007.

[92] 李玲.大学生素质模型建构与应用研究[M].桂林:广西师范大学出版社,2015.

[93] 程浩,崔福海,孙宁.中国高校思想政治教育史论[M].北京:社会科学文献出版社,2016.

[94] 初杰.辅导员工作技巧与典型案例分析[M].北京:中国文史出版社,2015.

[95] 赵海丰.高校辅导员制度的演进与发展趋势研究[M].沈阳:辽宁大学出版社,2014.

[96] 王林,罗露.引航:四川外国语大学成都学院学生工作探索与实践[M].成都:西南财经大学出版社,2015.

[97] 邵月花.高职院校二级学生工作模式的理论与实践研究[M].杭州:浙江工商大学出版社,2016.

[98] 徐家林,陶书中.高校辅导员工作新论[M].北京:中央文献出版社,2007.

[99] 广东省高校学生工作专业委员会.辅导员制度的设计与选择[M].广州:中山大学出版社,2007.

[100] 唐德斌.职业化背景下高校辅导员的专业化发展[M].成都:四川人民出版社,2013.

[101] 刘绍华,李建宇.大学生思想政治教育工作的内涵与价值:云南省高等学

校思想政治教育研究 2015 年成果选编[M].昆明:云南大学出版社,2015.

[102] 教育部思想政治工作司.加强和改进大学生思想政治教育重要文献选编:1978—2008[M].北京:中国人民大学出版社,2008.

[103] 国务院法制办公室.中华人民共和国新法规汇编.2017 年.第 11 辑:总第 249 辑[M].北京:中国法制出版社,2017.

[104] 杜向民,黎开谊.嬗变与开新:高校辅导员制度发展研究[M].北京:中国社会科学出版社,2009.

[105] 邹松涛.高校学生工作思考与探索 2017[M].郑州:郑州大学出版社,2018.

[106] 尹忠恺.高校学生工作导论[M].沈阳:东北大学出版社,2013.

[107] 戴丽红.当代大学生思想政治教育创新探索[M].成都:电子科技大学出版社,2016.

[108] 张世泽.高校辅导员工作指南[M].沈阳:东北大学出版社,2013

[109] 盛邦跃.立德树人、勤学敦行:推进高校学生工作科学化、规范化、民主化和精细化的理论与实践[M].北京:中国文史出版社,2015.

[110] 宋芳.中国传统文化的现代价值与大学生思想政治工作[M].沈阳:辽宁大学出版社,2014.

[111] 宋婷.回溯与反思:新中国成立以来高校法制教育历程研究[M].天津:南开大学出版社,2014.

[112] 李小红,杨柳.新时期高校思想政治教育与管理创新[M].北京:新华出版社,2015.

[113] 杨芷英.思想政治教育心理学[M].北京:中国人民大学出版社,2014.

[114] 冯刚,郑永廷.思想政治教育学科 30 年发展研究报告[M].北京:光明日报出版社,2014.

[115] 傅林.高等教育学[M].北京:高等教育出版社,2014.

[116] 徐涛.新时期高校学生工作研究[M].成都:西南交通大学出版社,2007.

[117] 黄蓉生,白显良,王华敏,等.改革开放 30 年大学生思想政治教育论[M].北京:中国社会科学出版社,2012.

[118] 陈海燕.全球化时代高校思想政治教育创新研究[M].济南:山东大学出版社,2015.

[119] 边和平.高校思想政治理论课教育教学论[M].徐州:中国矿业大学出版社,2014.

[120] 何东昌.中华人民共和国重要教育文献2003—2008[M].北京:新世界出版社,2010.

[121] 北京化工大学全国大学生思想政治教育发展研究中心.中国大学生思想政治教育年度质量报告2016[M].北京:人民日报出版社,2018.

[122] 朱德友.高校人事管理研究论文集2015[M].武汉:武汉大学出版社,2015.

[123] 黄蓉生.改革开放以来大学生思想政治教育论纲[M].北京:人民出版社,2014.

[124] 常青伟.思想政治教育环境渗透研究[M].苏州:苏州大学出版社,2015.

[125] 黄林芳.高校辅导员队伍建设机制论[M].上海:上海财经大学出版社,2009.

[126] 佟庆伟,秋实.个体素质结构论[M].北京:中国科学技术出版社,2001.

[127] 陆庆壬.思想政治教育学原理[M].北京:高等教育出版社,1991.

[128] 梅新林.中国教师教育30年[M].北京:中国社会科学出版社,2008.

[129] 朱旭东.中国现代教师教育体系构建研究[M].北京:北京师范大学出版社,2014.

[130] 熊银,黄晓坚.何以优秀:高校辅导员职业能力发展研究:基于胜任力理论视角[M].北京:中国书籍出版社,2019.

[131] 杜彬彬.高校辅导员职业能力标准及提升途径研究[M].上海:华东师范大学出版社,2018.

[132] 刘洪超.新时代高校辅导员职业能力建设研究[M].西安:陕西师范大学出版总社,2022.

[133] 杨宾峰.高校辅导员职业能力及其发展研究[M].北京:中国社会科学出版社,2022.

[134] 罗强.新时代高校辅导员职业能力提升研究[M].北京:民族出版社,2023.

[135] 陶辉,何燕,阙小梅.民办高校辅导员职业能力建设及提升研究[M].青岛:中国海洋大学出版社,2023.

[136] 冯刚,王树荫.思想政治教育研究热点年度发布(2017)[M].北京:团结出版社,2018.

[137] 库利.社会过程[M].林克雷,等译.北京:华夏出版社,1999.

[138] 德斯勒.人力资源管理:第六版[M].刘昕,吴雯芳,等译.北京:中国人民

大学出版社,1999.

[139] 坎贝尔,卢斯.核心能力战略——以核心竞争力为基础的战略[M].严勇,祝方,译.大连:东北财经大学出版社,1999.

[140] 查兰.成功领导者的八项核心能力[M].徐中,译.北京:机械工业出版社,2014.

[141] 圣吉.第五项修炼:变革篇:上[M].王秋海,译.北京:中信出版社,2011.

[142] 圣吉.第五项修炼:变革篇:下[M].王秋海,等译.北京:中信出版社,2011.

[143] 罗宾斯.组织行为学:第九版[M].北京:清华大学出版社,2001.

[144] 申克.学习理论版[M].何一希,钱冬梅,古海波,译.南京:江苏教育出版社,2012.

[145] 皮特金.学习的艺术——如何学习和学什么[M].洪友,译.北京:中国发展出版社,2006.

[146] 西蒙斯.网络时代的知识和学习——走向连通[M].詹青龙,等译,上海:华东师范大学出版社,2009.

[147] 格林豪斯,卡拉南,戈德谢克.职业生涯管理:第3版[M].影印版.北京:清华大学出版社,2003.

[148] 赵兵.高校辅导员职业生涯规划研究[D].济南:山东师范大学,2012.

[149] 张宏如.高校辅导员职业能力研究[J].思想理论教育导刊,2011(9):117-119.

[150] 刘金华.高校辅导员职业能力结构分析[J].高校辅导员,2010(3):18-21.

[151] 黄小铭.高校辅导员职业能力培养研究[J].教育探索,2013(7):109-110.

[152] 郑永廷.高校辅导员工作专业化的任务与实现方式[J].高校辅导员,2010(1):6-9.

[153] 李琳.高校辅导员职业能力内涵与提升路径探析[J].思想教育研究,2015(3):105-107.

[154] 李忠军.以职业能力建设为核心推动高校辅导员队伍专业化发展[J].思想理论教育(上半月综合版),2014(12):97-102.

[155] 李莉,徐楠.论高校辅导员的职业能力及其知识基础[J].西南交通大学学报(社会科学版),2014(4):94-99.

[156] 吕云超.基于胜任力模型的高校辅导员职业能力评价[J].中国行政管理,2016(5):84-87.

[157] 王显芳,孙玮.基于 OTRAP 模式的高校辅导员职业能力的提升[J].高校辅导员学刊,2017,9(2):20-23.

[158] 李永山.构建以能力为导向的高校辅导员分层培训体系[J].思想理论教育导刊,2016(4):134-137.

[159] 朱平.高校辅导员专业化的岗位设置研究——基于《高校辅导员职业能力标准(暂行)》的思考[J].思想理论教育(上半月综合版),2015(9):102-106.

[160] 张莉,鲁萍,杜涛.高校辅导员职业能力提升与专业化发展研究[J].思想理论教育导刊,2015(8):130-132.

[161] 李永山.美国大学学生事务管理人员职业发展过程及启示研究[D].合肥:合肥工业大学,2013.

[162] 李鹏.我国高校辅导员队伍专业化职业化建设研究[D].北京:中国矿业大学(北京),2015.

[163] 朱红春.职业化背景下高校辅导员能力发展研究[D].天津:天津大学,2010.

[164] 龚春蕾.高校辅导员职业化专业化问题研究[D].上海:华东师范大学,2011.

[165] 邓晖,叶乐峰.思政课作用不可替代 思政课教师责任重大——与会教师热议习近平总书记在学校思政课教师座谈会上重要讲话[N].光明日报,2019-03-19(4).

[166] 徐建飞.新时代思政课教师核心素养的出场语境、科学意涵与提升策略[J].学校党建与思想教育,2020(7):42-46.

[167] 孙景福,陈东旭.新时代高校辅导员素质能力提升路径探析[J].宿州教育学院学报,2022,25(2):15-19.

[168] 冯刚,陈步云.扎根中国大地 办好中国特色社会主义教育[N].中国教育报,2018-11-01(6).

[169] 苏兰,桂国祥.新时代辅导员话语体系的解构与重塑[J].思想政治教育研究,2018,34(3):153-156.

[170] 胡智林,崔睿.高校网络思想政治工作的"五要五不要"[J].北京教育(德育),2017(Z1):67-70.

[171] 张莉,李美清.高校辅导员队伍职业化建设的问题与对策[J].思想理论教育导刊,2018(1):156-159.

[172] 韩春红.亦师亦友之惑:高校辅导员影响力提升研究[J].教师教育研究,
      2016,28(5):30-35.

[173] 银丽丽.新时代高校辅导员职业能力提升研究[J].戏剧之家,2020
      (5):162.

[174] 聂海荣,程佳,郭小红.高校辅导员职业能力提升与创新型人才培养研究
      [J].石家庄铁路职业技术学院学报,2018,17(4):104-106.

[175] 李前进,王燕妮,巩祎柠.新时代高校辅导员素质要求与提升策略研究
      [J].常州信息职业技术学院学报,2018,17(6):58-60.

[176] 董昕.浅析新时代高校辅导员预防和处置学生突发事件的策略研究[J].
      青年与社会,2019(30):261-262.

[177] 张振,袁芬.新时代高校辅导员职业能力提升路径[J].济宁学院学报,
      2020,41(5):50-55.

[178] 曾建萍.新时代高校辅导员职业能力结构及其优化[J].高校辅导员学刊,
      2019,11(6):25-29.

[179] 周广昌.辅导员队伍的专业能力提升与职业化发展[J].沈阳大学学报(社
      会科学版),2021,23(3):368-372.

[180] 李昊.现代职业教育理念下高职院校专职辅导员职业能力提升探究[J].
      文化创新比较研究,2021,5(26):41-44.

[181] 庄一民,张阳明.高职院校辅导员职业能力现状与提升路径分析——以福
      建省高职院校为例[J].中国职业技术教育,2019(28):94-96.

[182] 吴英杰.浅谈高职院校辅导员现状与职业能力培养[J].人力资源管理(学
      术版),2010(4):103.

[183] 邱兴萍.高职院校辅导员职业发展能力培养的思考[J].时代教育(教育教
      学),2012(1):162-163.

[184] 潘小莉.高职院校辅导员职业能力培养研究[J].课程教育研究,2020
      (22):16-17.

[185] 安妍.高职院校辅导员职业能力培养研究[J].成都航空职业技术学院学
      报,2017,33(4):55-57,61.

[186] 冯刚.高校辅导员队伍专业化、职业化建设的发展路径——《普通高等学
      校辅导员队伍建设规定》颁布十年的回顾与展望[J].思想理论教育(上半
      月综合版),2016(11):4-9.

[187] 李卫红.抓住根本 立德树人 切实把高校辅导员队伍建设提高到一个新的

水平[J].思想理论教育导刊,2007(11):11-15.

[188] 戴锐,肖楚杰.职业社会学视角下高校辅导员的角色再定位研究[J].思想政治教育研究,2016,32(4):105-112.

[189] 韩泽春.基于高校辅导员专业化的教育知识管理研究[D].吉林:东北师范大学,2015.

[190] 李英.基于学生视角的高校辅导员职业能力现状调查研究[J].高校辅导员,2012(1):63-67,77.

[191] 史仁民.高校辅导员专业发展研究[D].大连:辽宁师范大学,2014.

[192] 朱正昌.高校辅导员队伍建设研究[M].北京:人民出版社,2010.

[193] 张洁.基于全国高校辅导员年度人物的辅导员专业化研究[J].思想理论教育,2015(3):94-99.

[194] 郑晓娜.高校辅导员职业化研究[D].沈阳:辽宁大学,2015.

[195] 汤兆平,黄少云,郭厚焜.当前高校辅导员应着重树立的三种意识[J].企业家天地(下半月版),2006(11):100-101.

[196] 周家伦.高校辅导员——理论、实务与开拓[M].上海:同济大学出版社,2011.

[197] 董国松,李凯,王红超.高校辅导员职业能力培养方式研究[J].西部素质教育,2017,3(7):260-261.

[198] 焦佳.高校辅导员职业能力提升路径探究[J].思想理论教育(上半月综合版),2016(2):96-100.

[199] 迟沂军,潘国廷.高校辅导员职业能力的可持续发展探究[J].高校辅导员,2013(2):75-79.

[200] 李凌峰,何成蓉.高职院校辅导员职业能力分类培养机制研究[J].现代职业教育,2016(13):54-55.

[201] 姜亮.加强高校辅导员职业能力建设的思考[J].武汉工程职业技术学院学报,2016,28(4):83-86,94.

[202] 刘丹丹.高职院校辅导员职业能力提升的现状、思路及途径[J].教育与职业,2017(13):77-80.

[203] 赵睿,朱红红.职业化视野下提升高校辅导员素质与能力的探究[J].文教资料,2016(3):126-127.

[204] 黄成龙,韩睿,刘涛.高校新任辅导员的职业化、专业化道路探析[J].价值工程,2014(1):219-220.

[205] 谢菲菲.新形势下高校辅导员职业能力提升对策研究[J].产业与科技论坛,2024,23(11):266-268.

[206] 申晓敏.高校辅导员专业化职业化建设现状与路径探索[J].高校辅导员学刊,2018,10(5):35-38,91.

[207] 冯增振.高校辅导员职业素质与能力现状研究[J].网友世界·云教育,2014(3):118.

[208] 李江红.新时代高校辅导员职业能力提升路径研究[J].中国集体经济,2020(4):111-112.

[209] 李营.新时期高校辅导员职业能力现状及提升路径探究[J].散文百家.2019(4):197.

[210] 李甜甜.高校辅导员职业能力提升研究[J].读与写(教育教学刊),2015,12(8):55.

[211] 杨毅.新时代高校辅导员队伍建设高质量发展路径研究[C]//北京大学出版社有限公司.2024年高校辅导员队伍建设研讨会论文集.北京:北京大学出版社,2024.

[212] 孙麦双.论新时代高校辅导员如何提升自身素质[J].时代汽车,2021(11):98-99.

[213] 王红琳,周宇颂.高校辅导员职业能力提升问题研究[J].辽宁高职学报,2016,18(7):89-91.

[214] 曾淑文.新常态下高校辅导员职业能力提升研究[J].知音励志,2015(15):18.

[215] 韦幼玲.应用技术型高校辅导员职业能力的培养研究[J].开封教育学院学报,2017,37(2):109-110.

[216] 董秀娜,宋月升.高校辅导员职业能力建设研究综述[J].成功(教育版),2013(5):2-4.

[217] 王文莹.辅导员职业能力非均衡发展策略的探析[J].江西电力职业技术学院学报,2022,35(8):112-114.

[218] 向涛.高校辅导员职业能力的形成和提升[J].教师,2014(20):114-115.

[219] 张娥.新时期高校辅导员职业能力培养路径探析[J].文化创新比较研究,2017,1(28):6-7,9.

[220] 蓝冬玉.高职院校辅导员职业认同困境与出路探析[J].兰州教育学院学报,2015,31(9):84-86.

[221] 余沁芳.职业能力在高校辅导员中的内涵和提升路径[J].课程教育研究,2016(29):25.

[222] 樊丁.关于高校辅导员职业能力培养问题分析[J].智富时代,2016(9):203-204.

[223] 邱立国.基于"能力标准"的辅导员队伍职业化建设研究[J].太原城市职业技术学院学报,2017(5):45-47.

[224] 王玮.新形势下高职院校辅导员职业能力提升途径[J].郑州铁路职业技术学院学报,2016,28(4):60-62.

[225] 孙启龙.高校辅导员职业能力提升路径探析[J].中国成人教育,2017(24):127-129.

[226] 高高远飞.论《标准》对辅导员职业发展的影响[J].新西部(下旬刊),2014(5):120,119.

[227] 刘柯.高校辅导员队伍专业化与职业化建设的研究[J].文化创新比较研究,2018,2(13):6,8.

[228] 周春芬,沈虹.高校辅导员队伍职业化专业化发展的困境与对策[J].中国科教创新导刊,2013(23):219-220.

[229] 陈伟祥.高校辅导员职业能力提升的困境与对策[J].中小企业管理与科技,2017(24):71-72.

[230] 肖超婷.高校辅导员提升职业能力的研究[J].时代教育,2016(8):122.

[231] 伍建军.高校辅导员职业能力提升路径研究[J].教育教学论坛,2020(2):34-35.

[232] 屈炳昱.辅导员队伍建设中存在问题的探析与思考[J].陕西教育(高教),2014(8):80.

[233] 杨要杰.职业化背景下高校辅导员职业能力建设研究[J].新乡学院学报,2016,33(4):68-70.

[234] 沈晶晶.考评体系在辅导员队伍中的运用及对策分析——以苏州经贸职业技术学院为例[J].南昌教育学院学报,2017,32(4):83-85,104.

[235] 徐凤."现代学徒制"背景下高职院校辅导员队伍建设策略研究[J].太原城市职业技术学院学报,2015(11):53-54.

[236] 周璇,胡萍.高职辅导员职业能力提升路径分析[J].现代职业教育,2018(15):232-233.

[237] 湛风涛.高校辅导员职业能力建设探析[J].思想理论教育导刊,2012

(12):115-117.

[238] 龚郭小雪.高校辅导员职业化发展困境及对策分析[J].求知导刊,2014(12):71.

[239] 段海燕.高校辅导员职业化问题分析与对策探索[J].长江丛刊,2017(18):210-211.

[240] 郝玉瑛,李青.当代高校辅导员职业化发展现状及存在问题的研究[J].科学中国人,2017(20):208.

[241] 周志荣,苏镇松.社会工作视野下的辅导员职业化发展瓶颈及其对策研究[J].出国与就业,2010(21):53-54.

[242] 张冀曼,刘祥哲.高校辅导员职业发展能力培养的路径探析[J].读书文摘,2015(6):29.

[243] 刘琳琳,高杰,邓辉.学习型社会背景下高校辅导员职业能力提升研究[J].当代继续教育,2018,36(6):61-65.

[244] 楚琼湘.论高职院校辅导员职业能力建设[J].淮北职业技术学院学报,2016,15(4):38-39.

[245] 徐方全,丁磊.立足《高等学校辅导员职业能力标准》对提升高校辅导员职业能力的思考[J].人力资源管理,2015(2):158-159.

[246] 林泰,彭庆红.清华大学政治辅导员制度的特色及其发展[J].清华大学学报(哲学社会科学版),2003,18(6):85-90.

[247] 王强,樊泽民,蔡英辉.个性化:辅导员职业发展的新视阈——高校辅导员个性化发展的具体保障条件研究[J].北京教育(德育),2010(6):52-54.

[248] 杨业华.思想政治教育环境需要深化研究的若干理论问题[J].马克思主义研究,2010(6):130-137.

[249] 谢云锋.论新时期高校辅导员队伍素质的培养[J].丽水学院学报,2010,32(1):83-85.

[250] 张铤.论美国高校辅导员制度[J].黑龙江高教研究,2010(1):92-94.

[251] 迟沂军,潘国廷.高校辅导员职业能力实现机制探讨[J].山东理工大学学报(社会科学版),2013,29(3):91-94.

[252] 冯增振.高校辅导员职业素质与能力构建的理论依据及实践意义[J].电子世界,2013(2):145-146.

[253] 姚震.新形式(势)下高职院校辅导员职业能力发展研究[J].价值工程,2013,32(1):261-263.

[254] 陈晨子,严建骏,孙倩.当前高校辅导员职业能力培养途径思考[J].吉林省教育学院学报(上旬),2012(12):32-34.

[255] 彭庆红,耿品.新中国成立70年来高校辅导员队伍建设的历史进程、总体趋势与经验启示[J].思想理论教育导刊,2019(8):132-137.

[256] 耿品,彭庆红.新中国成立以来高校辅导员角色的发展演变[J].学校党建与思想教育,2020(3):81-85.

[257] 刘兵勇.高校学生工作辅导员能力建设的新探索[J].辽宁行政学院学报,2006,8(4):61-63.

[258] 叶忠海.人才学基本理论及应用[J].中国人才(上半月),2007(1):52-53.

[259] 李佳宝,孙葆丽.论冬奥背景下体育志愿服务与青少年社会参与[J].中国青年研究,2018(2):52-59.

[260] 叶晓枫,尹永祺.浅谈高校辅导员职业能力培养路径[J].大众文艺,2018(7):205.

[261] 邓续周.辅导员职业能力标准建设的若干思考[J].大学教育,2018(11):242-244.

[262] 严太华,李颖.高校辅导员"四维一体"职业成长模式探析[J].高校辅导员,2014(5):10-13.

[263] 吴星,李浚,董华,等.分类分级视角下高校辅导员督导制的探索与实践[J].当代教育实践与教学研究(电子刊),2018(12):89-90.

[264] 郭晶晶.高校辅导员及其职业能力概念的探讨——《高等学校辅导员职业能力标准》对加强高校辅导员队伍建设的重要性研究[J].济南职业学院学报,2014(6):61-63,76.

[265] 王东华,汪海彬,田荣.近三十年高校辅导员研究的前沿演进与热点分析——基于CiteSpace的知识图谱分析[J].河南科技学院学报(社会科学版),2018,38(2):22-25.

[266] 石升起,田荣,朱伟伟,等.高职院校辅导员团队建设能力的培养[J].环球市场信息导报,2017(29):57-58.

[267] 陈小花.高校辅导员考核工作的缺失与补正[J].高校辅导员学刊,2015(5):31-34.

[268] 杨国庆,郑莉.高校辅导员学业指导能力提升平台建设研究[J].黑龙江高教研究,2015(8):78-81.

[269] 习蓉晖,张帆.创新是大学生思想政治教育的时代特征[J].学校党建与思想教育(下),2012(3):11-13.

[270] 廖礼彬.新中国成立以来大学生思想政治教育发展的回顾与思考[J].学校党建与思想教育(高教版),2012(3):30-32.

[271] 陈晨.高校思想政治教育课程研究的科学演进[J].思想政治教育研究,2018,34(2):64-68.

[272] 许峰,王东维.论高校辅导员思想政治工作意识的培养[J].延安大学学报(社会科学版),2016,38(2):122-125.

[273] 聂靖."三全育人"视角下高校辅导员角色定位及履职路径[J].高校辅导员学刊,2018,10(1):18-21.

[274] 张远航,侯达森.新任辅导员职业能力自我评价的现状、差异及特征——基于大连市高校的调查[J].高校辅导员学刊,2015,7(5):26-30.

[275] 余晓玲."立德树人"根本任务视阈下的研究生辅导员队伍建设[J].高教学刊,2017(8):56-58.

[276] 杨雪芬.新时代高校思想政治理论课青年教师队伍建设探究[J].山东广播电视大学学报,2018(4):78-81.

[277] 韦幼玲.应用技术型高校辅导员职业能力的培养研究[J].开封教育学院学报,2017,37(2):109-110.

[278] 费萍.改革开放40年高校辅导员职业能力培养的历史回溯与现实启示[J].湖北社会科学,2018(6):173-179.

[279] 张明志.基于团队角色理论的高校辅导员胜任力提升研究[D].重庆:西南大学,2016.

[280] 梁涛.高校辅导员胜任力、自我效能感与工作绩效的关系研究[D]武汉:武汉大学,2012.

[281] 陈岩松.基于胜任力的高校辅导员绩效评价研究[D].南京:南京航空航天大学,2011.

[282] 叶绍灿.高校辅导员职业生涯规划研究[D].合肥:合肥工业大学,2015.

[283] 高继宽,徐丽卿.马克思实践论思维方式的确立及其价值取向[J].东岳论丛,2009,30(7):35-37.

[284] 方宏建.大学生人格培育的机理与方法研究[D].天津:天津大学,2010.

[285] 高雅静.辅导员网络教育方法的创新性研究[D].太原:山西财经大学,2011.

［286］毛力元.论高校学生辅导员思想政治工作能力的构建［D］.武汉:华中师范大学,2004.

［287］邬文兵.企业跨越式发展:模式与战略研究［D］.北京:北京交通大学,2002.

［288］张静.T公司网络教育产品营销策略研究［D］.天津:南开大学,2009.

［289］艾思明.高校学生辅导员核心能力研究［D］.吉林:东北师范大学,2012.

［290］续敏.新时期大学生思想政治教育创新对策研究［D］.济南:山东大学,2008.

［291］周谷平,王胡英.高校优秀辅导员基本角色形象及其特征——基于全国高校辅导员年度人物评选事迹的文本分析［J］.高等教育研究,2015,36(1):65-70,83.

［292］杜钢清.浅谈高校辅导员的角色定位［J］.中国成人教育,2007(10):54-55.

［293］魏新强.高校辅导员培训工作存在的问题及其对策［J］.天中学刊,2011,26(2):73-75.

［294］王道阳,魏玮.高校辅导员制度演变及其启示［J］.思想政治教育研究,2016,32(3):101-104.

［295］朱慧,丁建飞,杨秀兰.高校辅导员职业的核心能力探究［J］.文教资料,2016(5):125-126.

［296］钟凯,张力.高校辅导员角色认知刍议——解读《高等学校辅导员职业能力标准(暂行)》［J］.江苏经贸职业技术学院学报,2014(6):68-70.

［297］承友明.新时代高校辅导员职业能力的提升对策［J］.晋城职业技术学院学报,2018,11(4):9-11,24.

［298］胡安明,陈惠娥.基于Hadoop云课程资源平台的设计与实现［J］.价值工程,2018,37(24):293-294.

［299］索健,周倩,范悦.对我国城市住宅品质提升实践及存在问题的思考［J］.西部人居环境学刊,2018(5):1-5.

［300］林沛毅,王小璘.韧性城市研究的进程与展望［J］.中国园林,2018,34(8):18-22.

［301］谢景文.职业化视角下高校辅导员职业能力的内涵结构及培养［J］.太原城市职业技术学院学报,2016(1):39-40,41.

［302］何萌,周向军.高校辅导员职业能力考评体系的构建与分析［J］.高教探索,2016(2):107-111.

[303] 申晓敏,韩秀景."职业能力标准"视角下高校辅导员工作评价体系构建[J].教育与职业,2016(4):56-58,59.

[304] 夏吉莉,刘秀伦.增强高校辅导员培训实效性的三个关键点[J].黑龙江高教研究,2017(12):121-124.

[305] 景红纬.高校辅导员开展思想政治教育工作之思考[J].文教资料,2017(35):223-225.

[306] 杨灵珍.基于职能定位谈高校辅导员队伍专业化建设[J].兰州教育学院学报,2015,31(8):70-72.

[307] 崔亚楠."大学发展战略与规划"研究的进展与特点——基于CNKI数据库2010-2017年期刊文献的统计分析[J].大学(研究版),2018(7):50-61.

[308] 太扎姆.高校辅导员核心专业能力培养策略探析[J].成都师范学院学报,2016,32(10):28-31.

[309] 李洋.论高校辅导员职业能力的提升[J].无锡职业技术学院学报,2015,14(4):19-21.

[310] 冯刚.改革开放以来高校思想政治教育政策设计与发展展望[J].国家教育行政学院学报,2018(9):28-35.